广雅

聚焦文化普及，传递人文新知

广　大　而　精　微

A
MUSEUM
IN
FLUX

博物馆简史

李翔 一森 —— 著

广西师范大学出版社
·桂林·

博物馆简史
BOWUGUAN JIANSHI

图书在版编目（CIP）数据

博物馆简史 / 李翔，一森著. -- 桂林：广西师范大学出版社，2024.9
ISBN 978-7-5598-6875-6

Ⅰ.①博… Ⅱ.①李… ②一… Ⅲ.①博物馆-历史-世界 Ⅳ.①G269.1-091

中国国家版本馆 CIP 数据核字（2024）第 074692 号

广西师范大学出版社出版发行
（广西桂林市五里店路9号　邮政编码：541004）
网址：http://www.bbtpress.com
出版人：黄轩庄
全国新华书店经销
广西广大印务有限责任公司印刷
（桂林市临桂区秧塘工业园西城大道北侧广西师范大学出版社集团有限公司创意产业园内　邮政编码：541199）
开本：787 mm × 970 mm　1/16
印张：20　　字数：288 千
2024 年 9 月第 1 版　　2024 年 9 月第 1 次印刷
印数：0 001~5 000 册　定价：98.00 元

如发现印装质量问题，影响阅读，请与出版社发行部门联系调换。

序

　　今天的博物馆似乎处在一个最好的年代。根据国家文物局发布的报告显示，2023 年全国博物馆接待游客观众约 12.9 亿人次，全国博物馆总数达 6833 家。人们已经习惯了在大型展览外排长队，不用出国就可以看到他国的珍藏，博物馆也逐渐成为人们出行或旅游目的地选择的重要参考因素。博物馆能够取得如此巨大的成功，原因是什么？除了传统意义上的文物保存和公共教育功能——这与 200 年前问世之际并没有什么本质差别，最令人信服的论点是，在这个繁忙而快速变化的世界中，博物馆似乎成为国际对话的平台，成为一片难得的美丽而平静的绿洲。在全球焦虑、动荡和分歧日益加剧的时代，博物馆为实现建立在人类文明共同特征基础上的相互理解带来了希望。随着生活节奏的加快，日常生活在快速消费品、短暂的名人效应和虚拟世界的相互作用中起伏，博物馆中的珍藏体现了持久的价值观和集体记忆，它似乎创造了一个远离当代社会复杂性和释放压力的地方，那些真正的杰作为安静的沉思提供了前所未有的宁静空间。博物馆从未像今天这样广受欢迎，但与此同时，它的定位和价值观也受到前所未有的质疑。也正是因为博物馆在我们的社会中很重要，我们才会争论它存在的目的,它应该展出什么,以及它应该为谁服务。

2012年,我和我先生共同创办了龙美术馆,到今年我们已经和美术馆共同走过了12年。这12年里我们倾注了大量的心血,看着美术馆一步步从最初的探索走向专业化和国际化,也见证了不少年轻职业博物馆人在这里成长,其中包括博物馆管理者、策展人、专注特定领域的研究者、公共教育老师,同时也包括灯光师、运输搭建的团队等。他们拥有着年轻人——不同于我们这一代人——看待博物馆的全新方式和视角,我们的想法和努力在此间发生了交汇和碰撞,最终塑造了龙美术馆现在的形态。

诚然,作为美术馆人,我们在享有"艺术工作者"光环的同时也经常质问自己:还有什么是我们能做的?博物馆的未来将朝着什么方向发展?我们和国外的文化机构有什么异同?又能从中吸取哪些经验和教训?同时我们也真切地感受到博物馆所面临的种种困境:博物馆试图安抚有着不同背景的参观者、赞助人和批评家,尝试使自身的影响力覆盖所有群体;策展人的工作方式也发生了改变,被要求以更敏感的视角去对待来自不同文化的物品,尊重物品的历史及意义,同时还要满足不同群体的观看期待;此外,博物馆还要考虑不断上涨的运营成本和争夺注意力的其他娱乐形式,在虚拟和现实、高雅和低俗之间寻找安身之所。从这个角度来看,今天的博物馆似乎也迫切需要思考它的使命及其实践的方式,这似乎是困扰着今天所有博物馆人的一个重大命题。

也正是在这个语境下，我对一森和李翔这两位从龙美术馆走出去的年轻人所进行的研究备感欣慰。他们基于自身在美术馆的工作经历，结合学生时代之所学，在理论知识和在地实践之间自由切换角度，针对博物馆在当下时空所面临的困境，试图从历史的时空中找出问题发生的原因和解决的线索。希望读者们也可以通过他们的努力，在过去和当下的多重佐证下，对博物馆有一个更全面的认识，从而共同助力我国博物馆生态的发展。

2024 年 5 月

龙美术馆馆长　王薇

目 录

前言   i

第一篇章
起源与探索：18世纪中期—1914年

1 博物馆中的仪式性   003
2 如果作品会说话   015
3 谁养活了艺术家？   025
4 英国博物馆的公众化探索   041
5 北美博物馆业的发展   053

第二篇章
发展与演变：1915年—20世纪50年代

6 杜尚和当代艺术   067
7 战火中的博物馆   084
8 博物馆里的"明星"   096
9 建筑美学与博物馆   108
10 博物馆中的"审美崇拜"   124

11 中国博物馆简史	140
12 博物馆的"橱窗"	154

第三篇章
危机与展望：20 世纪 60 年代—21 世纪

13 博物馆的生存危机	171
14 博物馆的后现代难题	186
15 当博物馆成为城市名片	199
16 博物馆"奇迹"	215
17 今天的策展人是谁？	228
18 博物馆的明天	243
续篇：千禧之后	258
后记	269
译名表	281

前　言

今天，我们似乎已经习惯了博物馆的存在，带着不同的期待进入博物馆，观看文物或艺术品，并且尝试探寻其背后的意义。同时，我们又似乎经常忽略博物馆的存在，它就像游离于我们生活之外的一个承载历史和文化的房间，静静地伫立在某处，等待着探寻者的造访。

相比其中承载的物件而言，或许博物馆本身是一个非常年轻的存在，而针对博物馆的研究更是晚于博物馆百余年才出现。但这并不妨碍我们带着好奇将探索进行下去。人类历史上第一本关于博物馆的学术刊物创办于19世纪末，是由德国德累斯顿瓷器收藏馆馆长约翰·格奥尔格·西奥多·格雷斯博士（1814—1885）于1878年创办和编辑的《博物馆学与古物学杂志》，这份刊物在格雷斯博士过世后便停刊了。博物馆领域第一个专业组织——英国博物馆协会成立于1889年的伦敦；第一本完全致力于介绍博物馆理论和实践的英文杂志《博物馆月刊》于1901年创刊。直至1946年国际博物馆协会（ICOM）成立后，对博物馆的研究才逐渐获得了越来越多的曝光度，尽管当时大多数学术关注点都集中在博物馆运营学和博物馆实践领域。

在此之后，沃尔特·本雅明（1892—1940）、米歇尔·福柯（1926—1984）和本尼迪克特·安德森（1936—2015）等批判理论家的理论，又帮助现代人打开了了解博物馆的另一扇门，对20世纪末、21世纪初的博物馆研究者也产生了深远的影响。那么，对于人类而言，博物馆到底是什么？它究竟是庄严肃穆的艺术殿堂，抑或只是知识共享的论坛？是思想的苗圃，还是艺术和灵感的墓地？它究竟是源于以缪斯之名出现的知识圣殿，还是珍奇屋式的占有和展示？它又经历了什么才变成了今天的模样？……在博物馆工作数年后，这种冲突感似乎变得愈发强烈。正是基于这样的心理，我们决定开始重新审视博物馆——这个无比熟悉但又时常感到陌生的存在，并试图梳理其历史的脉络，期待从中找到一些线索。

本书尝试从社会学、艺术史和人类学等多个视角来观看博物馆在历史中发生的改变，与此同时，我们也适当结合经济学等其他学科的论点作为补充，以求较为全面地描述博物馆理论与实践发展过程中不容忽视的主题和时刻。全书以时间为轴，将博物馆的发展过程分为三个阶段：18世纪中期到1914年，1915年到20世纪50年代，以及20世纪60年代至21世纪初。

第一阶段主要聚焦博物馆的起源。在这一时段近150年的时间里，我们发现博物馆完成了其形态从最初的私人收藏空间到公共机构的转变，逐渐平衡展出和艺术史之间的关系，但也因为与公众的关系，遭遇了理想与现实差异巨大的窘境。但无论如何，这个阶段的博物馆完成了对自身基础形态的探索，其收藏、教育的使命自此便确立下来。

第二阶段，博物馆在第一次世界大战和大萧条之后迅速恢复生机，成为人们从战争和社会经济冲突中救赎性撤退的空间。同时得益于科技的发展和全世界交流的日益频繁，早期博物馆包括建筑空间、展出形式、收藏系统和公众关系在内的几乎所有领域都受到了前所未有的挑战。面对这些挑战，博物馆丰富了其更多内在的可能性，也基本完成了职业化的探索；尽管这种探索在各个领域显得参差不齐，却也为后来的探索发展播下了种子。

第三阶段距离当下最近，也是对当下博物馆形态影响最直接的一个时期。在这个时期，不论是20世纪后半叶兴盛的后现代主义思考，还是无法回避的财务问题，都成为威胁博物馆生存的不稳定因素，前者试图从根本上质疑博物馆存在的理由，后者则阻碍了博物馆的日常运营。也正是为了应对这两大难题，博物馆最终呈现出了今天的形态，甚至在部分领域完成了产业化、市场化和公共化等此前看似艰难的成就。

由此看来，博物馆的发展本身就是一个不断满足社会各界对它提出的需求和期望的过程。它曾经是启蒙精神栖息的神庙，又在工业革命时期承载了人们对民主、理性和人文主义的寄托。

而当时间进入20世纪60年代，它又背负了后现代主义者的集体反叛。

然而这一切并没有结束，到了今天，面对这个似乎被按下了加速键的世界，博物馆依然时刻承受着新的争议。尽管我们无法就其面临的问题提出具体的解决方案，但仍然试图从历史的蛛丝马迹中去寻得一些线索和启示。因此，我们在此邀请各位读者怀揣着这份好奇，和我们一起开启这段关于博物馆的时空旅行。

第一篇章

起源与探索

18 世纪中期
—
1914 年

1　博物馆中的仪式性

在大部分西方国家的语言中，博物馆一词源自古希腊语 Μουσεῖον，意思是"缪斯的神庙"。[1] 而现代意义上的博物馆正是脱胎于文艺复兴以来欧洲人对古典时期的憧憬，其在诞生之初就肩负着改造社会的使命。尽管随着时间、地域的不断变化，其呈现出来的形态各不相同，博物馆的使命却从未发生改变。[2] 本节内容将结合文艺复兴以来欧洲社会看待文化和科学的方式的转变，探讨最终促成18世纪博物馆最初形态的诸多因素，以及人们赋予其的使命。

起源

15世纪君士坦丁堡陷落，经历了中世纪宗教对知识的垄断后，西欧诸国通过寻求庇护的东方学者和意大利商队，重新知晓了这片土地上一千多年前古典时期文明的繁荣景象，自此之后人们就再也没有停止过对古希腊/罗马这个"文明和理性的时代"的憧憬和探索。[3] 文学家和画家们也通过对存留典籍和古罗

---

[1] Findlen, P. (1989). "The Museum: Its Classical Etymology and Renaissance Genealogy." *Journal of the History of Collections*, 1(1): 59–78.

[2] Abt, J. (2006). "The Origins of the Public Museum." *A Companion to Museum Studies*, pp. 115–134. John Wiley and Sons.

[3] Abt, J. (2006). "The Origins of the Public Museum." *A Companion to Museum Studies*, pp. 115–134. John Wiley & Sons.

马时期建筑的参考，尝试描绘他们心中"文明和理性的殿堂"。如在拉斐尔·圣齐奥（1483—1520）的《雅典学院》中，柏拉图（前427—前347）、亚里士多德（前384—前322）、苏格拉底（？—前399）等学者在巨大的穹顶下辩论和研究。同一时期流行的乌托邦题材小说，也同样热衷于描绘如亚特兰蒂斯等科学文明高度发达的"失落之城"。[4]

随着16世纪英国的宗教改革以及17世纪从法国开始兴盛的启蒙运动对欧洲社会影响的不断扩大，科学和文化相继从宗教和皇室中解绑。这也使得基础文化教育在欧洲普通民众中日渐普及，欧洲社会的主流价值开始逐渐向崇尚理性和科学转变。

得益于文艺复兴、地理大发现以及印刷术的普及，当时欧洲对世界的认知呈现出了爆炸式的增长，"收藏热"逐渐开始在欧洲的学者和贵族之间流行起来。区别于传统收藏家对珍宝的

图1-1
拉斐尔·圣齐奥，《雅典学院》，约1510—1512年，湿壁画，现藏于梵蒂冈博物馆
摄影：埃里希·莱辛／艺术资源，纽约

4.Andreae, J. V. (1999). *Christianopolis* (Vol. 162). Springer Science & Business Media.

5.Zytaruk, M. (2011). "Cabinets of Curiosities and the Organization of Knowledge." *University of Toronto Quarterly*, 80(1): 1–23.

6.The British Museum (2019). "Sir Hans Sloane." Available at: https://www.britishmuseum.org/about-us/british-museum-story/sir-hans-sloane (Accessed: 20 June 2023).

7.《阿克曼的知识库》是鲁道夫·阿克曼（1964—1834）于1809—1829年出版的一本带插图的英国期刊。尽管其通常被简称为《阿克曼的知识库》，但该杂志的正式标题是《艺术、文学、商业、制造、时尚和政治知识库》。这一刊物对当时英国人的时尚、建筑和文学品位产生了巨大影响。

收藏，16世纪后不少收藏家们以收集科学典籍、最新的自然发现——如标本或矿石为荣，而那些专门用于陈列个人收藏的空间被称为"珍奇屋"。收藏家的这种用来向客人们展示自己收藏成果的小房间，被认为是现代"博物馆"的前身。[5]而在这些收藏家中，英国的汉斯·斯隆爵士（1660—1753）应该是对后世影响最深的一位。

汉斯·斯隆是17世纪欧洲著名的收藏家，为了确保自己庞大的收藏可以留存于世，晚年时他将自己的7万余件藏品、5万余册藏书捐赠给了国王乔治二世（1683—1760）。然而如何妥善安置这批庞大的藏品，也成了英国政府的一个难题，最终在当时英国国会议长亚瑟·昂兹洛（1691—1768）的斡旋下，英国政府于1753年通过了《大英博物馆法》，明确了将建立一家国家博物馆以收藏和展出汉斯·斯隆的捐赠，同时通过发行彩票的方式筹募用于建造和运营博物馆的资金。[6]

图 1-2
大英博物馆原址：蒙塔古大楼
鲁道夫·阿克曼，《大英博物馆外的街景》，约1810年，石版画
出自《阿克曼的知识库》，1813年[7]

1　博物馆中的仪式性　｜　005

《大英博物馆法》是存世的第一部关于博物馆的法律，它遵循斯隆的意愿，规定这些收藏将被永久保存并供人使用："该博物馆会将藏品保存并维持下去，不仅供学者和好奇的人们来观看和娱乐，并且要让普通民众从中获益。"[8]1759年1月15日，大英博物馆于蒙塔古大楼开馆（现址的街对面），成为世界上首家国立公共博物馆。

同时期成立或开放的博物馆还有原属于佛罗伦萨美第奇家族的乌菲兹美术馆（1743年向公众开放），圣彼得堡的冬宫博物馆（1764年成立）和马德里的普拉多博物馆（1785年设计建造）。然而在所有这些博物馆中，没有一家的影响力和被赋予的意义可以与法国卢浮宫相比拟。随着法国大革命引领的思想解放和政治运动的不断深化，巴黎人民于1792年起义并成立了法兰西第一共和国（1792—1804）。1793年8月10日，为了纪念起义胜利一周年，巴黎举办了一场全民参与的盛大聚会，卢浮宫这座曾经的皇家宫殿也于同一日正式作为国家公共博物馆面向全民开放。这一天，法国皇室历经数个世纪收藏的艺术珍宝首度呈现在世人面前，不同种族、不同身份、不同职业的人们聚集在同一个建筑里，欣赏这些原本专属于皇室的珍藏。这种代表法国乃至欧洲最高文化水平且平等而自由的欣赏氛围，似乎让人们找到了"乌托邦小说"中所描绘的"知识殿堂"的人间实体，从此卢浮宫不断吸引人们前来参观学习，世界各地的学者如朝圣一般纷至沓来。[9]

这股由攻占巴士底狱掀起的法国大革命思想解放大潮，似乎随着卢浮宫的对外开放达到了一个顶点，法国也因此成为西方文明世界"自由""民主"的象征。不论是这种全民参与的博

8.Williams, J. (2013). "Parliaments, Museums, Trustees, and the Provision of Public Benefit in the Eighteenth-Century British Atlantic World." *Huntington Library Quarterly*, 76(2): 195–214.

9.Baczko, B. and Greenberg, J. L. (1990). Utopian lights. "The Evolution of the Idea of Social Progress." *Utopian Studies*, 1(2): 151–153.

图1-3
休伯特·罗伯特（1733—1808），《卢浮宫大画廊的改造》，1796年，布面油画，115cm×145cm，现藏于卢浮宫

10. McClellan, A. (1999). *Inventing the Louvre: Art, Politics, and the Origins of the Modern Museum in Eighteenth-Century Paris*, p. 94. University of California Press.

物馆形态，还是其庞大的收藏规模，都足以令法国的盟友和敌人感到不安，欧洲各国因此掀起了一股建造国家公共文化机构的大潮，试图向其他国家证明自身也是自由、民主的，向国民证明本国的文化同样值得骄傲。[10] 如比利时的皇家古典艺术博物馆（1801年对外开放，现改名为布鲁塞尔古典艺术博物馆）、荷兰国立博物馆（1808年对外开放）、威尼斯学院美术馆（1817年对外开放）、米兰布雷拉画廊（1809年对外开放）等，在这些国家或地区博物馆中，我们都可以发现卢浮宫的影子。

"神庙"

在这股浪潮中，新古典主义建筑师路易斯·布雷（1728—1799）的博物馆设计理念对当时的欧洲各国影响巨大。在他的笔下，博物馆被描绘为如同罗马万神殿一般、拥有巨大穹顶的古典时期神殿。在此之后，布雷的学生路易斯·迪朗（1760—1834）将这种新古典主义建筑的特性进行了总结，他摒弃了布雷笔下幻想的精神成分和理想化的审美表现，优先考虑建筑的实用性。同时，作为巴黎国立高等美术学院的老师，迪朗还将当时的建筑教学课程重新进行了归纳和整理，发展出了一套新的建筑设计模式，现代人称之为"学院派建筑"。这种设计模式在新古典主义建筑的基础上，强调建筑本身与社会和城市环境之间的关系，同时大胆融合巴洛克甚至哥特式等截然不同的建筑风格元素，将各种建筑元素和风格看作设计过程中的组成要素，进行搭配；同时对建筑内部进行功能性区分，不同的功能空间像"积木"一样被有序地组合在一起。[11] 因其极强的实用性，迪朗的建筑设计理念对19世纪各国的城市建设产生了巨大影响，被应用在了大量于该时期建造的博物馆、图书馆、银行和政府大楼等公共建筑中。

从建筑语言来看，不论是布雷还是迪朗所主张的设计理念，都无法脱离对已有元素的模仿。就像约翰·索恩爵士（1753—1837）设计的德威学院美术馆（建于1814年）和拉斐尔·斯特恩（1774—1820）在梵蒂冈改造的新翼陈列室（建于1806年），他们都无法消除建筑语言上对卢浮宫的模仿痕迹。而真正实现了博物馆设计理念突破的是卡尔·弗里德里希·辛克尔（1781—

11. Blau, E. M. (1982). *Ruskinian Gothic: The Architecture of Deane and Woodward, 1845–1861.* Princeton University Press.

1841）于1830年在柏林设计的阿尔茨博物馆。

辛克尔设计的伟大之处在于他调和了迪朗的功能主义和布雷的象征主义。辛克尔参观过卢浮宫，同时对迪朗的建筑理念非常熟悉，他的建筑语言在继承了启蒙时代文化理念的同时，也融入了对法国大革命后欧洲悄然变化的社会形态的思考。这使得他在应对艺术品和文物的呈现需求之外，同时顾及了博物馆在当时新兴政治结构中扮演的"公共机构"这一角色的重要性。他遵循迪朗的设计理念，对博物馆内部进行了功能性的划分，将功能区域安排在四个侧翼，环绕着一个中央圆顶大厅，并利用相同间距的圆柱把侧翼细分为更小的单元，这些单元包括占比最多的藏品展示区域，以及教职员工的办公室、库房等不对外开放的场所。

辛克尔设计与迪朗的不同之处在于对参观者的关照。在迪朗的设计中，他设想的博物馆观众往往是礼貌且具备学术素养的，他们知道这些收藏品的价值，不需要任何形式的引导，所以他们来博物馆通常寻找的是一个话题空间，而不是灵感。所以在他的设计中，博物馆的中庭或者大厅往往被设计为聚会或者学术讨论的场所。辛克尔则希望在保障博物馆建筑功能性的同时，赋予博物馆作为公共机构的空间象征性和仪式感。在他的设计中，参观者在进入博物馆时会通过一个"过渡"的空间完成场景的转换，正如他记录的那样："像博物馆这样强大的建筑肯定会有一个'价值的中心'。它可以是一个避难所，将所有珍贵的东西都储存在这里。人们首先进入这个地方，看到一个美丽、崇高而又具有感染力的房间，它为游客创造了一种适当的心情来享受和认同这座建筑所包含的东西。"[12]

12. Schinkel, K. F. (1991). *A Universal Man*. Yale University Press.

辛克尔希望通过这种方式吸引更广泛的公众参与，使他们为藏品所吸引和启发，并且有可能产生更深远的影响。为了实现这一目标，辛克尔设计的阿尔茨博物馆在选址上也进行了更实际的考量，博物馆位于今天柏林被称为"博物馆岛"的卢斯特花园，与皇家宫殿和大教堂为邻。这个选址刻意将博物馆与当时国家的其他重要机构并置，象征着博物馆及其藏品是国王送给人民的礼物，博物馆的对话对象首次从藏品转移到了参观者身上，这是博物馆在其社会使命上的一次重要的探索。

将博物馆作为"公共机构"的理念很快就被欧洲其他国家接受并运用在后来的博物馆规划中，其中尤为典型的就是1847年重新对公众开放并沿用至今的大英博物馆新馆。新馆的主建筑仿照古希腊建筑风格，采用了双翼回廊式的建筑布局，主体结构由回廊的44根"爱奥尼式"的大理石柱、正门的8根"多立克式"圆柱支撑。正门顶部是古希腊建筑典型的三角楣饰，不同于同时期新古典主义建筑浮雕通常选用古典英雄史诗，大英博物馆入口处的楣饰雕刻的是古希腊神话中掌管着建筑、雕刻、绘画、科学、几何、文学、音乐、诗歌等艺术领域的缪斯女神，呼应了"博物馆"一词词根所蕴含的"缪斯的神庙"这一意义。整个建筑主体呈现出一种几何式的对称美，而入口的三角形和圆柱的设计组合，暗喻着古希腊物理学家阿基米德的名言"给我一个支点，我就能撬起整个地球"中的支点和撬棍，庄重的同时散发着一种理性美。

随着18世纪博物馆概念的日趋成熟，"博物馆"不再只是一个展示藏品的场所，而更像是人们为知识建造的神殿。在某种意义上，博物馆的诞生是人们追逐理性与知识的结果，是继

图 1-4
大英博物馆三角楣饰雕刻着掌管不同艺术种类的缪斯女神
摄影：伯纳德·加农

13. Duncan, C. (2005). *Civilizing Rituals: Inside Public Art Museums*, pp. 7–20. Routledge.

14 .Giebelhausen, M. (ed.) (2003). *The Architecture of the Museum: Symbolic Structures, Urban Contexts*. Manchester University Press.

神权、皇权之后人类的另一种精神崇拜——知识——的人间实体。人们模仿古典时期建筑风格是为了复制这些建筑在形式上的平衡和庄重，并将对理性和人文主义的崇拜和过去的信仰力量联系起来，同时又与现存的权力机构建筑区分开来。[13] 因此，艺术史学家米夏拉·吉贝尔豪森在《建筑即博物馆》一书中将这一时期建造的博物馆样式总结为"阿卡狄亚式"。阿卡狄亚原指古希腊诗歌中的"世外桃源"，也指通过对传统与文艺复兴的追溯，在现代城市中建造能够唤起人们想象、产生共鸣的历史建筑。[14]

值得一提的是，即使是文艺复兴后，艺术作品的创作主旨往往还是为权力机构所控制。随着思想解放运动成果的不断扩大，评论家和哲学家开始对视觉经验感兴趣，这种解读角度赋予了艺术一种通过精神、道德和情感改变观看者的力量。这些

1　博物馆中的仪式性　｜　011

研究并非仅针对绘画、雕塑作品，并且早已成熟地运用在文学、戏剧等的鉴赏上；但是在艺术领域，它赋予了作品以品位、美学价值以及感官和想象延展的空间，艺术变得不再是一种追求"形似"的工具，而这一切又为艺术创作、美学理论的发展提供了一个更加广阔的舞台。

空间中的仪式性

对于18世纪博物馆的兴盛，艺术人类学家卡罗尔·邓肯（1936—）强调那个时代的人们认为参观博物馆的行为带着一种神圣的仪式感。现代人可能普遍认为古典崇拜只能代表世俗价值而非宗教信仰，博物馆的大门只能通往理性的过往而非神圣的仪式。[15]但就如英国人类学家玛丽·道格拉斯（1921—2007）所持有的观点："我们所认为的反宗教、反权威、反仪式的行为往往也是通过重塑一种仪式感的行为来实现的。"[16]这一点在最初博物馆的建筑设计理念中得到了绝佳的体现。

中世纪教堂因为教会的富足而被建造得异乎寻常的"非世俗"。天主教哥特式建筑高耸入云的尖顶，仿佛宣示着教会和上帝之间的零距离和他们被赋予的至高无上的权力；又如华丽的教堂顶部那总是绘制着宗教故事的彩绘玻璃，似乎时刻彰显着"偶像"神性的光环；信徒们沿着设定好的路线进入教堂，在特定的地方沉思、祷告，分享着相似的情绪。这样的空间设置与最初观众在博物馆参观时收获的体验有着极其相似之处。18世纪的新古典主义博物馆建筑往往规模宏大，白色的大理石和开

15. Duncan, C. (2005). *Civilizing Rituals: Inside Public Art Museums*, pp. 7–20. Routledge.

16. Douglas, M. (2002). *Purity and Danger: An Analysis of Concept of Pollution and Taboo* (Vol. 2), p. 68. Psychology Press.

图 1-5
路易斯·布雷,《博物馆内景》,1783年,纸本水粉,51cm×97cm
©法国国家图书馆,巴黎

阔的穹顶也使之比日常生活中的普通空间更加超凡脱俗;通过对建筑内部和动线的设计,例如在入口与展厅之间设置很长的走道或楼梯,试图为观众营造出一种参观的仪式感,进而引导观众参观作品,在作品前立足沉思,思考作品背后的故事。

就像从前教堂扮演的角色一样,这一时期的博物馆提供给人们一种静谧和富有仪式感的空间,在这个空间内启发人类思考,从现实抽离。仪式行为通常被认为是有目标和结局的,它被视为一种转变:通过一系列流程,授予或更新参与者的身份,或者实现净化、重建自我或者某种秩序的目的。同样都是走入殿堂,博物馆不同于宗教场所之处在于,它使参观者自主地通过展品学习知识,提升自我,建立属于自己的审美体系,这便是思想解放之后文化和艺术留给后人的馈赠。

尽管可能不明显,我们还是可以觉察到博物馆等文化机构所声称的"客观地位""文化经验"等背后的力量。就像卢浮宫开放之后,欧洲各国都试图通过建造博物馆证明自身的民主性,以及利用特定藏品传递如爱国情感或群体意识等社会理念。展品通过视觉呈现来引导观众发现博物馆试图传递的意义，而建筑本身则借助观者的感官来强化这种意义，从而共同完成博物馆知识的传递。这似乎意味着控制了一座博物馆就控制了一个城市最高价值与真理的代表。博物馆可以拥有确立个人在社会中所处地位的权力，也正因如此，它极易成为思想争斗的场所和辩护的对象。[17] 从中我们也可以发现，在博物馆中看什么，不看什么，基于什么因素以及因谁的权威使我们看或不看，与由谁建立社群、确立社群的身份特征，以及由谁做决定等问题有密切的关联。正如新古典主义建筑与启蒙运动时期所崇尚的理性思考形成呼应，不论是博物馆建筑本身，还是其对藏品的展示、陈列方式，或者它所营造的环境，都表现了对其背后意识形态的服从与维护。

也是基于这一点，不少博物馆因其持有文化规训的权力而被批判为一种权力机构。批判者认为，博物馆正在利用作品的展示来突显与塑造其"空间权力"，例如为观者精心设计"膜拜"的路线与瞻仰场景。博物馆通过建筑环境的塑造加强了作品的精神属性，引导观众思考，将个体的精神空间与博物馆世界进行连接，使观众在接收博物馆知识的同时也接受了这个新权力工具所赋予的对文化、艺术的一种超越宗教的新信仰。这似乎意味着在启蒙运动摘除了人们的精神枷锁之后，欧洲人又建造了一座崇拜知识和科学的新的神殿——博物馆。而当博物馆逐步显露出其作为权力机构的特征时，启蒙运动释放的另一个自由的灵魂——人文主义，将从更广阔的时空里汲取能量，重新开始挑战已有的权威。博物馆也正是基于这种挑战，在不断平衡自身现有理念和外界需求的过程中继续着探索之路。

17. Duncan, C. (2005). *Civilizing Rituals: Inside Public Art Museums*, pp. 7-20. Routledge.

2　如果作品会说话

20世纪中期，美国国家美术馆第二任馆长约翰·沃克教授（1906—1995）在讲述其博物馆的陈列规划时曾说道：

> 近代艺术始于意大利文艺复兴时期，从托斯卡纳和乌姆布里亚向北传播到威尼斯……法国和英国艺术在18世纪开始争夺世界的关注，直到19世纪法国通过库尔贝、马奈等印象派画家的出现而胜出。"二战"之后当代艺术在美国崛起，最终将西方艺术贯穿在一起，且一并展示在这座贝聿铭设计的美术馆里。[1]

就博物馆而言，任何展出形式都不是凭空产生的，而是源于不同博物馆结合自己对展品与艺术史的思考，或以年代、或以风格为序展示的结果。本节内容将聚焦于博物馆从创立初期至19世纪作品陈列方式的演变，讨论其背后的艺术史思考角度，以及今天的我们应该如何去"观看一件艺术品"。

---

[1]. Walker, J. (1995). *National Gallery of Art: Washington*. Abrams.

"比较"的陈列

在博物馆、艺术史等概念出现之前，人们对艺术品分类与展示的探索还停留在单纯的陈列上面，许多皇室居所将画作、雕塑像珍奇屋里的矿石、动植物标本一样整齐地排列组合在一起以方便观看。[2] 后得益于16世纪雕版印刷技术的不断完善，高还原度的艺术印刷品开始逐渐在市场上流通，这也使得原本只属于皇室等特权阶级的艺术收藏和鉴赏开始逐渐在学院、新兴的资产阶级群体之中普及。1728年，维也纳贝尔维德宫展示了一套皇室铜版画收藏，这套版画以精美的洛可可风格相框装裱，按不同主题（肖像、风景等）进行区分排列，悬挂在巴洛克风格的墙面上。[3] 尽管以现在的眼光来看，这样的排列略显粗糙，且当时为了强调统一性和对称美的展出效果，还将部分作品放大或者剪裁以适应指定位置的尺寸；但这种陈列方式开始尝试提供给观看者一种有目的的鉴赏方式，看似随机的作品摆放方式，其实暗示着一种比较的观看方法，以突出选定作品的某些特质。

根据当时的艺术鉴赏理论，绘画艺术被认为由4个部分组成：技法、色彩、构图和表达，然后根据年代和画派将艺术家作品进行分类比较。例如当时的人们会认为威尼斯画派擅用色彩但是技法不足，而佛罗伦萨画派刚好相反。人们会将米开朗基罗·博那罗蒂（1475—1564）和提香·韦切利奥（约1490—1576）的作品摆放在一起，以便学生和鉴赏家们辨别两者在不同领域（色彩与技法）的优劣。[4]

2.Impey, O. R. and MacGregor, A. (1985). *The Origins of Museums: the Cabinet of Curiosities in Sixteenth and Seventeenth-Century Europe*. Oxford: Clarendon Press.

3.Bazin, G. (1967). "The Museum Age." Jane van Nuis Cahill, trans. *New York: Universe*, p. 274.

4.Félibien, A. (1706). *Entretiens sur les vies et sur les ouvrages des plus excellens peintres anciens et modernes* (Vol. 1). E. Roger.

图 2-1
安东·约瑟夫·冯·普伦纳（1683—1761），《艺术画廊》，1728 年维也纳贝尔维德宫展出作品，铜版画，30.5cm×22.9cm

历史上有记载的法国第一座美术馆是开放于 1750 年的巴黎卢森堡宫，共计 100 多件皇室收藏被展出，鉴赏家和艺术爱好者可以通过预约的方式前往，一睹这些珍贵作品的原貌。这些作品也是以对比的方式来进行陈列的，早期的艺术爱好者热衷于品鉴不同画派作品的观看体验，并视其为一种社会时尚。据当时的游记记载："第一个房间陈列了 13 件相同题材但来自 5

2 如果作品会说话 | 017

个不同艺术画派的作品，多么天才且有意义的对比方式。"[5] 当卢浮宫于 1793 年对公众开放时，馆藏作品的陈列方式与卢森堡宫的大致相同，但此时这种比较排列的方式在学术界看来已经有些过时了，与艺术史的发展不同步。几个月后，卢浮宫就藏品展出方式进行了大规模调整，由最初的比较法调整为年表体系陈列法，尝试将艺术史实践置于艺术鉴赏之上，将对真实性和鉴赏力的判断置于艺术风格之上。

艺术史年表

利用年表对艺术品进行分类排序的方法，最早可以追溯到 16 世纪。当时的意大利著名收藏家、艺术评论家朱利奥·曼奇尼（1558—1630）发表了一篇论文，将鉴赏力定义为识别画作的媒介、年代、作者及其独创性和卓越性的能力，并建议将"米开朗基罗、拉斐尔、提香、鲁本斯、丢勒等最优秀大师的昂贵画作作为收藏的首选"。[6] 除此之外，启蒙运动对自然科学的推进也催生了新的分类方法，如自然科学中"目科属种"的物种分类法（如大熊猫：食肉目熊科大熊猫属）也被应用于艺术领域。

16 世纪中后期，意大利艺术家、建筑师、作家、历史学家乔尔乔·瓦萨里（1511—1574）出版了一本名为《最伟大的画家、雕塑家、建筑师的生平》的艺术家传记，书中的艺术家多数都是乔尔乔同时期的人物甚至是日常好友。[7] 这是历史学家第一次尝试在出版物中以职业和个人年表的叙述方式介绍艺术家

5. McClellan, A. (1999). *Inventing the Louvre: Art, Politics, and the Origins of the Modern Museum in Eighteenth-Century Paris*, pp. 13–48. University of California Press.

6. Wood, C. J. G. (1982). *Studies in the Theory of Connoisseurship from Vasari to Morelli*, p. 35. University of London.

7. Vasari, G. (2007). *The Lives of the Most Excellent Painters, Sculptors, and Architects*. Modern Library.

生平和主要作品，在当时产生了巨大的影响，同时也是艺术史领域里程碑式的著作。

这种强调艺术家生平和代表作品的分类方式，从18世纪中叶开始被应用于美术学院的教学中。1756年，德国艺术家、鉴赏家兰伯特·克拉赫（1712—1790）在杜塞尔多夫选举美术馆里举办了个人藏品展览，首次以年代和代表作相结合的方式对藏品进行排列，并对比利时佛兰芒地区作品的陈列又做了进一步尝试：他为彼得·保罗·鲁本斯（1577—1640）布置了一个单独的房间，陈列其不同时期的作品。虽然作品的陈列还是遵照对称性的几何排列，但不再强行使作品的尺寸适配于画框；同时在不同作品之间留下了一定的间隔，以便观众可以舒适地观看艺术家一生的伟大成就。[8] 展览结束数年之后，记录该展中相关艺术家和主要作品的配套出版物也公开发行。

1770年前后，维也纳贝尔维德宫原本展示的巴洛克风格铜版画收纳墙被拆除，画作在艺术专家（此时对艺术相关职业并没有严格细分）和雕版师的配合下被还原到原有尺寸，同时洛可可风格的画框也被新古典主义风格的简单画框代替。如前文所提，在1793年对外开放后的几个月里，卢浮宫大规模调整了其作品的陈列方式，由原本的比较法调整为沿用至今的流派和年表排列法。通过画派的分类，卢浮宫将其收藏分为三大流派，即意大利派、北方派和法国派（意大利派和北方派分别细分为佛罗伦萨派、威尼斯派和博洛尼亚派，以及荷兰派、佛兰德斯派和德国派），并按时间顺序排列。[9]

卢浮宫将侧翼最长最大的画廊（现称"卢浮宫大画廊"）居中部分留给了拉斐尔·圣齐奥，8件作品组成一个系列，完美地

8.Sheehan, J. J. (2000). *Museums in the German Art World: From the End of the Old Regime to the Rise of Modernism*. Oxford University Press.

9.McClellan, A. (1999). *Inventing the Louvre: Art, Politics, and the Origins of the Modern Museum in Eighteenth-Century Paris*, pp. 91–123. University of California Press.

图 2-2
朱利叶斯·格里菲斯（1763—1834），《卢浮宫大画廊》，1806 年，铜版画。原作由玛丽亚·科思维（1760—1838）绘制于约 1803 年
© 美国哲学学会，费城

诠释了这一时期卢浮宫陈列摆放单一艺术家作品的逻辑。这一系列作品的摆放同时满足了对称性和视觉秩序的观看需求（包括中轴线两侧互补的构图和对称的画布形状），并用最高级别的杰作描绘了拉斐尔一生中的重要篇章。拉斐尔创作的最后一件作品《耶稣显圣》被另外 7 件作品包围：第一排是拉斐尔的老师彼得罗·佩鲁吉诺（1450—1523）的两件作品（左上、右上），其余的是拉斐尔学徒时期的画作（左中），以及后来其融合了

图 2-3
拉斐尔·圣齐奥,《耶稣显圣》,1518—1520 年,板面油画,410cm×279cm,现藏于梵蒂冈画廊

达·芬奇（1452—1519）的构图和明暗对照法后，日渐趋于成熟的作品（右中、最下一排，《圣母子与施洗约翰》《卡斯蒂廖内的肖像》等）；最后回到中间，是能完整代表拉斐尔天才创作的伟大作品《耶稣显圣》。通过这一系列作品的陈列，卢浮宫将拉斐尔创作风格的起源和发展进行了浓缩的视觉阐述。

尽管当时的艺术机构在作品陈列方面推崇的仍是几何"对称美"，为此在展厅的布置上不得不做出一些妥协，但卢浮宫还是实现了其既定目标，即"通过不同时期作品的连续不间断的展示，揭示艺术进步的进程和培育出不同艺术文化土壤的美好"。[10]

流动的艺术史

卢浮宫并不是第一个采用流派和年表分类法的艺术机构，但因为其大规模且高质量的艺术收藏，和法国大革命赋予的"民主""平等"光环，卢浮宫在整个西方世界成为最知名、最有影响力的博物馆机构，其一举一动都会引起所有机构的议论和效仿。虽然这种安排的微妙之处容易被大众忽视，但19世纪慕名参观卢浮宫的博物馆从业者和学者完全吸收了它的要领。后任慕尼黑老绘画馆馆长的格奥尔格·冯·迪利斯（1759—1841）在美术馆尚未建成时曾参观卢浮宫，并撰文赞誉卢浮宫："人们必须欣赏这里的一切：排列的秩序、每个艺术分支的有序配置、对所有人开放……它应该成为所有博物馆的典范。"[11]

博物馆的这种通过藏品陈列对艺术史的"具象实践"进行展示的行为，在当时还有更现实的意义。它似乎证明了博物馆

10. McClellan, A. (1999). *Inventing the Louvre: Art, Politics, and the Origins of the Modern Museum in Eighteenth-Century Paris*, p. 113. University of California Press.

11. Dillis, J. G. V., & Messerer, R. (1966). *Briefwechsel Zwischen Ludwig I. von Bayern und Georg von Dillis: 1807–1841*, p 65. Schriftenreihe zur bayerischen Landesgeschichte.

践行的不仅仅是乌托邦式的探索，而更像是为学者和史学家提供社会时空中的一个异位场所，来模拟他们对艺术史或文明史的掌握。[12] 同时，这也意味着艺术史在 19 世纪学术和博物馆领域的演变过程中扮演着一种驱动力量。学者们将不同的藏品归纳为两种主要类型——多形式的主体模拟物（如木乃伊棺椁）和历史叙述的文献索引（如罗塞塔石碑）；再将这些藏品携带的信息以时间为轴串联在一起，从而完成博物馆对历史的叙述。早期的公共博物馆，如法国纪念碑博物馆、卢浮宫，德国阿尔茨博物馆，大英博物馆都是如此，为各自国家的艺术文明史和现代民族形态的发展开启了某种进化模式。[13]

基于这种模式，博物馆为国家或者社会群体营造了一个集体历史空间，其内在价值的统一也预示着国家文化的统一。同时，在这种将主体和文物并置的过程中，博物馆为其服务的民众提供了一种兼具美学、伦理、政治和历史价值的示范性物件，即对象参照物：在博物馆里，没有一件藏品是默默无闻的，它们在进入博物馆时就已经包含了文化和历史时空中的特定信息。

尽管与现在所采用的展陈设计相比，18 世纪卢浮宫的作品陈列方式还存在许多不科学的地方，但不论是沿用至今的流派、年表陈列方式，还是通过对照比较的方式对特定作品进行"叙述"，这些陈列方式的运用都表明当时的卢浮宫实际上已经具备了今天博物馆所强调的"具象化"陈述艺术史的能力。这种陈列秩序的实践显然影响了同时代博物馆对作品陈列的理解，而不同陈列方式可以传递出不同博物馆迥异的观看角度和试图传递的不同理想。

对于现代研究者而言，我们早已脱离了社会学的时空局限

12. Preziosi, D. (2006). "Art History and Museology: Rendering the Visible Legible". *A Companion to Museum Studies*, pp. 50–63. John Wiley & Sons.

13. Crimp, D. (1993). *On the Museum's Ruins*. MIT Press.

性：不同的学科被不断归纳和总结，将原本混乱的、无限的、充满随机性的各种实践通过某种排列组合，以叙述的形式传递下来。而这些（回顾性的）叙述往往都是具有连续性和透着本质主义色彩的，以便于不同学科的区分和输出，如"文艺复兴""新古典主义时期""巴洛克"或"学院派"等。[14] 然而不容忽视的是，不论是从艺术鉴赏还是历史研究的角度出发，这种先入为主的"本质主义"思维方式都谈不上是有益的。[15] 就像前文所提及的 18 世纪巴黎卢森堡宫所采用的"对比"陈列方法，将同主题、不同画派的若干件展品排列在一起，引导当时的艺术爱好者以品鉴不同学派风格作为一种社会时尚。在这样的情境中，仿佛艺术家并不是一个活生生的个体，而只是一种技法、一个流派的代名词，却忽略了这些技法和流派并不是一个个凭空幻想出来的标准概念，而是无数历史碎片经过解构和重组，最终投射在特定时空背景下的产物。

这也是博物馆作品所需要平衡的"存在"和"缺席"的矛盾——作品本身虽然悬挂在博物馆内，但它其实处于一个与其原始环境相剥离的状态；这种平衡也代表着作品完成了从"博物馆藏品"到"历史组成"的转变。也正因如此，当我们进入展厅时，会很自然地顺着陈列思路来观看作品；在这个时空里，作品不再只是一个"物件"，而是一段流动的艺术史的一部分。正如卢浮宫强调的，他们试图呈现的是一段"进步的过程"，当我们置身这段流动的历史中时，所鉴赏的并不单单是作品的创作手法，更是人类思想史变化的艺术化体现，因此观展就是与历史上的伟大艺术家进行一场跨越时空的对话。

14. Déotte, J. L. (2008). "Le musée, un appareil universel." *Museum International*, LIX(59): 68–79.

15. **本质主义**认为每个实体都拥有一些基本的、不变的特性或本质。这种理论强调通过现象认识事物的本质，以揭示事物的真实性质。**本质主义者**通常会将对象的特性分为本质属性和偶然属性，其中本质被视为完全的理想形式，而偶然属性则是相对次要的。**本质主义**通常与建构主义相对立。

3 谁养活了艺术家？

19世纪末，以居斯塔夫·库尔贝（1819—1877）和印象派为代表的先锋艺术画家开始崭露头角，法国最重要的艺术评选机构——学院沙龙逐渐失去了其在艺术解释领域的绝对话语权，这在一定程度上代表着法国政府主导的"文化霸权"的瓦解。[1]而这一切变化的发生离不开启蒙运动对西欧民智的启发，艺术家使用的各种不同于传统的创作方式也开始被理解；同时也离不开科学的发展和科技的进步：光学的研究使人们对自然光有了进一步的理解，管状颜料的出现使室外创作变得更加容易。除此之外，还有一个非常重要的原因：工业革命成果的不断扩大，促进了艺术市场的不断发展，这也使得艺术家和艺术经销商从以往的权力机构中解绑；艺术家和艺术经销商即使不再依附于某个机构，也可以按照自己的独立意愿践行自己的艺术理念。

种种因素作用在一起产生的巨大变革，不仅影响了艺术市场，同时也对博物馆的收藏机制，以及当时人们看待展览、艺术史的方式产生了诸多影响。本章将从商业角度出发，讨论艺术家和艺术经销商在19世纪前后的艺术生态中所扮演角色的变化，以及他们各自是如何对艺术生态产生持续影响的。

---

1. 1849年，居斯塔夫·库尔贝的作品《赶集归来的弗拉热农民》《奥尔南的葬礼》和《石工》因其不同于新古典主义的"粗糙画风"而在沙龙中引发了巨大的争议。库尔贝将他的绘画风格当作一种看待世界方式的视觉隐喻，并且服从于他的创作主题："通过否定理想化派生出的一切东西而获得个人的解放，最终获得民主。现实主义本质上就是民主的艺术。"可见至少在当时的艺术界，没有人想了解库尔贝的政治看法和观看哲学。但是随着时间的推移，他的观看方式赢得了越来越多学者和观众的认可，他也因此在一定程度上定义了"现代艺术家"，强调艺术家的美学观点开始背离社会传统的规范力量，视觉艺术家同社会的关系的这种模式逐渐被人们定义为"前卫"的概念。而以库尔贝为代表的现实主义艺术家对当时法国艺术评判标准的冲击，也被人们认为是"先锋艺术运动"的起点。

"独立艺术家"

在19世纪之前的西方艺术世界中,艺术家往往需要依附于某个组织或个人,如教宗、皇室、贵族、商会等;除了少数可以获得稳定的补贴,艺术家们均需靠完成被依附方所要求的创作以换取报酬。这种艺术家靠接"订单"为生的制度被称为"艺术赞助人制度"。[2] 从文艺复兴开始到19世纪,欧洲财富中心和艺术市场的繁荣中心就像击鼓传花一样在不同地区之间转移。从意大利到荷兰,再到后来的西班牙、英法。虽然不同地区艺术赞助人的不同喜好使得艺术探索的范围和角度越来越广,但是艺术家始终处于市场上被挑选的位置,靠受权贵赏识、完成订单获得收益的生存方式也始终没有发生根本的改变。

图 3-1
居斯塔夫·库尔贝,《石工》,1849年,布面油画,1.5m×2.6m,原藏于德国德累斯顿美术馆,1945年被炸毁于盟军空袭

2. Solkin, D. H. (1985). "Michael Rosenthal, Constable: The Painter and His Landscape(Book Review)." *The Art Bulletin*, 67(3): 507.

图 3-2
伦勃朗·哈尔曼松·凡·莱因,《布商行会的理事们》,1662 年,布面油画,191.5cm×279cm,现藏于荷兰国立博物馆
伦勃朗后半生的潦倒很大程度上归咎于 17 世纪荷兰黄金时代的终结。由于海上贸易主导权的丧失,荷兰国家财富急剧下降,艺术市场失去供给后急剧萎缩

3.White, H. C., & White, C. A. (1993). Canvases and *Careers: Institutional Change in the French Painting World*, p. 88. University of Chicago Press..

4.Carrington, A. M. (2015). "Salon Cultures and Spaces of Culture Edification." *A Companion to the Harlem Renaissance*, pp. 249–266. Wiley-Blackwell.

得益于法国大革命后欧洲各国兴建国家博物馆的浪潮,欧洲的艺术市场曾一度空前繁荣。不仅如普鲁士/德意志(1871年后)、沙俄等新兴欧洲强国,就连传统强国——英国也对艺术品有大量的需求,试图通过展示丰富的艺术收藏来彰显国力。然而这一切和当时在世的艺术家并没多大关系,国际上的艺术品交易普遍都是由少数艺术经销商主导的,而拉斐尔、鲁本斯、伦勃朗(1606—1669)等久经时间检验的艺术大师的作品被视为 19 世纪欧洲艺术市场的"硬通货"。在世艺术家如果想要与艺术市场建立联系,就必须附和官方所提倡的美学标准,尽量使自己的作品与前辈大师们的创作类似。[3] 随着巴黎学院沙龙体系的日渐臃肿,越来越多的年轻艺术家不满足于这种垄断单一的审美标准,开始尝试以自己的视角和风格进行创作。渐渐地,他们不再依靠沙龙的认证,而成为"独立艺术家",自主销售自己的作品。主张现实主义的巴比松画派艺术家便是这一人群的代表。[4]

3 谁养活了艺术家? | 027

改变当时欧洲艺术市场的另一个重大力量是不断壮大的"资产阶级"。在 18 世纪,"资产阶级"一词仍带有一定嘲讽的语义,他们被贵族阶级描绘为追名逐利的小市民形象。[5] 然而到了 19 世纪初,随着工业革命的成功,资产阶级的形象逐渐从手工匠人、作坊主转变为工厂主和贸易商人,尽管他们仍受到贵族的轻视,但经济实力的增长使他们逐渐成为市场不容忽视的力量。

从 19 世纪开始,艺术经销商逐渐将他们的目标买方人群锁定为新兴的工厂主和贸易商人。不同于皇室或者贵族所恪守的单一审美标准,资产阶级购买艺术品往往是从实用的角度出发,也没有根深蒂固的艺术倾向性;这一点在巴黎以外的地区尤为明显,一些美国收藏家甚至表示不愿意花大价钱从欧洲人手中购买所谓的"大师作品"。这一人群购买艺术品多数是基于纯粹的美学欣赏或是装饰目的,虽然无法为艺术家提供长期稳定的订单来源,但是因为群体庞大,也足以使艺术家赖以为生。

艺术史学家怀特夫妇曾梳理过 19 世纪中期巴黎艺术经销商的名单,该名单显示 1861 年巴黎有不少于 104 名艺术品经销商代理在世艺术家的作品。[6] 这些经销商创建了一种新的销售体系,以应对不同客户群体的需求。摆脱了"艺术赞助人制度"下赞助人对艺术创作的绝对话语权,艺术家不再需要刻意迎合皇室或者贵族的审美标准,可以将更多的精力投入个人风格的开创和职业生涯的发展中;而经销商为了保证艺术家的持续产出和更多的商业收益,也愿意帮助艺术家建立声望与个人风格。

当时的艺术经销商和画家普遍采用的合作方式,是经销商将作品放在画廊寄卖,如果售出就收取一定比例的佣金,卖不出就将作品退还给画家。为了保证收入,艺术经销商往往还是

5. Kishlansky, M. A., Geary, P. J. and O'Brien, P. (2007). *A brief history of Western Civilization: The Unfinished Legacy*. Longman.

6. White, H. C., & White, C. A. (1993). *Canvases and Careers: Institutional Change in the French Painting World*, p. 155. University of Chicago Press.

会选择比较安全好卖的新古典主义画作,有的甚至要求画家更改风格。[7] 也正因如此,当时的大多数艺术经销商并没有收获什么好名声,他们普遍被认为并没有为艺术做出多少贡献,反而对艺术家产生了有害影响,迫使后者迎合主流审美口味,为金钱利益而妥协。

而这一局面直到保罗·杜朗-卢埃尔(1831—1922)的出现才发生根本性的转变,他的好名声主要源于其独具慧眼,成为早期大量印象派艺术家的伯乐。同时这也暗示着资产阶级在艺术市场上的崛起以及"艺术全球化"时代的到来。

杜朗-卢埃尔的商业奇迹

杜朗-卢埃尔出生在一个艺术商人家庭,1865年,34岁的杜朗-卢埃尔正式接手家族生意,并开始收藏卡米耶·柯罗(1796—1875)等一众巴比松画派艺术家的作品。1870年,杜朗-卢埃尔为了躲避普法战争,从巴黎搬到伦敦。在这里,他认识了弗朗索瓦·多比尼(1817—1878)、克劳德·莫奈(1840—1926)、卡米耶·毕沙罗(1830—1903)等一众法国艺术家。也正是这次机缘巧合,使杜朗-卢埃尔隐约意识到这个艺术家群体的潜在市场价值,并开始购买他们的作品。

不同于同时期的很多艺术经销商,杜朗-卢埃尔经常一次性购买某个艺术家某个时期的所有作品,主动承担作品可能无法售出的风险,这也使得他在印象派艺术家间享有了不错的名声。与此同时,他也主动扮演了艺术家"职业顾问"的角色,

7. Galenson, D., & Jensen, R. T. (2002). "Careers and Canvases: The Rise of the Market for Modern Art in the Nineteenth Century." *NBER Working Papers*.

为众多艺术家提供职业规划，开发销售渠道，尽管他不止一次与艺术家发生分歧。

以毕沙罗为例，他在写给儿子卢锡安·毕沙罗（1863—1944）的信件中提及过对杜朗-卢埃尔试图干预他创作方式和主题内容的不满，也不止一次地谈到他在这段关系中受到的伤害；但他也从不避讳对杜朗-卢埃尔的感激之情，尤其是在杜朗-卢埃尔经历了财务危机之后，他曾一再表示杜朗-卢埃尔的出现使他在创作期间极具安全感，自己再也不用去经历那些和买家讨价还价、被挑肥拣瘦的窘境。[8]1871年杜朗-卢埃尔刚开始代理毕沙罗作品时，就以每件200法郎的价格购买了他的大量作品，在这之前他的作品仅能卖到20—40法郎（1880年前后普通中产家庭一个月的开销约为100法郎）一件。随着毕沙罗作品商业价值的不断上涨，杜朗-卢埃尔还会额外支付溢价分红。毕沙罗晚年时，他的作品单价已经高达1万至2万法郎，不少藏家开始直接联系他购买作品。

除了毕沙罗，杜朗-卢埃尔同时还代理了埃德加·德加（1834—1917）、玛丽·卡萨特（1844—1926）、爱德华·马奈（1832—1883）、莫奈、贝尔特·莫里索（1841—1895）、皮埃尔·奥古斯特·雷诺阿（1841—1919）和阿尔弗雷德·西斯莱（1839—1899）等印象派艺术家的作品。据统计，杜朗-卢埃尔在他的一生中共购买了超过5000件印象派艺术家的作品，包括1000余件莫奈的，1500余件雷诺阿的，800余件毕沙罗的，400余件西斯莱的和大约200件马奈的。

作为投资人，杜朗-卢埃尔有着一往无前的勇气和极具前瞻性的眼光，在外界还完全无法认可印象派作品的艺术价值时

8.Rewald, J., Pissarro, L. and Pissarro, C. (1949). "Lucien Pissarro: Letters from London, 1883–1891." *The Burlington Magazine*, 91(556): 188-192.

图 3-3
皮埃尔·奥古斯特·雷诺阿，《保罗·杜朗-卢埃尔》，1910 年，布面油画，65cm×55cm
© 弗里克艺术资料图书馆，纽约

就大胆地收购他们的作品。除此之外，更加值得我们关注的是杜朗-卢埃尔对其艺术商业版图的运作和规划，及其创造的艺术销售—评论体系对艺术界产生的影响。

鉴于传统艺术经销商在当时的风评并不是很好，杜朗-卢埃尔花费了大量的精力来改善画廊的社会风评。除了以售卖为

3 谁养活了艺术家？ | 031

目的的展览，杜朗-卢埃尔还会定期自费向藏家们借回已售出的作品并办展，对外则宣称这个展览是艺术家的仰慕者们自发筹资举办的。此举一方面是为了向公众表明他的目的是推广艺术家而不是纯粹的买卖交易，另一方面也是借展告诉所有人：过去一直有人在购买印象派的作品，印象派值得其他收藏家的注意。这种展览方式后来也被杜朗-卢埃尔沿用到售卖场合中，他会将已售出的作品借回，同其他待售的作品挂在一起。这样不仅可以让客人看到艺术家不同时期、更多的作品，也在无形中暗示参观者可以通过购买作品成为藏家中的一员，甚至通过现有藏家的社会名望影响更多的潜在顾客。[9]

不同于同时代"大杂烩式"卖货的展览，杜朗-卢埃尔还开创了两种类型的展览方式：个人展览和回顾展览。个人展览着力强调艺术家的原创性和重要性。同时期的其他艺术经销商往往会把一个系列的艺术家作品摆放在一起以强调他们的影响力；杜朗-卢埃尔则反其道而行之，将艺术家们从群体中一个一个挑选出来，分别放置在特定的历史背景中，以此来暗指这位艺术家足够重要，足以塑造艺术的未来。

在过去，回顾展览往往是为已过世的艺术家举办，以回顾其一生的创作经历的。[10] 而杜朗-卢埃尔认为，回顾展并不只适用于过世的艺术家，也完全可以成为展现在世艺术家，尤其是印象派这类先锋艺术家个人风格与市场价值的完美平台。因此杜朗-卢埃尔花费了大量精力在策划艺术家的回顾展上，细致地关注如何通过不同的展览形式诠释不同种类的艺术家。[11] 这种通过回顾展览将艺术家创新合理化、历史化，将艺术家的创作视为某种艺术史进程的作品解读方式，也是杜朗-卢埃尔商

9. Regan, M. (2004). *Paul Durand-Ruel and the Market for Early Modernism*, p. 17. Louisiana State University and Agricultural & Mechanical College.

10. Jensen, R. (1988). "The Avant-Garde and the Trade in Art." *Art Journal*, 47(4): 360-367.

11. Patry, S., & Robbins, A. et al. (2015). Inventing *Impressionism: Paul Durand-Ruel and the Modern Art Market*. The National Gallery.

业成功的另一个关键。同时，为了消除法国艺术界将印象派视为"异类"的这一刻板印象，杜朗-卢埃尔经常把已经成名的现实主义艺术家，如让-弗朗索瓦·米勒（1814—1875）等巴比松画派艺术家的作品"塞进"印象派艺术家的展览里，通过突出两者之间的相似性以强化人们对印象派的认可——事实上，印象派画家所选择的主题和创作风格确实受到几十年前的现实主义大师的影响。[12]

除此之外，杜朗-卢埃尔还通过各种方式向大众介绍和推广印象派画家和作品，努力营造有利于印象派的社会舆论环境。他没有像大多数经销商那样，完全依赖外部艺术评论家和媒体来宣传自己代理的艺术家及其作品，而是建立自己的渠道来发表艺术评论以达到宣传的目的。他于1869年创办了刊物《国际艺术与评论》，1890年又创办了刊物《艺术的二重奏》；并长期与古斯塔夫·格夫罗伊（1855—1926）、乔治·莱孔特（1867—1958）和奥克塔夫·米尔博等知名艺术评论家保持着合作关系。[13]

通过这种联合，经销商和艺评人可以更容易地从艺术史角度来定位艺术家。这种新的商业模式也很快得到了艺评人的认可，艺评人发现他们有了一个新的舞台：与其不痛不痒地点评沙龙上向公众展示的作品，不如将自己的点评作为宣传艺术家的一种手段。[14] 这一创新的组合不久之后就发挥出了更大的功效：因为不必受委托人对主题的束缚，艺术家可以更专注于自我的探索，评论家也开始扮演更重要的角色，成为艺术新发展的理论家。

12.Regan, M. (2004). *Paul Durand-Ruel and the Market for Early Modernism*, p. 17. Louisiana State University and Agricultural & Mechanical College.

13.Durand-Ruel, F., & Durand-Ruel, P. L. (2014). *Paul Durand-Ruel: Memoir of the First Impressionist Art Dealer (1831–1922)*, p. 16. National Geographic Books.

14.Armstrong, P. (2013). "Avant-Garde: The Legacy of Paul Durand-Ruel." *International Journal of Literature and Art*, 1(2): 15–21.

印象派在美国

在同时代的法国人还沉醉在"巴黎作为欧洲,甚至整个西方的文化艺术中心,各地艺术家纷至沓来"的历史旧梦中的时候,杜朗-卢埃尔就已开始放眼全球,将画廊开出法国,在英国、美国、德国等这些当时被认为"文化落后于法国的地区"寻找新的市场。[15]1870 年,杜朗-卢埃尔在伦敦躲避普法战争时期开了第一家海外画廊,1886 年 4 月,他成功地与位于纽约的美国艺术协会的创始人詹姆斯·萨顿(1844—1915)达成合作,举办了美国第一个正式的法国印象派展览。次年他又将画廊开到了纽约,并与美国东海岸大城市如费城、波士顿的当地画廊建立了合作关系。在美国,杜朗-卢埃尔一改其以往针对欧洲资产阶级的营销策略,通过政府的认证,将印象派作品归类为有教育意义的艺术品。在此之后,印象派作品不仅可以免关税进入美国境内,而且逐渐受到美国博物馆的关注——1903 年,波士顿美术馆购买了德加的《朗尚赛马场》;1907 年,大都会艺术博物馆购买了雷诺阿的《乔治·沙尔庞捷夫人和她的孩子》。[16]

随着纽约代理印象派作品的画廊越来越多,杜朗-卢埃尔也有感于竞争压力的日益增大,为此他于 1907 年策划了一场针对美国中西部城市的印象派巡展,试图开拓新的市场。巡展比预想中还要成功,在完成了最初两站的巡展后,就不断有新的机构希望可以承接展览。[17] 值得一提的是,此次巡展的所有合作机构几乎都是新成立的博物馆:圣路易斯美术学院及博物馆(1879 年开放,现名圣路易斯美术馆)、卡内基研究所(1895 年开放,现名匹兹堡卡内基博物馆)、辛辛那提博物馆协会(1885 年开

15. Thompson, J. A. (2020). "Old and New Worlds: Durand-Ruel and the International Market for Impressionism." *Pioneers of the Global Art Market: Paris-Based Dealer Networks, 1850–1950*, p. 43. Bloomsbury Publishing.

16. Groom, G. L., & Druick, D. W. (2010). *The Age of French Impressionism: Masterpieces from the Art Institute of Chicago*, pp. 12–13. Art Institute of Chicago.

17. Hendren, C. (2019). "French Impressionism in the United States' Greater Midwest: The 1907–8 Traveling Exhibition." *Nineteenth-Century Art Worldwide*, 18(2).

图 3-4
皮埃尔·奥古斯特·雷诺阿,《乔治·沙尔庞捷夫人和她的孩子》,1878年,布面油画,153.7cm×190.2cm,现藏于大都会艺术博物馆
© 凯瑟琳·罗瑞拉德·沃尔夫收藏基金会

放,现名辛辛那提美术馆)和奥尔布赖特美术馆(1905年开放,现名水牛城奥尔布赖特-诺克斯美术馆)等;或是当时尚未成立的博物馆的前身:明尼阿波利斯美术学会(现明尼阿波利斯美术馆)、圣保罗艺术工会(现明尼苏达州美国艺术博物馆)、密尔沃基艺术学生联盟(现威斯康星艺术博物馆)等。

尽管这次巡展都在博物馆或教育机构举行,但是其组织者似乎毫不避讳其中的商业性,在其简介甚至宣传中都明确指出作品的来源以及可供出售,以此强调展览的真实性。例如辛辛那提博物馆就在展览目录中指出:"目前在辛辛那提的藏品全面代表了法国印象派画家,由纽约市的杜朗-卢埃尔父子画廊的杜朗-卢埃尔先生借出。"[18] 明尼阿波利斯美术学会也在展览名录上特意注明了"感谢纽约杜朗-卢埃尔父子画廊,因此我们有幸展出了法国印象派的杰出作品集",并于几页后通知读者,

18. Cincinnati Museum of Art (1908). Paintings by the French Impressionists, p. 9.

3 谁养活了艺术家? | 035

这些作品正在出售。[19] 为此，巴黎南特大学的克莱尔·亨德伦认为，杜朗-卢埃尔这一名字已经成为当时美国观众识别法国印象派作品的某种"有效认证"。

在展览宣传的过程中，杜朗-卢埃尔精准地抓住了美国资产阶级的审美趣味，以及他们对"传统欧洲美学"的反叛。印象派的"群体肖像"得到了重新定义，杜朗-卢埃尔在展览宣传过程中着重强调了印象派画家在与传统美学的对抗中展露出的独立精神，称他们是对抗学术惯性和霸权的先进团队。[20] 这一点在明尼阿波利斯美术学会的展览宣传中得到了直观的体现：

> 这是一个古老的故事，战士们在壮年时期很少能为新思想和彻底胜利而奋斗。因此，为了他们事业的公正性，也为了艺术欣赏中广泛而自由的观点的进步，这群艺术家被允许在他们仍然能够充分享受劳动的同时从劳动中获益，这很好地说明了这一点，因为对于寻求新的、未经尝试的表达方式的艺术家来说，这是一个例外，而不是规则。[21]

而这一宣传点也得到了美国民众的积极响应，《辛辛那提问询报》在展览开幕后直言："这次展览是这个国家有史以来最好的展览。"正如理查德·布雷特尔（1949—2020）所说："印象派在美国与两件事有关：叛逆和独立于权威——无论谁定义它，这两件事都在美国性格中发挥着相当重要的作用。"[22]

一定程度上来说，杜朗-卢埃尔的商业运作成功和印象派运动的成功，都离不开当时法国之外市场的认可，而印象派也正是在以杜朗-卢埃尔为代表的艺术经销商的帮助下进入了美国的

19. Minneapolis Society of Fine Arts (1908). Paintings by the French Impressionists and of the Works of Six American Artists, p. 5.

20. Hendren, C. (2019). "French Impressionism in the United States' Greater Midwest: The 1907–8 Traveling Exhibition." *Nineteenth-Century Art Worldwide*, 18(2).

21. Minneapolis Society of Fine Arts (1908). Paintings by the French Impressionists and of the Works of Six American Artists, p. 7.

22. Brettell, R. (2014). "Impressionism and Nationalism: The American Case." *American Impressionism: A New Vision 1880–1900*, pp. 15–21. Yale University Press.

艺术界。时至今日，得益于20世纪初建立的大量收藏，诸如大都会艺术博物馆、波士顿美术馆、芝加哥美术馆、费城美术馆等美国博物馆在针对印象派的研究中仍享有极大的话语权。

艺术经销商—评论家机制

实际上，杜朗-卢埃尔以一己之力重新定义了"艺术经销商"和"艺术赞助人"这两个概念，同时创造了一个经销商和艺评人的联盟。与同时期将艺术家培训成"艺术公务员"的学院沙龙体系和只关注作品交易而忽略艺术家职业发展的其他艺术经销商相比，杜朗-卢埃尔和艺术家之间的关系更像是文艺复兴时期的赞助人和艺术家；不同之处在于他和艺术家之间保持着一种相对平等的关系，艺术家不再是完成某个任务的工具，而可以在践行自己的创作理念的同时收获名誉和财富。

杜朗-卢埃尔开创的这种模式很快被其他艺术经销商采纳，后来安布罗斯·沃拉德（1866—1939）在推广野兽派艺术家时，丹尼尔-亨利·卡恩维勒（1884—1979）在推广立体主义时，也都采用了这种机制。这种机制在20世纪40年代被带到纽约，由佩姬·古根海姆（古根海姆博物馆创始人所罗门·R.古根海姆的侄女，1898—1979）和她创办的《世纪艺术》在推广抽象表现主义作品时发扬光大。[23] 尽管艺术经销商—评论家机制是在法国印象派运动的特殊背景下产生的，但它为促进艺术创新提供了一种通用机制，这种机制在后来许多着眼于近现代艺术的博物馆建立过程中也发挥着至关重要的作用。

23.Fitzgerald, M. C. (1996). *Making Modernism: Picasso and the Creation of the Market for Twentieth-Century Art*, p. 67, 80. University of California Press.

图 3-5
亨利·马蒂斯（1869—1954），《生之喜悦》，1905—1906 年，布面油画，176.5cm×240.7cm，现藏于巴恩斯基金会
© 亨利·马蒂斯遗产基金会 / 艺术家权益协会，纽约

作为一种商业模式，艺术经销商—评论家机制之所以被传播开来，是因为它有效地助力了艺术市场规模的发展，同时也在一定程度上打破了艺术行业的壁垒。在这之前，只有受官方认证的作品才能被称为艺术品，而高昂的价格和狭小的市场也使得普通商人望而却步。杜朗－卢埃尔用他的亲身经历证明了，即使是被官方认定为"廉价的"作品，也可能创造非常高的经济价值，艺术经销商因此成为不少年轻人的择业选择，也为年轻艺术家提供了更好的经济和心理支持。更重要的是，这种机制向大家证明了，艺术家的创作理念不需要去迎合大众的审美标准，尽管新的创作方式和价值可能一时不能得到市场的认可，但一旦它成为"艺术进程"的一部分，它的价值就会发生质的飞跃。

杜朗－卢埃尔一定想不到，他创造出来的这种商业模式，会无意之间成为艺术创新的守护天使。他创造了一种"商品"和"艺术史"之间的连接方式；而这种以创新为中心的艺术生态，一定程度上与先锋艺术的理念不谋而合。1937年，皮特·蒙德里安（1872—1944）在一本名为《圆环》的杂志上发表了一篇题为《造型艺术和纯造型艺术》的文章，文中提到：

> 对于先驱者来说，社会联系是必不可少的，但不是因为让他们知道自己所做的事情是必要和有用的，也不是因为"集体的认可可以帮助他们坚持下去，并用鲜活的思想滋养他们"。这种联系只是以间接的方式才能发挥作用；它更多是作为一个障碍，以增强先驱者的决心，先驱者通过对外部刺激的反应来助力创造。[24]

24.Mondrian, P. (1937). "Plastic Art and Pure Plastic Art ." *Circle*, pp. 41–56.

在这段文字中，蒙德里安认为艺术是对客观现实的揭示，但是仅能通过特有的知觉才能实现，这与先锋艺术认为艺术是一场"持续的革命"的想法出奇地一致：这场革命是通过少数

图 3-6
1933年，皮特·蒙德里安在他的工作室
摄影：卡尔斯·卡滕

3 谁养活了艺术家？　　039

先驱者在面对"大众的误解"时实现的，更是受到了这种"误解"的启发和驱动才实现的。尽管19世纪末的西方艺术界已经逐渐接受先锋艺术的概念，但是每一次的创新和突破仍然会引起"大众"的惊慌失措。在传统文化机构还在裹足不前时，唯有逐利的商人会在此时"铤而走险"施以援手。就像杜朗-卢埃尔独具慧眼地"帮助"印象派画家走出困境，几十年后亨利·马蒂斯因为展览效果不佳被画廊主"放弃"后，也是在其他藏家的帮助下得以继续创作。

总结来说，艺术经销商—评论家机制在一定程度上创造了当代艺术世界的可持续发展形态。这种形态依赖于艺术品的持续供应，通过发表适当的评论赋予艺术品新的意义，确保其可以轻松地进入市场，并与现存的艺术形态区分开来。而确保这种机制运行的前提是提供必要的艺术实验，即突破由现存的艺术形式所构成的新兴艺术家探索"真实性"的障碍，这也是先锋艺术贯彻的信念。同时，已经成功的"先驱者"经历也不断鼓励年轻艺术家用他们的作品去探索能带给个人启示的客观真理，并使他们对在获得认可之前可能遇到的困难有所预期。

因为在收购和出售艺术品之间赚取高额差价，有些艺术经销商被质疑其对待艺术及艺术家的态度不够纯粹——我们确实也无法杜绝此类"不纯粹"的发生；但也正是在这种高额利润的驱使下，很多艺术经销商选择与艺术家站在一起，用真诚的方式承诺艺术家，并成为后者面对市场竞争的坚强后盾。因此，无论是从其对先锋艺术的助力还是从其对新晋独立艺术家的保护来看，艺术经销商—评论家机制和法国印象派都称得上保罗·杜朗-卢埃尔留给艺术世界的宝贵遗产。

4 英国博物馆的公众化探索

从地缘政治的角度来看，英国因为不与欧洲大陆直接接壤，其宗教、政治、文化都与欧洲保持着一种若即若离的关系。这也使得英国自中世纪以来受到天主教的影响明显小于欧洲大陆，且对远洋贸易的探索早于法国、普鲁士等欧洲国家。在种种因素的助力下，工业革命于18世纪中期率先在英国发生。相较于同时期法国启蒙运动对人们精神世界的影响，英国人对物质世界的探索同样影响着整个世界。本章将把目光转移至18世纪的英国，讨论工业革命早期英国博物馆人对博物馆功能的塑造和对博物馆所扮演的社会角色的探索和实践。

"不速之客"

18世纪中期英国毛纺织业的急速发展往往被视为工业革命的开端。为了获取更多的原材料，英国进行了规模庞大的土地兼并运动——"圈地运动"，农地被大量收购作为牧场使用，而失去土地的农民只能选择租赁土地、探索新大陆或者成为工厂工人。在这样的历史背景下，英国大量的农民开始在城市定居，成为工人和手工业者。大量失去土地的农民涌入城市后，英国城市的格局和社会治安都发生了剧烈的变化，其中伦敦的变化尤为明显。伦敦东区因为接收了大量移民，时至今日仍然是"贫民区"和"治安混乱"的代名词，正如英国著名侦探小说家柯南·道尔笔下描绘的情景：迷雾笼罩下的伦敦东区居住着靠出卖苦力维生的穷人和外来移民，是伦敦最危险的地方。谁也不会想到，正是这一与艺术毫不沾边的人群，后来成为当地博物馆的常客。

英国国家美术馆就是在这样的社会背景下诞生的，一方面为了缓和社会矛盾和教化国民，同时也为了缩小和欧洲大陆在艺术领域的差距（英国国家美术馆的建立几乎晚于所有西欧传统强国）。尽管担心城郊工厂产生的有害气体对艺术品造成破坏，英国国家美术馆最终还是选址在邻近东区的特拉法尔加广场，并于1824年对公众开放。美术馆从建立初期就被寄予了极大期望，英国国家警察系统的创始人罗伯特·皮尔爵士（1788—1850）称其在助力艺术发展的同时，也可以成为"连接富有和贫困阶层的桥梁"。[1] 英国国家美术馆在文学家、艺术家之中广受赞誉，但并不是所有人都对此买账，当时英国的幽默讽刺杂志《重拳》曾这样描述：

> ……当无法为这些衣不蔽体的人们提供所需要的东西时，至少也应该尝试去遮挡一下。当穷人期待面包的时候，乐善好施的有钱人提供给他们——一个展览。[2]

1. Whitehead, C. (2017). *The Public Art Museum in Nineteenth Century Britain: the Development of the National Gallery*, p. 5. Routledge.

2. Victorianweb (n.d.). "Substance and Shadow." *Punch*, 1843. Available at: https://victorianweb.org/art/illustration/leech/101.html (Accessed: 5 July 2023).

3.Sheehan, J. J. (2000). *Museums in the German Art World: From the End of the Old Regime to the Rise of Modernism.* Oxford University Press.

尽管如此，英国国家美术馆仍在一定程度上完成了它的使命。自开馆以来，美术馆就备受周围车间工人和小商贩的欢迎，相比维多利亚时期普通工人日常生活中充斥着工厂、冒着黑烟的烟囱和咆哮的车轮的环境，美术馆的环境显得如此干净和高雅。显然，观众的参观目的和最初规划者的设想存在极大的出入：美术馆似乎成为这一人群休闲放松的场所，而并非接受艺术熏陶的殿堂，有时甚至成为附近居民躲避恶劣天气的避难所。这种现象也一度使英国国家美术馆的参观环境变得非常糟糕，但工作人员始终不曾将这些"不速之客"拒之门外；相比之下，欧洲多数博物馆都采取了提前预约或者设立着装要求（如干净的皮鞋）等方式来筛选参观群体。[3]

图4-1
《实物与阴影》，《重拳》杂志，1843年7月8日刊，18cm×24cm

SUBSTANCE AND SHADOW.

4 英国博物馆的公众化探索 | 043

博物馆和手工业者

随着工业革命推动着制造业的不断发展，工业设计和工艺美术对制造业的加持作用也逐渐显露出来。由于设计和美感的不足，英国出口商品的市场地位受到了严重的挑战，为此英国国会于 1835 年确立了"着重培养制造业者的美感和设计理念"的方向。[4] 受同时期伦敦和巴黎的商业展览的启发，皇家艺术协会于 19 世纪 40 年代开始酝酿策划一场更大的博览会，这也最终促成了第一届万国博览会（后来又叫"世界博览会"）于 1851 年在伦敦举办。博览会在伦敦海德公园的水晶宫内举行，整个建筑只使用了钢架和玻璃，这对于当时的技术而言可谓一场挑战。其庞大的建筑规模承载了设计师和展览委员会的宏大期许，也象征着工业革命的胜利，又似乎在向外界传达着工业和文化的结合，同时喻示着其国家所代表的文明和进步。

万国博览会受到了全世界的广泛关注，在为期 5 个月的展出时间内，超过 10 万件来自世界各地的商品被展出，600 万观众付费参观（当时英国人口仅 1800 万）。[5] 第一届万国博览会举办得如此成功，以至于在接下来的一个世纪，越来越多的西方国家开始参与争夺举办类似博览会的权利；19 世纪末、20 世纪初，许多著名博物馆的诞生也都和万国博览会的举办有着直接的联系。

同年 10 月 14 日，首届万国博览会闭幕。在组委会负责人阿尔伯特亲王（1819—1861）的提议下，委员会决定将所获利润分为两部分，分别用来建造博物馆和作为科学艺术奖励基金。委员会最终购买了南肯辛顿地区的 87 英亩土地，建造了南肯辛

4.Pointon, M. R. (1994). *Art Apart : Art Institutions and Ideology Across England and North America*, p 42. Manchester University Press.

5.Picard, L. (2009). "The Great Exhibition." (The British Library) Available at: https://www.bl.uk/victorian-britain/articles/the-great-exhibition (Accessed: 7 July 2023).

图 4-2
弗朗西斯·福克斯
(1823—1865),南肯辛顿博物馆内广场北面速写,约 1860—1866 年
© 维多利亚和阿尔伯特博物馆,伦敦

顿博物馆(现维多利亚和阿尔伯特博物馆)、科学博物馆和自然历史博物馆等文化机构,并一直使用至今。不同于大英博物馆的典藏研究与国家美术馆的高雅艺术,南肯辛顿博物馆在创立之初的定位就是专注于实用的工艺美术与设计。

南肯辛顿博物馆是世界上第一所集中展示应用美术和装饰艺术的博物馆,其根据材料和工艺(金属制品、玻璃、纺织品等)对其展品进行了分类,以便更好地展现工艺品的特点。博物馆被期待在提高观众道德水平的同时,可以提升劳动群体的美学造诣,并借此增强英国制造业的整体市场竞争力。这种兼顾了大众期盼、经济关联性和社会改造功能的博物馆模式,对欧洲和大洋彼岸的美国产生了巨大的影响。在这之后,欧洲和

4 英国博物馆的公众化探索 | 045

美国出现了非常多南肯辛顿博物馆的"复制品"。此类以展示工艺美术和设计产品为主的博物馆一度被誉为"推动现代文明前进和促进社会提升的引擎"。[6]

南肯辛顿博物馆于1857年开馆，亨利·柯尔爵士（1808—1882）担任首任馆长，他也是首届万国博览会的发起人之一，还是圣诞节贺卡的发明者。在他的管理下，南肯辛顿博物馆在履行收藏和展示功能之外，也展出可供售卖的设计类产品。同时，南肯辛顿博物馆还成为首个于周日及工作日夜晚对外开放并提供配套餐厅的博物馆，旨在更好地服务于工人和手工匠人。柯尔对此表示："南肯辛顿博物馆给劳动群体提供了一个下班后恢复活力的场所，而不是让他们沉浸在赌场和酒馆里。"[7]

不尽如人意的是，尽管在大西洋两岸产生了巨大的影响力，南肯辛顿博物馆却因在提高设计水准或公众品位方面未能取得最初设想的成果而受到抨击，渐渐地，前往该博物馆参观学习

6.Cole, H. (1884). *Fifty Years of Public Work of Sir Henry Cole, KCB, Accounted for in His Deeds. Speeches and Writings* (Vol. 2). G. Bell.

7.Cole, H. (1884). *Fifty Years of Public Work of Sir Henry Cole, KCB, Accounted for in His Deeds, Speeches and Writings* (Vol. 2). G. Bell.

图4-3
1843年在英国皇家邮政担任要职的亨利·柯尔为了节约时间，与艺术家约翰·卡尔科特·霍斯利（1817—1903）共同设计的世界上第一张圣诞节贺卡
© 维多利亚和阿尔伯特博物馆，伦敦

的设计师和手工业者数量越来越少。[8] 在这些抨击声中，以约翰·拉斯金（1819—1900）和威廉·莫里斯（1834—1896）为代表的社会活动家和艺术相关从业者的言论最为尖锐。他们对博物馆试图通过"一系列过去的收藏去激发新的艺术灵感"这一构想提出了质疑。在更深的层面上，他们否认工业生产可以产生精美艺术和设计的观点，同时提倡取消通过媒介对艺术品进行区分的等级制度，主张将工匠提升到艺术家的地位，引导他们创造出价格合理的手工艺术品。[9]

事实上，当时英国画家休伯特·冯·赫科默（1849—1914）就曾指出，在推广装饰艺术方面，南肯辛顿博物馆几十年间取得的成果似乎还比不上莫里斯几年的努力。[10] 社会活动家托马斯·格林伍德（1790—1871）针对南肯辛顿博物馆访客肖像进行的研究也得出了非常现实的结论：来参观博物馆的群体主要由家境优渥的访问者组成。这一点也不难想象，就如同位于特拉法尔加的国家美术馆受到劳动群体的欢迎一样，位于伦敦西区的南肯辛顿博物馆，单从出行难度考虑就足以劝退大多数居住在伦敦东区的手工业者和设计师。[11]

博物馆附属的设计学院也面临相似的困境。学院因为定位不明确，招收的学员多是那些不足以被专业艺术院校录取却怀有抱负的艺术家，他们往往都怀揣着向往高雅艺术的梦想，而并不满足于仅仅成为一个工业产品的设计师。最终，设计学院逐渐发展成为一所保守的二流艺术学院。

无论是参观者数量的减少，还是威廉·莫里斯对英国工艺美术领域的巨大影响，都似乎表明了亨利·柯尔爵士"手工业者在下班后精心打扮，带着妻子和孩子来博物馆参观学习，他

8.Conforti, M. (1997). "The Idealist Enterprise and the Applied Arts." *A Grand Design: The Art of the Victoria and Albert Museum*, pp. 23–47. Harry N Abrams Inc.

9.Cumming, E. and Kaplan, W. (1991). *The Arts and Crafts Movement*. pp. 18–22. Thames and Hudson.

10.Burton, A. (1999). *Vision & Accident: The Story of the Victoria and Albert Museum*. V&A Publications.

11.Greenwood, T. (1888). *Museums and Art Galleries*, p. 257. Simpkin, Marshall and Company.

可以通过参观制作出更精良的商品"这一美好构想的破灭。1899年,南肯辛顿博物馆被更名为维多利亚和阿尔伯特博物馆,并将业务重点转移至应用和装饰艺术品的收藏上。

19世纪末,正如南肯辛顿博物馆证明了应用性艺术博物馆无法满足工业设计对美学的实际需求,各种类型的博物馆或多或少都感受到了建馆初期理想的崩溃。那个时代的博物馆就像欧洲文明的缩影,19世纪初人们还将博物馆视为艺术的殿堂,倾注着设计者们对知识、理性的美好憧憬,然而随后的发展却在不断证明现实与理想的相去甚远。正如史蒂文·康(1965—)所说,早期科学和人文博物馆建立在完美假设情境下的、静态

图4-4
作为英国工艺美术运动的引领者,威廉·莫里斯在19世纪60—90年代,参与了大量家具、彩色玻璃、纺织品、壁纸和挂毯的纹样设计
©威廉·莫里斯学会,伦敦

的认识论研究，被证明无法随着自然和人文科学向理论、实验以及情境分析的变化而与时俱进；而后这些学科的知识生产重镇被转移到了大学。[12]

我们很难简单地将 19 世纪英国公共博物馆的尝试定义为成功或者失败。后世社会学家将这些尝试归纳为那个时代政客和精英阶层的理想投影，即更注重博物馆的目标功能而非其他实际的作用；这也反映了这些"博物馆设计师"们的初衷虽然是尝试将艺术和文化的益处惠及全体民众，却忽略了民众的实际需求。这种模式也被称为"理想化的功利主义"。[13]

艺术的力量？

除了由精英阶层主导的公共博物馆，同时期英国的不少社会活动家也在尝试以自己的方式探索博物馆的发展之路。尽管位于特拉法尔加广场的英国国家美术馆已经邻近当时的伦敦城郊，居住在伦敦东区白教堂地区的巴奈特夫妇（塞缪尔·巴奈特，1844—1913；汉丽艾塔·巴奈特，1851—1936）仍然认为进展离伦敦东区普通人的生活太遥远：穷人从来没有受过艺术鉴赏相关的教育，为什么还要从他们本就不多的收入中抽取一部分前往市区，去看那些他们完全不了解的东西？

作为白教堂地区的教士，塞缪尔·巴奈特称当地约 95% 的人从未去过教堂，教会也正在失去它的道德教化力量；同时随着图像印刷技术的发展，越来越少的人愿意去阅读宗教典籍。[14] 为了填补这一空缺，巴奈特夫妇自 1881 年起，每年都会在复

12. Conn, S. (1998). *Museums and American Intellectual Life, 1876–1926*, pp. 192–232. University of Chicago Press.

13. 功利主义，也称效益主义，提倡追求"最大幸福"，认为人应该做出能达到最大幸福的行为。功利主义不考虑一个人行为的动机与手段，仅考虑一个行为的结果对最大幸福值的影响。能增加幸福的即是善；反之即为恶。

14. Koven, S. (2004). "The White Chapel Picture Exhibitions and the Politics of Seeing." *Museum Culture*, pp. 42–58. Routledge.

活节（英国法定节假日）前后以教会的名义举办一场为期半个月的展览。展览最初的举办地是巴奈特从教会学校租借来的三间教室，展品也都是巴奈特夫妇从当时的艺术家和收藏家手中借得的作品，主题都是基于道德、爱国教育和基础美育而设计。展览取得了非常好的效果，第一年便吸引了超过 10 000 名游客；十年后（1891 年）参观人数达到了 73 000 人。随着展览影响力的扩散，其原有的展出场所逐渐变得不堪重负。自 1893 年起，巴奈特夫妇便有意为展览寻找一处永久场所，在与教会多次沟通失败后，他们最终决定创建自己的展览场所——白教堂画廊，并于 1901 年对外开放。

作为当时了不起的教育家，汉丽艾塔·巴奈特也是最早提出"社区美术馆"概念的改革者，并且首次提出"女性观众可以通过博物馆的美术教育将美带回家，以使普通人的家庭生活更美好"的观点。在她看来，更重要的是普通女性还可以通过

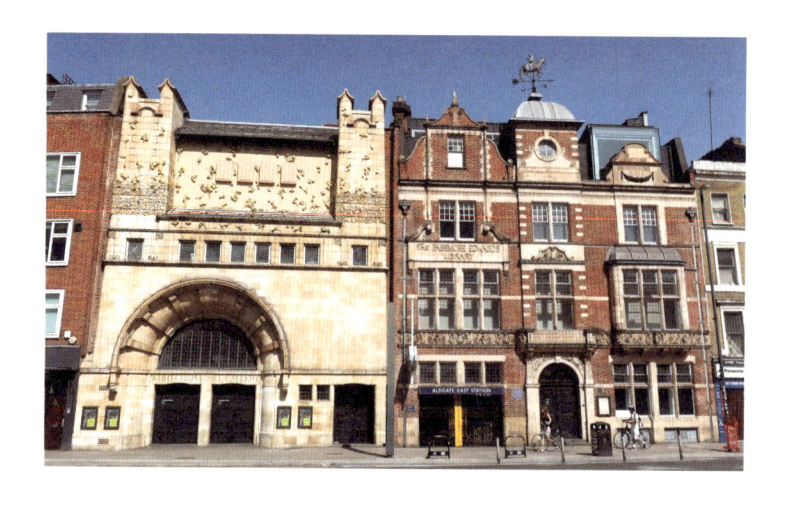

图 4-5
位于伦敦东区的白教堂画廊
© 白教堂画廊，伦敦

美术教育获得工作机会，重新投身到社会教育事业中去。[15] 巴奈特夫人提出的"社区美术馆"概念比亨利·柯尔更具前瞻性和实践性，很快就被很多地方博物馆采纳，也为那个时代的女性创造了大量的就业岗位。

除了白教堂画廊，约翰·拉斯金创立的圣乔治博物馆（1875年成立并对外开放）也是同时代另一种博物馆形态的成功尝试。拉斯金作为亨利·柯尔爵士的反对者，并不认为工业制品的展出可以刺激新的设计灵感；他认为工业制品本身即可以作为展品展出，因为它们承担着记录城市人民生活的职能，同时也更接近普通人的日常生活。他将博物馆建在工业城市谢菲尔德的钢铁厂附近的山顶上，由当地工人管理，展出的也都是当地生产的金属器皿等工业制品。当地的参观者们也很快领会了约翰·拉斯金的意图，将这里当作工作之余的休闲放松场所。这种"接地气"的展出方式得到了当时媒体的认可，它们盛赞这样的展览可以有效抵抗现代工业文明的无情和冷漠，这种工业博物馆也很快为欧洲其他很多工业城市所效仿。[16]

回顾工业革命时期英国博物馆的发展，尽管有不少博物馆从业者进行了成功的尝试与探索，但仍旧无法改变绝大多数博物馆与普通人的生活相距甚远的事实。在一个由精英阶级主导的社会中——艺术和知识仍然作为精英商品而流通，博物馆依赖富人的支持——期望艺术不再作为特权的象征发挥作用，显然与当时欧洲的现实格格不入。

在1851年伦敦万国博览会的开幕晚宴上，筹备委员会负责人阿尔伯特亲王曾盛赞这场博览会将促进国际文化和贸易的交流，并称"人类联盟"即将到来。而半个世纪后，工业和

15.Barnett, H., & Stanton, T. (1884). "Women as Philanthropists." *The Woman Question in Europe : A Series Of Original Essays*, pp. 108–138.

16.Bradbury, E. (1880). "A Visit to Ruskin`s Museum." *The Magazine of Art*, pp. 57–60.

贸易的扩张反而被认为是物质主义、国际竞争和冲突等兴起的罪魁祸首。正如维多利亚时期英国诗人和评论家马修·阿诺德（1822—1888）在《文化与自由》一书中强调的，要警惕从内部威胁社会、日益蔓延的物质主义："快速致富和在世界上崭露头角的诱惑已经成为工业社会的一股腐蚀性力量，而文化教育是减少资产阶级倡导的物质主义的必经之路，这对所有社会阶层都至关重要。"[17]

不过正如柯尔爵士相信可以通过博物馆提升人们的知识和道德水平，工业革命后期的英国建造的大量博物馆、美术馆以及图书馆等公共文化机构，确实在改善伦敦社会治安、降低犯罪率方面起到了一定的作用。社会学家认为，维多利亚时期的博物馆一定程度上验证了米歇尔·福柯的制度批判学说，即博物馆作为一个"权力机构"，其目的是培养有秩序和爱国的公民。[18] 然而博物馆毕竟不同于监狱、收容所等福柯描述的典型"权力机构"，如何使文化和艺术作为一种无形的"道德力量"作用于目标群体，成为后世博物馆学研究绕不开的一个主题。

17. Arnold, M. (2018). *Culture & Anarchy*. E-Artnow.

18. Foucault, M. (2000). "The Order of Things: An Archaeology of the Human Sciences." *Posthumanism*, pp. 27–29. Palgrave.

5 北美博物馆业的发展

在 19、20 世纪相交之际，欧洲和美国作为最先享有工业革命福利的两个地区，先后成为博物馆和文化产业发展最快的地区，然而不同的文化土壤最终也导致两地博物馆呈现出截然不同的发展方向。这种差异形成的连锁反应在 20 世纪初虽然还不明显，却已初现端倪。本章将主要关注两个世纪相交之际美国博物馆产业的发展，探索其高速发展的原因，其呈现出的不同于欧洲博物馆的发展方向，及其对后来博物馆产生的巨大影响。

古德与"展览复合体"

总体而言，美国博物馆的起步晚于欧洲，而其在 19 世纪末呈现出了高速追赶的态势，其中非常重要的一个原因是美国博物馆建设在其起步阶段就与当时推行的文化基础设施建设政策紧密结合，而承办世界博览会无疑成为助推这一政策施行的最有效的途径之一。

世界博览会起源于 1851 年的伦敦万国博览会，这次博览会

取得的巨大成功引领了西方世界的一股博览会热潮。到了 20 世纪初，世界博览会已经先后在包括巴黎、维也纳、阿姆斯特丹、巴塞罗那和布鲁塞尔在内的诸多欧洲大型城市成功举办。世界博览会描绘出的"文明"和"进步"景象，每一次都会吸引数百万观众前往；据统计，在 1900 年巴黎世界博览会举办的 6 个月时间内，超过 5000 万来自世界各地的观众到场馆参观。与此同时，美国的大量城市也开始努力争取世界博览会主办权，试图利用其强大的影响力，助力刚刚结束南北战争的美国进行文化重建。

正如许多学者证明的那样，这个盛大的博览会展现出来的文化塑造力是全方位的，它见证了实验性建筑、人类学的高速发展，促进了不同地域之间的文化交流，同时也为各种新兴思想，甚至看似"乌托邦""明日之城"的城市规划项目提供了试

图 5-1
由狄金森兄弟（活跃于 19 世纪后半叶的英国印刷和出版商）绘制和发行的 1851 年万国博览会印刷品
© 大英图书馆，伦敦

054 | 博物馆简史

验田。同时，世界博览会也间接促进了承办国博物馆业的发展，包括位于伦敦的维多利亚和阿尔伯特博物馆、巴黎的非洲和大洋洲艺术博物馆（原名法国海外博物馆，1960 年更名）在内的欧美博物馆的诞生，都与世界博览会在当地的举办有着直接的关系。当时不少博物馆的雏形都是主办方出于节省运费的考虑，最终选择将展品与展览材料进行就地整合而成。在这个过程中，对承办国博物馆以及文化产业影响最大的莫过于美国的史密森学会及其下辖博物馆。得益于各国世博会的举办，史密森学会在 19 世纪末得到了高速的发展，从 1816 年成立时仅专注于研究工作的哥伦比亚艺术与科学促进研究所，最终逐渐发展为世界上最大的博物馆集群。其之所以能产生巨大的影响力，不仅源于其展品和规模的不断丰富和扩大，还源于以乔治·布朗·古德（1851—1896）为代表的博物馆研究员率先就美国博物馆形态和展览技术展开的探索。

古德出生于 1851 年，同年英国举办了万国博览会，此后世界博览会的风靡也一直伴随着他的成长。他在完成哈佛的学业后开始担任斯宾塞·富勒顿·贝尔德（1823—1887，史密森学会的第一位策展人）的助理。当古德于 1896 年过世时，当时美国各大科学文化组织都对其表示了哀悼，因为他不仅是一位杰出的博物馆研究员，同时也是一位享有盛誉的鱼类学家、科学历史学家和人类学家。

古德自费城百年国际展（纪念费城独立 100 周年，是美国举办的第一届世界博览会）开始，将生物学的分类和排序方式运用在博物馆展品的陈列上。这一方式很快就得到了博览会组织者的认可，19 世纪 80 年代初他便受邀为参加柏林国际渔业展览会的美国参展方构建分类体系；到 1893 年芝加哥举办世界哥伦布博览会时，古德已经成为一名展品管理专家，被组委会邀请为计划在博览会上展出的数百万件展品设计一个分类管理体系。除了藏品的分类和管理，古德还专注于展出技术的升级和改良，例如在费城世博会上，他开发了可以用运输箱材料组装而成的预制展览箱和展台。同样在那次世博会中，他还尝试将印刷展签和彩色编码技术应用在展览筹备中，这些技术随后在全球各地的世界博览会和博物馆中普及，彻底改变了当时文化机构的典藏系统。[1]

不同于同时期的许多欧洲博物馆工作者，古德不赞同将博物馆视为单纯的文化机构，而是将其视为一种"展览复合体"，即新兴的世界博览会和博物馆网络的结合。这种复合体也在很大程度上为当时正处于发展阶段的美国提供了文化基础。正如文化社会学家托尼·贝内特（1926—2023）描述的那样，"展览复合体"的核心在于说服公众正视其中权力的作用，即便其起到的可能只是间接作用，它本质上是一种由"社会统治集团"监管和引导的力量，但其目的是为所有人争取利益：这种展览复合体中的权力并不是通过直接的强权展现的，而是通过其组织和协调事物秩序的能力，以及为公众创造一个与此秩序相关的场所的能力来展现的。[2]

如果用福柯的方式来解读，我们可以发现古德对文明和权力之间的关系有着深刻的理解。也正因此，他深知博物馆等文化机构在刚刚结束南北战争、对重塑文化有迫切需求的美国可以发挥的作用。在同时期的部分学者试图将博物馆等文化机构神圣化时，古德并不认为让普通民众走进博物馆有什么问题。

1.Langley, S. P. (1897). *Memoir of George Brown Goode: 1851–1896: Read Before the National Academy, April 21, 1897*. Judd & Detweiler.

2.Bennett, T. (2013). *The Birth of the Museum: History, Theory, Politics*, pp. 59–88. Routledge.

他在他的论文《博物馆与良好公民身份》中强调：相较大学和学术社群，博物馆更应该扮演类似于公共图书馆的角色，与当地民众紧密联系在一起。[3]且博物馆所需要关注的问题不应该是能否让公众进入，而是如何有效地利用展览场所促进观众提升心智和塑造精神，并将他们转变为更优秀的好公民。[4]

同时他也强调，为了实现这些目标，博物馆不仅需要"聪明、进步、训练有素的策展人"，还需要对展出方式进行彻底的修改。古德着重强调了"可视化"在博物馆和公众之间扮演的角色，他坚持认为"博物馆想要教授的思想只能通过展签和介绍文本来传达"。这一见解反过来又让古德得出了另一个警句式的断言："一次高效的博物馆教育可以被描述为一组有指导意义的标签，每个标签都对应一个精心挑选的展品。"[5]在此之前的博物馆展览中，参观者必须依赖专业讲师的讲解来获取有关展品的信息，且经常会涉及大量专业词汇；即便如此，普通民众获得讲解的机会也少之又少。古德认为，公众更多是从娱乐而非研究的角度来看待藏品，博物馆却很少尝试从公众的角度来考虑问题，这也正是之前的欧洲博物馆所忽略的。古德认为美国博物馆可以借鉴这一点，利用一种新式的、由展签和介绍文本组成的系统来指导展品陈列。介绍性文字和展签可以通过"可视化"的方式使博物馆观众受到约束，同时也会给他们一种代入感，实际地与博物馆展品发生互动。

3.Goode, G. B. (1894). "Museums and Good Citizenship." *Public Opinion*, 17(31).

4.Goode, G. B. (1897). "The Beginnings of American Science: The Third Century." *Report of the United States National Museum for the year ending June 30, 1897.*

5.Goode, G. B. (2005). "The Principles of Museum Administration." *Museum Provision and Professionalism*. pp. 53–59. Routledge.

公众化还是精英化？

从史密森学会的角度来看，1876 年费城百年国际展举办得正是时候；他们抓住了这个机会，响应当时美国政府文化重建的号召，意欲将学会从一个以学术研究为核心的文化机构转变成为一个国家级的博物馆。为了实现这一目标，史密森学会需要更多的展品、更新的展出空间和更庞大的展览团队（当时学会工作人员仅 13 人）。事实上，虽然史密森学会在成立初期和世界博览会并没有什么交集，但在费城百年国际展后，学会和博览会发展出了一种共生的合作关系：史密森学会作为研究机构，在从 1876 年到第一次世界大战之间的几十年里，参加了数十场包括世界博览会在内的国际展览筹备工作；而作为回报，世博会管理人员向学会捐赠了大量的展品，这些展品最终也助力学会获得美国政府的支持，建造了两座新博物馆（1881 年的艺术与工业博物馆、1911 年的美国自然历史博物馆，两座博物

图 5-2
1849 年由萨罗尼和梅杰工作室绘制的史密森学会大楼效果图。史密森学会大楼是学会下辖的第一栋建筑，完工于 1855 年，主要用于研究，还不具备对外展出功能
© 美国国会图书馆，华盛顿

馆都是仿照美国政府为世界博览会设计的建筑来建造的）。到了1914年，史密森学会工作人员从13人增加到200多人，藏品从20万件增加到300多万件。[6]

除此之外，美国各地的博物馆也呈现出了蓬勃发展的景象。波士顿（1870）、纽约（1870）、费城（1876）和辛辛那提（1881）等城市先后建立了城市博物馆；除了费城，芝加哥（1893）和圣路易斯（1904）等城市也先后在筹办博览会期间拥有了自己的博物馆，并试图将南肯辛顿博物馆的产业实践与法国卢浮宫、英国国家美术馆的美学功利主义相融合。不同于欧洲古老的城市，建国不久的美国和广袤的土地为博物馆提供了更广阔的舞台，许多博物馆在规划时就已被设定为城市社会经济生态的一部分。例如1893年的芝加哥世界博览会，其规模远超以往任何一届，芝加哥政府将其视为一次扩大城市基础建设的大好机会，在筹办博览会期间，就将博物馆、公园和城市水利工程都涵盖其中了，芝加哥艺术宫（1894年对外开放，后更名为芝加哥科学与工业博物馆）就是这次博览会留给芝加哥的宝贵遗产。

由于精英文化和大众文化所倡导的社会价值观的差异，尽管美国博物馆起步较晚，美国博物馆从业者却率先意识到了维多利亚式的功利主义并不完全适用于美国博物馆的发展。1894年，效仿南肯辛顿博物馆而建的大都会艺术博物馆率先关闭了附属设计学院，聘请英国艺术家、艺评人罗杰·弗莱（1866—1934）为博物馆规划未来的艺术品收藏路线。自此之后，大都会博物馆开始致力于收藏"非凡而壮观的作品"，并将这一收藏策略延续至今。[7]

此外，波士顿美术馆的公众化尝试也是当时美国博物馆行

6.Rydell, R. W. (2006). "World Fairs and Museums." *A Companion to Museum Studies*, pp. 135–151. Wiley-Blackwell.

7.Conn, S. (1998). *Museums and American Intellectual Life, 1876–1926*, pp. 192–232. University of Chicago Press.

5 北美博物馆业的发展 | 059

图 5-3
大都会艺术博物馆附属的设计学院，绘制时间约为 1879—1880 年
© 大都会艺术博物馆，纽约

业尝试摆脱这种理想化功利主义的有力实证。与古德所持有的公众化理念截然不同，波士顿美术馆的副馆长马修·普里查德（1865—1936）和干事（博物馆日常运营的负责人）本杰明·艾维斯·吉尔曼（1852—1933）选择的风格是高度唯美主义，博物馆内的石膏模具、工艺品和应用艺术也让位给最初的高级艺术。吉尔曼坚持认为无论是在范围上还是在价值上，博物馆都不应该是一个直接面对受众的教育机构。他认为博物馆的价值并不能像南肯辛顿博物馆那样仅以实际效用来衡量，更重要的是看其如何提高全社会美学修养，进而改善社会形态。[8]

吉尔曼所持的观点像是一种对维多利亚时期博物馆理想化功利主义探索的全盘否定；南肯辛顿博物馆失败的尝试也部分支持了他的观点。吉尔曼和波士顿美术馆成为那个时代倡导艺术与公共事业和商业分离的最有力的支持者，吉尔曼认为艺术和金钱就像水和油，本质上就是相互排斥的；且艺术不应成为

8.Gilman, B. I. (1918). *Museum Ideals of Purpose and Method*. Riverside Press.

达到目的的手段，而应该是目的本身。同时他还表示艺术品在产生之初确实不可避免地会和金钱发生联系，但是这种联系在其进入博物馆后就不存在了。吉尔曼甚至认为大众媒体的宣传对博物馆也是有害的，因为这会使博物馆看起来像是一家企业，他表示大众媒体的宣传固然会增加博物馆的参观人数，但是这些群体并非都是博物馆的理想对象，有些人可能反而会对其他观看者的审美体验造成不好的影响。[9]

然而功利主义并没有随着南肯辛顿博物馆的失败而彻底消失，只是改变了关注焦点。值得一提的是，19世纪末的欧洲普遍对美国抱有很深的文化偏见，这种偏见部分源于对美国人"野蛮和危险的西部文化"的刻板印象，更多则来自美国日渐成熟的大众文化对"自居文化中心"的欧洲古老精英文化构成的威胁。但也正是大众文化的滋养，使得美国的博物馆文化在萌芽之初就带着全民色彩，有学者将这种基于大众文化的博物馆探索称为"美式功利主义"。

古德于1889年发表的《博物馆的未来》一文就是这种"美式功利主义"的绝佳体现。文中提到："……过去的博物馆必须被重建，从一个精美的墓地转变为思想的苗圃。未来的博物馆势必会和图书馆、实验室一样，作为启蒙人民思想的主要机构之一……在满足休闲人群的艺术追求之外，也需要满足技工、工厂工人、销售员和小职员的需求。"[10] 这种思想后来被纽瓦克博物馆的主理人约翰·科顿·达纳（1856—1929）有效地应用在博物馆的运营中，该馆于1909年在纽瓦克这个工业发达、移民众多的城市中心对外开放。达纳给出了自己的博物馆评判标准：立足改造世界的博物馆应该拥抱这个机械时代，通过进步

9.Gilman, B. I. (1918). *Museum Ideals of Purpose and Method*. Riverside Press.

10.Goode, G. B. (1891). *The Museums of the Future*. Nabu Press.

的科技让更多普通人可以走进来。同时他认为博物馆应该是一个位于社区中心的主动学习空间，而不是孤立在公园里的被动文化容器。与吉尔曼截然相反，古德积极采用各种形式的媒介宣传博物馆，以使更多的地方企业、工人参与进来。达纳还非常挑衅地承认纽瓦克博物馆具有"坦率的商业性"，并无情地嘲弄传统博物馆的谨小慎微。

达纳将大都会博物馆、波士顿美术馆等传统博物馆称为"凝视博物馆"，并尖锐地称这类博物馆的存在只是为了满足某些特权阶级的"文化恋物癖"。[11] 受美国社会经济学家托尔斯坦·凡勃仑（1857—1929）的著作《有闲阶级论》的影响，达纳认为像波士顿美术馆、芝加哥艺术宫这类被公园绿地环绕的博物馆、艺术收藏和美术馆所获得的赞助就是富人铺张浪费的证明。[12] 达纳主理的纽瓦克博物馆旨在满足社区特定的需求，拒绝收购昂贵的欧洲艺术品，因为他认为这些艺术品的实用性被大大高估，成本与价值不成比例。他认为博物馆应该展示那些"与他的支持者日常息息相关的物品"，"从鞋子到路标，从桌刀到帽针"，并认为博物馆可以发挥和百货商场一样的作用。他甚至挑衅般地在纽瓦克博物馆展出了当地特价商店里出售的标价不到 50 美分的"精美"日常用品。[13]

以今天的视角来看，我们已经可以得出结论——博物馆等文化机构无法完全与商业脱钩。然而在 20 世纪初，因维多利亚式功利主义的失败造成的影响，吉尔曼所持的"博物馆应该创造出一种与外界隔绝的环境，参观者可以通过参观博物馆而获得思考和远离外界喧嚣的机会，并从中有所收获"[14] 的观点更容易为其他文化机构所认同。许多博物馆也试图通过拒绝实用性、

11. Dana, J. C. (1920). *A Plan for A New Museum, the Kind of Museum It Will Profit a City to Maintain*. Elm Tree Press.

12. Dana, J. C. (2004). "The Gloom of the Museum." *Reinventing the Museum: Historical and Contemporary Perspectives on the Paradigm Shift*, pp. 13–29. AltaMira Press.

13. Dana, J. C. (2016). "The New Museum." *Museum Origins*, pp. 137–142. Routledge.

14. Gilman, B. I. (2016). "Museum Ideals of Purpose and Method." *Museum Origins*, pp. 129–136. Routledge.

与商业性割裂来强调自身的文化纯粹性，即使到了 21 世纪的今天，我们依然可以发现许多这样的博物馆。

坦率地说，不论是纽瓦克博物馆的展品，还是其所造成的社会影响力，都不足以使之成为那个时代具有代表性、值得深入研究的博物馆。而吉尔曼的理论不管是在 20 世纪还是现在，都被证明了更具有实践的优势。这种优势部分在于他为富人的收藏和慈善事业提供了机会和舞台，同时也满足了中产阶级向上流社会生活方式靠拢的需求，而这些恰恰是达纳不屑一顾的。

而且，虽然吉尔曼宣扬博物馆应该超越世俗，但并不代表他主张将穷人拒之门外，如他主理的波士顿美术馆专门为普通人开设了艺术相关的公共教育项目。吉尔曼知道艺术普及的全民化不可能一蹴而就，相比英国的功利主义者试图使服务范围覆盖所有人，他力求为博物馆找到真正的支持者。事实证明，

图 5-4
本杰明·艾维斯·吉尔曼任职波士顿美术馆期间为方便观看大尺幅作品发明的望远镜
出自本杰明·吉尔曼，《博物馆的宗旨和方法》，1917

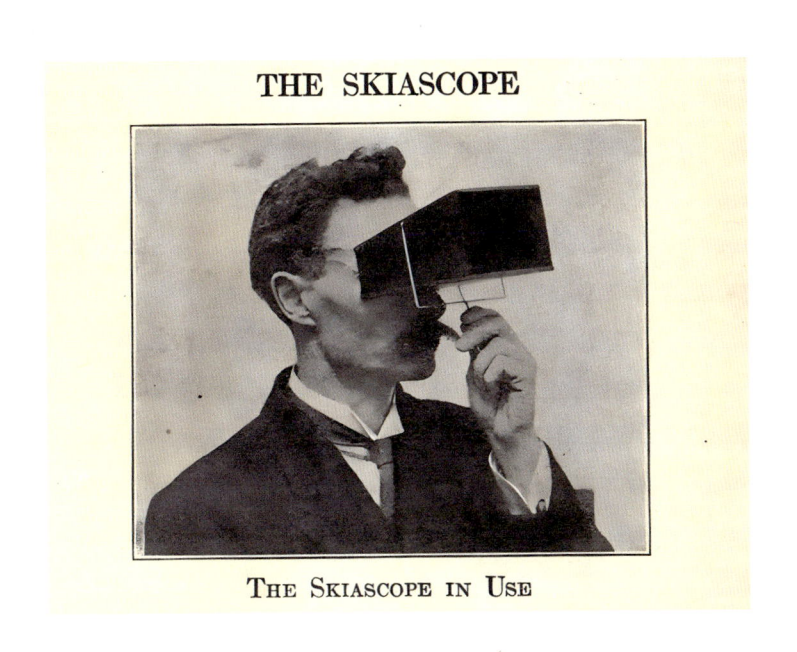

5 北美博物馆业的发展 | 063

吉尔曼关于艺术和美的理论确实在受过教育的中产家庭中产生了很好的反响。这些群体在满足了物质需求后对精神提升的渴望及暂时"逃离现实生活"的需求，也促使他们成为20世纪初美国博物馆最有力的支持者。而博物馆后来的发展，也证明了吉尔曼开创的博物馆模式相较同时代其他欧洲博物馆体系的优越性。

与此同时，随着文明的进步，人们越来越愿意接受文化行业内的跨学科交流，达纳和他极具前瞻性的"社区博物馆"框架也重新受到越来越多的研究者关注。

回顾18世纪到20世纪初两百多年里西方博物馆及文化艺术的发展，博物馆已经从最初单纯的知识、理性崇拜转向多元的功能性探索。尽管经历了许多失败的尝试，最后还是逐渐摸索出了博物馆的前进之路。关于策展理念，博物馆的商业化、社会角色等一系列核心问题的探讨，在这个时期都已经展开——现代博物馆的雏形已经基本确立。

随着时间的推移，欧洲大陆的割裂也在与日俱增。拥挤的大陆让一个个新老帝国都觉得日渐无法喘息，越来越多的欧洲人不满于现状，这种不满逐渐将欧洲大陆推向了战争。起初，几乎所有人都认为这场战争会像以前一样局限于小范围内，并在十几个月内结束，孰料战火越烧越旺，最终蔓延到了整个欧洲。为了躲避战火，大量来自不同国家、不同阶级的文化学者、艺术家前往美国避难。这些学者和艺术家最终在这片与欧洲文化同源却又不尽相同的土地上，将博物馆和文化艺术推向了一个前所未见的方向。

第二篇章

发展与演变

1915 年
—
20 世纪 50 年代

6 杜尚和当代艺术

2004年，英国泰特美术馆在颁布当年的"透纳奖"得主时组织了一次投票活动，评选出20世纪最具影响力的艺术作品。投票活动邀请了500名专家学者，组成评委会，其中包括策展人、艺术机构负责人、艺术评论家以及当代著名艺术家和艺术界人士，最终一个简陋的瓷制小便器——杜尚的《泉》获得了这一荣誉。而在此之前，不少人都认为这一殊荣将属于巴勃罗·毕加索（1881—1973）的《亚威农少女》。[1]

泰特美术馆策展人西蒙·威尔逊在接受访问时对此结果表示"有点令人震惊"，特别是因为他认为，毕加索1912年至1914年的立体主义创作是杜尚的"起点"。他说："感觉就像有新一代人在说，'废话少说——杜尚开创了现代艺术'。"和这次评选结果一样，似乎《泉》的每次出现总会带来不小的争论，也因为这些争论，杜尚的艺术观点时常成为学术界和艺术界关注的焦点。杜尚究竟有什么魔力？他对现代艺术世界又施加了什么样的影响，以至于围绕他的讨论直至今日依然经久不衰？本章将聚焦杜尚的艺术生涯，通过他的不同身份探讨他对"艺术世界"的理解，以及其对艺术实践、策展和博物馆理念产生的巨大影响。

1.1. Higgins, C. (2004). "Work of art that inspired a movement ... a urinal." *The Guardian*. Available at: https://www.theguardian.com/uk/2004/dec/02/arts.artsnews1 (Accessed: 17 Jan. 2024).

图 6-1
巴勃罗·毕加索,《亚威农少女》,1907 年,布面油画,244cm×234cm,现藏于纽约现代艺术博物馆
© 巴勃罗·毕加索基金会 / 艺术家权益协会,纽约

艺术家?

1912 年,26 岁的马歇尔·杜尚(1887—1968)带着他的新作《下楼梯的裸女》去参加巴黎的独立沙龙,却被告知主办方希望他主动退出展览,或者抹去作品上的名字。杜尚最终拒绝了这个要求,同时也因为这件饱受争议的作品名噪一时。这件作品在当时同时引起了立体主义和学院派绘画两个群体的抨击:立体主义艺术家认为作品中描绘的动态场景是未来主义艺术家才会选择的主题,学院派画家则觉得这件作品描绘的没有性别

特征的裸体是对人体这一艺术主题的不尊重。[2]

这次展出之后，杜尚就在日记中声称不再愿意成为任何一个艺术流派群体的成员。1913年杜尚在随笔中写道："我们能够创作出不是艺术的作品吗？"[3]自此，杜尚开始了他与同时代艺术家截然不同的探索之路。他试图挑战的是"艺术"这个概念本身，他将所有依赖观看方式来欣赏的作品统称为"视网膜艺术"，并希望通过摈弃视网膜艺术，创作出思想观念凌驾于艺术家创作形式之上的艺术作品。杜尚一并尝试规避的还有审美标准，他试图创作出艺术对立面的作品，甚至是可能不会被称为"艺术品"的作品。

1914年第一次世界大战爆发，杜尚因为健康原因无法参军，随后选择前往美国躲避战火，却惊讶地发现得益于《下楼梯的裸女》在纽约军械库展览会（1913）上的展出，自己在美国已经是个"名人"了；不同于其在欧洲的饱受争议，历史文化积淀较浅的美国艺术界对这件作品给予了相当高的评价。

在接下来的十年里，杜尚尝试创作了许多不同风格的作品。从传统审美特性来判断，这些作品有的属于"艺术"，有些是"反艺术"的，还有一些则是"非艺术"的（杜尚自己创造的新词）。杜尚还尝试将"现成品"的概念运用在创作中，即为本没有任何艺术考量的人造物品赋予意义并将其作为艺术品组装或展示出来。这个概念的运用对当代艺术产生了巨大的影响，它不仅直接影响了后来的新现实主义、激浪派和观念艺术运动，还在很多当代艺术流派中被当作新的理论范式加以挪用。1915年，他创作了《断臂之先》，作品的主体是一把后柄朝向天花板的铁锹，杜尚在这件作品上的署名是"from Marcel Duchamp"，

2. 未来主义者是一群不满于当时欧洲现状的年轻人们。他们不满于20世纪初日渐割裂的欧洲社会，希望借工业文明的进步塑造一种充满活力的文明。他们嘲讽地将博物馆称为"旧货市场"，主张摈弃一切传统艺术行为。这种理念成为当时流行的社会思想，对同时代的许多年轻艺术家造成了深远的影响。如建构主义、超现实主义和达达主义艺术家都在一定程度上受到未来主义思想的影响。但也因为未来主义者对颠覆、变革甚至暴力有着狂热的追逐，所以他们在欧洲并没有收获什么太好的名声。参见 Judovitz, D. (2000). *Déplier Duchamp: passages de l'art*. Presses University du Septentrion.

3. Humble, P. N. (2002). "Anti-Art and the Concept of Art." *A Companion to Art Theory*, pp. 244–252. Blackwell Publishing Ltd.

图 6-2

马歇尔·杜尚,《下楼梯的裸女,二号》1912 年,布面油画,147cm×89cm

© 艺术家权益协会,纽约 / 马歇尔杜尚协会,巴黎

图 6-3
翁贝托·博乔尼（1882—1916），《美术馆的骚动》，1910 年，布面油画，76cm×64cm，现藏于布雷拉美术馆。其描绘的运动与对抗和颜色变幻中的美是未来主义常用的题材

用了"来自"（from）而非"由"（by），以明确自己想表达的观念：这是一个"来自"艺术家的创意，而不是一件"由"艺术家创作的作品。

在杜尚的这些尝试中，最著名的还是装置艺术品《泉》：一个被他用黑漆签署了"R. Mutt 1917"字样的小便器。1917 年，杜尚匿名将这件"作品"送去当时美国最大的现代艺术展——"独立艺术家展览"（军械库展览的延续）上展出。独立艺术家展览是当时美国最先锋和包容的展览之一，只要缴纳小额的费用，任何人都可以在此展出自己的作品。展览由独立艺术家协会筹划，该协会由一群思想观点前瞻的知识分子组成，杜尚就是展览组委会中的一员。然而组委会中的大多数人还是不愿意展出这件作品，称"这个物件或许会很有用，但是绝对不应出现在一个展厅里，也绝对不算是一件艺术品"。杜尚全程"旁听"了组委会成员们对这件"奇怪作品"的争论，最终组委会因无权拒绝参展作品，选择了一个模糊的处理方式：将这件作品藏匿在展厅的一块挡板后面。尽管没有人知道是杜尚创作了这件作品，但他为了抗议组委会的这一"狡诈"行为而选择了退出组委会，并宣称不再展出他备受瞩目的新作《郁金香和歇斯底里症的协调》，尽管这件作品其实从未存在过。[4]

《泉》的最终去向不得而知，或许被退回了寄件地址，或者直接被当作垃圾处理了。杜尚称这次创作的初衷是为了做一个与审美趣味相关的艺术实验，所以他选择的对象是最不被人们喜爱的那类物品，因为几乎没有人会预设一只小便器能有什么奇妙精美之处。[5] 此时的杜尚已经在和传统艺术的对抗上又迈进了一步，《泉》是他反讽艺术趣味霸权的一种变体，他通过现成

4. Judovitz, D. (1998). *Unpacking Duchamp: Art in Transit*. University of California Press.

5. Schwarz, A. (1997). *The Complete Works of Marcel Duchamp*. Thames & Hudson.

6.Naumann, F. M. , & Duchamp, M. (2012). *The Recurrent, Haunting Ghost: Essays on the Art, Life and Legacy of Marcel Duchamp*, pp. 70–81. Readymade Press.

品来挑战传统艺术的审美，制作出某种不属于审美范畴的物品，要么让人觉得不适、反感，要么让人完全无动于衷。

杜尚在一定程度上收到了他想要的实验效果，《泉》在展览结束后成为当时纽约艺术评论家们讨论的热门话题，讨论的焦点便是：《泉》到底算不算一件艺术品？值得一提的是，面对展览组委会刻意藏匿作品的行为，不少艺术评论家和媒体都表示了不满。他们认为，不论作品带给人们怎样的观感，艺术家自由创作的权利都理应得到尊重和捍卫。纽约的达达主义艺术家和一些先锋艺术家是这一观点的主要支持者，其中更有甚者，还尝试挖掘其中的艺术性，称其有一种东方美感，描绘了一个介于佛像和蒙着面纱的女人之间的形象。[6] 然而当事人杜尚从未为《泉》做过任何辩护，甚至也不曾认领这件作品，直到十几

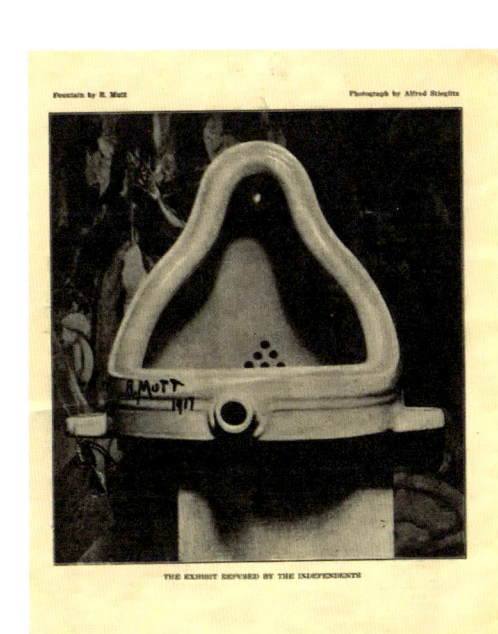

图 6-4
纽约达达主义艺术家创办的刊物《盲人》于 1917 年刊登了探讨《泉》事件和其艺术性的专题

6 杜尚和当代艺术 | 073

年后杜尚陆续在自己的作品集中展现过往的作品，人们才知道原来《泉》是他的手笔。

艺术在那个时代普遍被视为人们对宇宙规律和客观理性的主观演绎。[7]传统意义上，人们去观看一件作品，往往期待的是它会展示出某种强大技艺或艺术家非凡超人的才华。显然，《泉》却让人们的这两个期待都落空了，所以它的出现经常被视作艺术的对立面——而这恰恰是杜尚所期望收到的效果。小便池让人产生反感与厌恶的情绪，其人造性质和明确的实用功能也被理解为对"传递美"的艺术传统发起的一场攻击。杜尚想要质疑学院、批评家们对艺术品的狭隘定义，他始终坚持应该将定义艺术品的权利还给艺术家：如果艺术家说某件东西是艺术品，认为其可以恰如其分地传递自己的思考，那么它就是一件艺术品。他认为人们直到现在还在为媒介所主导，而那些媒介——大理石、油画布、石头或者木头，时至今日仍在限制着艺术家的创作形式。因为当人们在观看一件作品时，媒介总是出现在第一位，故而人们普遍相信只有借助媒介，艺术家才可以将他的心中所想表达出来。然而杜尚试图把这一顺序颠倒过来，他认为位居首位的应该是作品试图传递的理念，而媒介应该处在第二位，因为它只是艺术家在确定理念后才选择的最适合表达其理念的载体。这也意味着，如果艺术家选定的最佳媒介是小便池，那么就得用它来进行艺术创作。

身处20世纪初的杜尚首先提出了媒介（或者现成品）从根本上而言是概念性的，而不是美学的或者技术性的；相较之下，执着于物品漂不漂亮或者是否依赖技术的讨论，就显得没有切中现当代艺术的要害。这种对媒介的全新思考，对艺术家提出

7. Moore, C. (2011). *Propaganda Prints: A History of Art in the Service of Social and Political Change*. A&C Black.

了更高的要求，也几乎颠覆了当时人们对艺术家的认知。20世纪初，法国有一句俗语叫"像画家一样笨拙"（dumb/stupid as a painter），当时画家给人的印象往往是呆板木讷的。杜尚将这种对艺术家的刻板印象归咎于这样一个事实：那个时代人们对艺术优劣的评判还局限于利用技巧创造出的感官吸引力上，即艺术家如何再现他们所看到的一切，并激发观众的审美乐趣。而现成品并不依赖任何技术技巧，也不依赖于感官的敏感性，旨在将评判艺术品的关注点向作品的观念性上转移。

事实上，不仅《下楼梯的裸女》这件饱受争议的作品被视为有未来主义倾向，杜尚的整体创作风格也被很多人归类为

图 6-5
曼·雷，《礼物》，1921年，铁和钉子，178mm × 94mm × 126mm
© 曼·雷信托委员会、图像及造型艺术著作人协会，巴黎 / 设计与艺术家版权，伦敦

达达主义，这是因为他和美国达达主义艺术家长期保持良好关系，二者都对以往的艺术形式表示质疑，并试图探寻"艺术到底是什么"这一问题。然而不同于20世纪初达达主义者所持有的尖锐立场，如美国艺术家曼·雷（1890—1976）创作的《礼物》：在熨斗底部焊接上一排钉子，用这种不仅无用甚至有害的"熨斗"来表达艺术家对惯性礼貌的讽刺；又如艾莎·冯·费塔格·洛林霍温（1874—1927）和莫顿·利文斯顿·舒伯格（1881—1918）创作的作品《上帝》：将木工的轴锯箱和U形水管这两件有用的工具组装为一件无用之物。相比之下，杜尚并无意通过推翻过去来表达自己的艺术语言，也从未明确表达过任何艺术流派立场。就像杜尚曾在接受策展人詹姆斯·约翰逊·斯威尼（1900—1986）的采访时提到的："我总是小心翼翼地寻找一种方式来反驳过去的自己，避免引导自己进入一种品位模式……"[8]

博物馆人？

伴随着《泉》的短暂出现与快速消失，杜尚在很长一段时间内似乎不再继续创作艺术作品。人们不再看到他的新艺术作品问世，仿佛他就此离开了艺术世界。然而事实并非如此，就像杜尚从未声称自己属于任何艺术流派一样，他似乎也从未限定过自己在艺术世界所扮演的角色。在作为一名"艺术家"之余，他还是策展人、博物馆执行人，并在不同的身份转换之间进行着对博物馆和艺术世界的现代性探索。

8.Duchamp, M. (1946). "Interview by James Johnson Sweeny." *Eleven Europeans in America, The Museum of Modern Art Bulletin*, 13(5): 19-21.

退出独立艺术家展览组委会后不久，杜尚、曼·雷和艺术赞助人凯瑟琳·索菲·德雷尔（1877—1952）于1920年共同创立了一个当代艺术组织——匿名者协会有限公司（Société Anonyme, Inc., 以下简称 S. A.），其创立目标是成为第一个"当代艺术的实验博物馆"[9]。在当时的美国，即便是博物馆，也毫不避讳其与藏家、评论家、画廊或艺术经销商的紧密关系，而 S. A. 看起来则更像一个"纯粹"的艺术机构——它是一个主要由艺术家构成的组织，并且不会直接参与作品的交易；它主要通过展览、讲座、出版物及图书分享的形式与观众建立联系，同时主要依靠入场费、会员年卡及捐赠来平衡开支。

S. A. 在成立的第一年里便成功举办了六场聚焦当代艺术的展览，达达主义则成为杜尚和德雷尔的主要关注点。为了建立一个"基于艺术家和艺术爱好者之间友好交流的新组织，而非一个简单的商业画廊"，在展览之余，S. A. 还举办了探讨现代主义文学和达达艺术的讲座与分享会，以及诗歌朗诵等活动。在当时看来，达达主义像是一场对过去价值观甚至美学观念的全面反叛，纽约达达主义艺术家也因为抵制学术并且在作品中嘲笑观看者而引起了不少观众和评论家的不满。尽管如此，杜尚却敏锐地从中发现了其艺术语言与普通人的对话方式，即人们可以借助达达主义的视角走进一个"新时代"，在这个时代里，无论是在艺术、科学还是政治领域，人们都应该和过去道别，自主发现事物的本质并且勇敢地表达自己。[10] 为了实现这种对话，杜尚常常有意模糊作品中达达主义的"身份标志"。比如在展览中展出大量达达主义的作品，但隐去达达主义艺术家的标识，以及这一群体的艺术宣言，而将所有艺术家笼统地概括为

9. Gross, J. R. (2006). *The Société Anonyme: Modernism for America*, p. 1. Yale University Art Gallery.

10. De Menezes, C. (2018). *Curatorship and Post-Duchampian Art in Transnational Contexts*. University of the Arts London.

"那些试图认真表达这个时代愿景的人"。[11]

1920年4月30日，S. A. 的第一次展览成功举办。展览展出了文森特·梵高（1853—1890）、雅克·维永（杜尚的兄弟，1875—1963）、约瑟夫·斯特拉（1877—1946，美国未来主义画家）、乔治·里贝蒙·德赛涅（1884—1974，法国达达主义者）、莫尔顿·尚伯格（1881—1918，美国早期或原现代主义画家）和詹姆斯·多尔蒂（1889—1974）、康斯坦丁·布朗库西（1876—1957）、弗朗西斯·皮卡比亚（1879—1953）、曼·雷、海因里希·沃格勒（1872—1942，德国表现主义画家）、胡安·格里斯（1872—1942）、马塞尔·杜尚和帕特里克·亨利·布鲁斯（1881—1936，美国立体派画家）的作品。展出的大多数画作或物品要么是立体主义的，要么是达达主义的，或者两者兼而有之。在这场展览中，这13位艺术家的绘画与雕塑被"刻意"又"随意"地安放在一起。杜尚在其中担任着策展人的角色，但是他拒绝行使"仲裁者"的权利，而更像是一位"协调者"——最大限度地展示艺术品特性，使观者能够以直接体验的方式与作品对话。

而将这种"体验式"的作品欣赏方式发挥得最为彻底的，大概是1942年杜尚参与设计的展览"超现实主义的最初文本"。杜尚为这次展览创作了一个繁复的欣赏空间：几百英尺长的麻线悬挂、连接在展厅内的每个角落，掩盖了房间华丽的装饰，甚至包括部分画作。这种设计在某种程度上很好地诠释了安德烈·布雷顿（1896—1966）和其他超现实主义艺术家的哲学观点，即通过追求一种纯粹的精神无意识活动，让人们发掘潜意识的力量，从理性思维和传统表达中解放出来——"通过这种

11.De Menezes, C. (2018). *Curatorship and Post-Duchampian Art in Transnational Contexts*. University of the Arts London.

12.Breton, A. (1969). *Manifestoes of Surrealism* (Vol. 182). University of Michigan Press.

13.Kachur, L. (2001). *Displaying the Marvelous: Marcel Duchamp, Salvador Dali, and Surrealist Exhibition Installations*, p. 179. MIT Press.

14.Jewell, E. A. (1942). "'Inner Vision' and out of Bounds; Sidelights and Afterthoughts on the Rise of the Surrealist School and Its Limitations—Other New Exhibitions." *The New York Times*. Available at: https://www.nytimes.com/1942/10/18/archives/inner-vision-and-out-of-bounds-sidelights-and-afterthoughts-on-the.html (Accessed: 17 Jan. 2024).

活动，人们以口头或书面形式，或以其他方式来表达思想的真实作用。它只接受思想的启示，没有任何理性的控制，没有任何美学或道德偏见"。[12]

这个设计引发了多种解读。在展览协调员之一艾尔莎·夏帕雷利（1890—1973）看来，麻线就像一个向导，"以明确的对比感引导参观者观看作品并且探寻其中的微妙联系"。[13]《纽约时报》艺术评论家爱德华·奥尔登·朱厄尔（1888—1947）重点关注了该装置的功能效果，并报道称："（麻线）永远挡在你和艺术品之间，这样做可以为观众创造出某种矛盾、纠缠的'思维'的可视化实体。"[14]另一方面，一些参观者，例如藏家西德尼·贾尼斯（1896—1989）选择了更具隐喻性的解释，他认为该装置代表了理解当代艺术的复杂性，并解释杜尚对麻线的使用"实际上象征着外行人为了观看、感知和理解展览而需要克服的困

图6-6
马歇尔·杜尚，《他的线绳》，1942年纽约"超现实主义的最初文本"展览现场，1942年
摄影：约翰·希夫（1907—1976）
© 艺术家权益协会，纽约/图像及造型艺术著作人协会，巴黎/马歇尔杜尚协会

6 杜尚和当代艺术 | 079

难"。[15]

　　S. A. 在成立的最初几年里展现出了极强的艺术热情，平均每五到六周举办一次展览，同时还为其他艺术机构提供组织巡展或出借艺术品的服务。截止到1924年5月，S. A. 一共在其纽约的空间里举办了20场展览，其中包括1921年乌克兰雕塑家亚历山大·阿尔奇彭科（1887—1964）、1923年瓦西里·康定斯基（1866—1944）、1924年保罗·克利（1879—1940）等重要艺术家在美国的第一场个人展。1926年，S. A. 在布鲁克林博物馆组织了一次大型展览，向当地观众介绍了皮特·蒙德里安、埃尔·利西茨基（1890—1941）和胡安·米罗（1893—1983）等艺术家的作品。这是自1913年军械库展览之后在美国举办的最大规模的现代艺术展，展出了来自19个国家的60名艺术家的300件作品，超过5200名游客观看了展览。[16]

15.Rogakos, M. (2016). *A Joycean Exegesis of "The Large Glass": Homeric Traces in the Postmodernism of Marcel Duchamp*, p. 95. University of Essex.

16.Bohan, R. L. (1982). *The Société Anonyme's Brooklyn Exhibition: Katherine Dreier and Modernism in America*, University of Missouri Press.

图6-7
瓦西里·康定斯基，《颜色研究：同心圆的正方形》，1913年，纸上水彩、水粉和铅笔，23.8cm×31.4cm，现藏于伦巴赫美术馆

因为其相对的艺术纯粹性，S. A. 在运营阶段一直面临着不小的财务压力，为此杜尚和德雷尔一直试图寻求相关部门的帮助，希望可以获得一个正式的"博物馆空间"。然而事与愿违，S. A. 的诉求一直没有得到回应，德雷尔曾于 1927 年这样描述：

> 我们认为有必要放弃我们的小展厅，因为我们似乎遭遇了一种源于美国人对博物馆的认知而造成的困境，那就是他们无法将 S. A. 这个由小房间和图书馆组成的小空间与博物馆联系在一起。我们认为人们对我们的工作越来越感兴趣，这几年的成果也证明了我们的价值。一直以来我们在这里都面临着一种奇怪的情况，即尽管从纽约市教育委员会到大学和博物馆等教育组织对我们工作的需求越来越大，我们却没有获得足够的支持来完成这些工作。我们是这样的先驱吗？[17]

后来，随着 1929 年纽约现代艺术博物馆（下文简称 MoMA）的成立，S. A. 的经营变得更加困难；我们可以发现，MoMA 所持有的很多艺术理论都与 S. A. 极其相似，但是 MoMA 所展现出的"美国人眼中的博物馆特性"却使 S. A. 在公众眼中的身份认同上遭遇了更大的难题。[18]

在这种情况下，杜尚和德雷尔在 20 世纪 30 年代调整了 S. A. 的主要目标，试图建立一套永久的现代艺术收藏体系。在后来的 30 年里，它的活动不再那么频繁，也不再像第一个 10 年那样引起公众的关注，但它依然会组织艺术教育讲座，并参与和筹划一些美国或他国的展览。1941 年，他们将藏品捐赠给耶鲁大学。从捐赠后的第二年起，一些作品在耶鲁大学的美术

---

[17]. De Menezes, C. (2018). *Curatorship and Post-Duchampian Art in Transnational Contexts.* University of the Arts.

[18]. Kantor, S. (2003). *Alfred H. Barr, Jr. and the Intellectual Origins of the Museum of Modern Art.* MIT Press.

6 杜尚和当代艺术 | 081

馆和其他建筑中被永久展出。向其他机构的捐赠并没有阻止德雷尔和杜尚的收藏工作,与耶鲁大学达成的协议允许这些艺术品在参加其他展览时被借用。事实上,直到第二次世界大战结束,S. A. 仍然在致力于帮助那些在冲突中挣扎的艺术家,通过出售和购买他们的艺术品来支持他们。[19] S. A. 最终于 1950 年解散,其整套藏品被永久移交给耶鲁大学,它的收藏共有来自 23 个国家、172 位艺术家的 616 件艺术品,其中包含了 1909 年至 1950 年以来的大量画布油画、水彩画、雕塑、蚀刻、木刻,甚至商业设计。耶鲁大学美国艺术史学家乔治·希尔德·汉密尔顿(1910—2004)曾这样描述 S. A.——"在当时的美国根本没

19.Gross, J. R. (2006). *The Société Anonyme: Modernism for America*, p. 1. Yale University Art Gallery.

图 6-8
马歇尔·杜尚,《新娘被单身汉们剥光了衣服》(绿盒子),1934 年,纸盒、胶版纸,
33cm x 28.3cm x 2.5 cm
© 艺术家权益协会,纽约

有专门从事这类艺术项目的机构,大多数公共博物馆对艺术品的当代表达毫无概念,是凯瑟琳·德雷尔和马塞尔·杜尚向全国人民介绍了现代艺术这场运动。"[20]

杜尚的现成品概念打破了传统艺术概念中的精英意识,在美国的文化土壤上将艺术大众化向前推进了一大步。在杜尚的影响下,艺术品创作一定程度上不再执着于对形式的追求,而更强调对意识和观念的探索。现代艺术家开始不断对创作方式进行拓展或者融合,艺术形式的多元化拓展自此达到了一个前所未有的高度。这无疑影响着后来所有艺术形式的发展,观念艺术、行为艺术等艺术形式的出现也都得益于此。

而作为一位博物馆人,杜尚于20世纪初先锋地提出了"当代艺术博物馆"的构想,并付诸实践。他和他主理的S. A.在博物馆定位、展览筹划、与受众发生互动的方式和收藏方面的探索,都对后来美国的当代艺术博物馆产生了极大的影响,并使"当代艺术"这一概念在美国这片土地上生根发芽。杜尚在美国一直过着深居简出的生活,并未通过创作而收获大量的财富,一生也仅举办过几次大型展览。尽管如此,后世的人们仍将他奉为"当代艺术之父"。这都源于杜尚对"当代艺术"或者"当代艺术博物馆"等先锋概念的提出和探讨,以及这些概念和尝试对后世艺术世界产生的巨大启发和影响。

[20].Hamilton, G. (1950). "The Société Anonyme at Yale." Yale University Art Gallery Collection of the Société Anonyme: Museum of Modern Art.

7 战火中的博物馆

1914 年,尽管北美大陆已经呈现出了赶超欧洲的趋势,欧洲依然是以"世界中心"自居的。欧洲虽然只占有世界 7% 的陆地面积,却主导着当时的世界贸易并积极地向世界各地进行商业和文化输出。当时盛行的自由主义价值观正是对自信的欧洲人世界观的反映:他们认为自己能够发现统治世界的真理,并用这些真理创造一个更好的文明。[1] 然而,也正是欧洲对自由、理性和进步的追求将他们逐渐推向了战争。在经历了第一次世界大战战火的侵扰后,欧洲人看待世界和其他文明的方式发生了极大的改变,对博物馆的新使命及社会角色的探索也就此展开。

"战火"

在第一次世界大战开始阶段,整个欧洲似乎陷入了一种追逐荣耀和新秩序的狂热中,各方势力都相信战争会在几个月内结束,并缔造新的世界格局,任何反对战争的声音都很快被淹

[1] 自由主义是以自由为主要政治价值的一系列思想流派的集合。其特色为追求发展、相信人类善良本性、拥护个人自治权,以及反对任何形式的专制。更广泛地,自由主义追求保护个人思想自由的社会,以法律限制政府对权力的运用,保障自由贸易的观念,支持私人企业的市场经济,以及透明地保障每一个公民的权利。

没，甚至被视为叛国行为。但作为"旁观者"，不少美国学者对这场战争的未来走向并不乐观，建筑师拉尔夫·亚当斯·克拉姆（1863—1942）在耶鲁大学所做的演讲中将战争归咎于国际贸易竞争加剧，将灾难性的死亡人数归咎于科学技术的发展。同时他还强调这种一味推崇科技进步的工业主义并不能产出真正可以启示人类灵魂的有益文化。[2] 芝加哥美术馆馆长查尔斯·哈钦森（1854—1924）于1916年为克利夫兰美术馆做揭幕演讲时，表示强烈反对欧洲精英文化中"为艺术而艺术"的学术观点，他强调欧洲的战争已然证明了推崇精英文化带来的物质主义对社会的毒害。他认为文化艺术应该服务于世界中努力生活、工作和奋斗的每一个人，博物馆也是如此，同时他称艺术应该成为缓解助推战争的物质主义所带来的毒害的"解毒剂"。[3]

因为现代军事科技的加持，这场战争的激烈程度远超欧洲人的预期，常规的运动战被阵地战取代。正如埃里希·玛利亚·雷马克（1898—1970）创作的小说《西线无战事》中描述的那样，几百万年轻人怀揣着对荣耀的渴望参加了这场战争，最后却浸泡在阵地战泥泞的壕沟里，与病毒和寄生虫为伍，除了绝望和恐惧，什么都没有。这场前所未有的惨烈战争震惊了全世界，美国评论家玛丽安娜·范·伦斯勒（1851—1934）写道：战争的恐怖表明了培养人性中的理想主义和遏制社会中野心勃勃的物质主义的重要性，即尽可能杜绝对"实用效率"的盲目追求和崇拜。她希望博物馆能够证明"物质不是生活的全部"，以及"艺术、美不应仅作为装饰品而存在"。[4]

1917年美国的参战终于打破了僵局，战争最终于1918年11月11日结束。然而对于欧洲大陆来说，除失去了几乎整整一

2. Cram, R. A. (1914). *The Ministry of Art*, p. 83. Houghton Mifflin.

3. Hutchinson, C. L. (1916). "The Democracy of Art." *The American Magazine of Art*, 7(10): 397–400.

4. Van Rensselaer, S. and Van Rensselaer, M. G. (1917). "The Art Museum and the Public." *The North American Review*, 205(734):81–92.

代年轻人外，什么也没有得到，留下的只有满目疮痍与不满和失败的情绪。国际上战败国认为自己受到了深深的侮辱，战胜国为了防止冲突进一步升级，不情愿地做出了让步。

在战火的阴影和残酷的物质世界对比下，博物馆作为高级文化的栖息之所，在社会中的地位获得了极大提升。有别于从前作为彰显国力和增进民族认同感的存在，此时的博物馆被赋予了更多的人道主义责任，被期待可以将正能量扩散到更大的国际合作中，并且促进人们的相互理解。

比如非洲、中东、亚洲的艺术尽管早已进入欧洲人的视线，却一直到第一次世界大战后才真正被接纳为"文明"。就像美国杰出的亚洲艺术学者欧内斯特·费诺罗萨（1853—1908）生前所期待的那样："我们正在接近这样的一个时代，人类世界所有的文化和艺术作品可以被视为一个整体，这是整体社会努力和精神探索的结果……人们探索的一种普遍的艺术形式和逻辑正在展开，它很容易包含所有形式的他者艺术，并将其视为和欧洲文明一样。"[5] 不论是因为欧洲文化霸权的松动，还是战后不同族群出于对相互增进理解的需要，西方人开始逐渐接受文化的差异仅代表不同民族及其信仰独有的记录方式，而非文明和野蛮的区别；并认同扩大文化沟通可以扩大人类的利益，使之成为促进相互理解的工具。这也意味着博物馆等文化机构开始承担传递特定民族精神和理想的新的"外交责任"。

值得一提的是，第一次世界大战前有 44 个国家为了"保障和平，限制军备"，签订了《海牙公约》，其中第 27 条即为人类文明史上第一项关于战争期间保护艺术的国际协议："在围困和轰炸中，必须采取一切必要措施尽可能保留用于宗教、艺术、

5. Fenollosa, E. F. (2011). *Epochs of Chinese and Japanese Art—An Outline History of East Asiatic Design*, p. 128. . Schauffler Press.

科学或慈善目的的建筑物、历史古迹。"[6] 尽管《海牙公约》最后并没有阻止战争的发生，交战双方却就保护文化艺术遗产达成了某种共识，而这一共识也成为之后的所有战争中交战双方都不得不顾虑的一个问题。

在第一次世界大战中，交战双方都宣称自己是热爱文化的，并时刻记录下敌人对文化造成的破坏，甚至用于舆论宣传，似乎认为对文化遗迹造成的破坏是比夺去人的生命更严重的问题。作为防守方，法国北部和比利时地区成为西线的主要交战区，包括兰斯大教堂在内的大量古迹都遭到了战火的破坏。1916年，法国人在巴黎举办了一场展示在战火中受破坏的艺术品的展览，以谴责德国人犯下的罪行；与此同时，德国人也在不断地宣传他们对文化遗产的尊重和保护。到了战争的最后一年，法国艺术评论家阿尔塞纳·亚历山大（1859—1937）出版了一份战争中失落的古迹及艺术品的清单，并将其归咎于德国，将德国描绘为"人类的敌人"。与此同时，亚历山大还旨在通过他的书激发起全人类对文明更大的尊重，以及推动"全人类之间的联结"，他认为《海牙公约》和《日内瓦公约》等国际公约仅是人类应遵守的最基本底线，对文化和艺术的尊重不应该仅依靠文字来约束，而应该刻在每个国家和每个人的心中。[7]

"希望"

为了避免惨剧的再次发生，国际联盟（联合国的前身）于1920年成立；1926年联盟下辖的国际博物馆办公室（国际博物

6. International Humanitarian Law Databases (n.d.). "Regulations: Art. 27." Available at: https://ihl-databases.icrc.org/en/ihl-treaties/hague-conv-iv-1907/regulations-art-27#:~:text=In%20sieges%20and%20bombardments%20all (Accessed: 10 July 2023).

7. Alexandre, A. (1918). *Les monuments français détruits par l'Allemagne: enquête entreprise par ordre de m. Albert Dalimier, sous-secrétaire d'état des beaux-arts; avec 242 photographies en 47 planches hors texte*, p 23. Berger-Levrault.

图 7-1
印有燃烧中的兰斯大教堂的宣传海报。莱米尔，《记住！1914》，1919 年，彩色石版画，83cm×60cm
© 美国国会图书馆，华盛顿

馆协会 ICOM 的前身）正式成立，开始支持和促进国际文化交流活动。博物馆办公室的第一任主任朱尔斯·德斯特雷（1863—1936）对国际文化艺术交流寄予厚望，认为这是"在因战争而混乱的世界中建立心灵和思想团结最有效的手段之一"。两年后，该部门支持的首个展览"国际通俗艺术大展"在布拉格举办，亨利·福克兰（1881—1943）是展览的主要策划者之一，他将通俗艺术视为"当下文化思想流行最深层次的体现"，且认为其可以"以最直接的方式刻画和呈现一个民族、地区和国家"。[8] 组织方希望借此机会将尽可能多元的流行文化艺术在同一个场合中展示出来，以强调各个国家和民族之间的类比和相似性，使艺术成为促进各国人民相互理解的工具。

迫于对战争的恐惧和战后经济恢复的巨大压力，以英、法为首的战胜国普遍对战败国采取了绥靖政策。他们主观地忽略了战败国的不满，寄希望于以国际文化交流的方式来增进彼此的了解，并达到避免摩擦的目的。很显然，这种自欺欺人的文化政策必将导向失败，第二次世界大战不可避免地爆发了。

艺术和文化并没能阻止战争，却意外地开始起到其他的作用：缓和人心并提醒人们什么值得为之奋斗。因为被笼罩在德军空袭的阴影下，大量英国美术馆都处于关闭的状态：大英博物馆超过 130 名馆员应召入伍，仅保留了少量典藏人员维护无法被转移的大型文物和庞大且复杂的图书馆藏书；维多利亚和阿尔伯特博物馆被改建为孩童的收容所和学校。也正因如此，人们似乎变得比以前更加渴望心灵的力量。曾担任泰特美术馆馆长的詹姆斯·玻利瓦尔·曼森（1879—1945）这样描述那段日子："在当时，艺术似乎是让一个人脱离自我，忘记生活中的

8.Foundoukidis, E. and Office international des musées (1936). *L'Oeuvre internationale de Jules Destrée dans le domaine des arts, par E. Foundoukidis.[Allocution prononcée à Bruxelles le 29 février 1936, à l'Assemblée de l'Office des musées belges...]*. Office international des musées.

7 战火中的博物馆 | 089

磨难和烦恼最简单、最有效的方式。"在最黑暗的日子里，英国国家美术馆显示出了极大的坚韧，在钢琴家米拉·赫斯夫人（1890—1965）的带领下，每周工作日都会举办午餐音乐会。在持续了六年的战争中，美术馆共举办了1698场音乐会，吸引了80余万观众的参与。[9]

在伦敦遭受了两年空袭之后，英国《泰晤士报》刊登了一封写给英国文化部的信，信中称："因为伦敦的脸已经变得伤痕累累，我们比以往任何时候都更需要看到美丽的事物……音乐爱好者可以继续听贝多芬，艺术爱好者们却无法看到伦勃朗的作品，而现在正是证明这些艺术之美具有永恒价值的时刻。"[10] 此后不久，国家美术馆发起了反响强烈的"月度展览"活动，公开向民众征集他们想观看的艺术品并按月轮换，大量原本被存储在威尔士矿山中躲避轰炸的艺术品被带回伦敦。在最初的几次展览中，美术馆主要展出一些传递"更高人类秩序"的作品，如提香的《基督与玛利亚抹大拉》、埃尔·格列柯（1541—

9.McKenna, M. C. (1976). *Myra Hess: A Portrait*, pp. 150–151. H. Hamilton.

10.Cuno, J. (2004). *Whose Muse?: Art Museums and the Public Trust*, p 43. Princeton University Press.

图 7-2
巴勃罗·毕加索，《格尔尼卡》，1937年，布面油画，349cm×776cm，现藏于索菲亚王后国家艺术中心博物馆。毕加索受西班牙政府军委托，为巴黎世界博览会的西班牙区创作了这件作品，以表达对德军轰炸格尔尼卡的愤怒和对逝者的哀悼
© 巴勃罗·毕加索基金会

图 7-3
大英博物馆的东翼于第二次世界大战期间被炸毁,3万余本珍贵藏书被烧毁,大量藏品因提前转移而幸免于难
© 大英博物馆,伦敦

1614)的《净化圣殿》和桑德罗·波提切利(1445—1510)的《神秘的基督降生》等,并避免展出类似于荷兰画派的写实作品。到后来,美术馆的选择慢慢变得不拘一格,展出了大量曾广受欢迎的其他作品,包括约翰·康斯特布尔(1776—1837)的《干草车》、迭戈·委拉斯开兹(1599—1660)的《镜前的维纳斯》和伦勃朗的自画像。

相比之下,美国本土在两次世界大战中都仅受到极少的侵扰,因此在战争期间接收了大量前往避难的欧洲人,呈现出一种接过欧洲手中的接力棒成为"世界中心"的趋势。在文化领域,美国也在用自己的方式建立自己的权威,所罗门·R. 古根海姆(1861—1949)就是这个过程中做出巨大贡献的代表人物之一。56岁时,古根海姆在其挚友——艺术顾问希拉·雷贝(1890—1967)的影响下,开始从欧洲古典艺术收藏转向欧洲先

7 战火中的博物馆 | 091

锋艺术，尤其是抽象艺术的收藏。他们认为"非客观"（抽象）艺术传递了一种乌托邦式的、启发人心的世界通用语言。1943年，他们委托弗兰克·劳埃德·赖特（1867—1959）建造古根海姆博物馆的新场馆（1959年完工），委托方将这个建筑描述为象征"艺术是改变现代世界的力量"的纪念碑。[11]

战争结束后，博物馆和艺术展览很快就肩负起帮助人们重塑精神世界的责任。在战后的第一次美国博物馆协会会议上，时任国会图书馆馆长的阿奇博尔德·麦克利什（1892—1982）提出，科学的发展使得任何"针对战争武器的物理防御"都变得无效，只有人类的精神防御才能真正地杜绝战争；并坚持认为人类历史上从来没有哪个时期比当下更需要理解文化和艺术对人类精神的塑造作用。尽管这一主张已经被大量运用且被抨击为"修辞理想主义的迂腐托词"，但它还是在接下来的数年里被美国的诸多博物馆响应并付诸行动。美国明尼阿波利斯美术馆于1949年发起了"环游世界"计划，向高校学生们介绍"为当代文明做出贡献的诸多民族背景、思想和文化"，以及"所有通过艺术、社会学、经济、政治和美学理念构成的宗教和民族文化遗产"。[12]

1955年由美国现代艺术博物馆举办的展览"人类之家"，应该是"二战"后最著名的人文主义展览之一。这个展览是由MoMA策划、美国知名摄影师爱德华·史泰钦（1879—1973）参与陈列的一系列摄影蒙太奇展览中的最后一个（此前的三个展览分别为"胜利之路""太平洋的力量""和平之路"）。展览由大量不知名的摄影师拍摄的全球各地普通人日常生活的照片组成：工作和娱乐、欢笑和哭泣、新生和死亡。史泰钦通过将不同群

11.Levine, N. (1998). *The Architecture of Frank Lloyd Wright*, pp. 299–363. Princeton University Press.

12.Educational Activities (1949). *Bulletin of the Minneapolis Institute of Arts*, 38 (January 1): 10.

13.Steichen, E., Sandburg, C. (1955). *The family of Man*, p. 170. Museum of Modern Art.

体的相似感情或状态排列组合在一起，以强调照片的即时性和相互关联性，试图将展览塑造成"全世界人类本质统一性的一面镜子"。[13]

展览入口处的墙上写着：

世界上只有一种男人 / 他们的名字叫男人们。

世界上只有一种女人 / 她们的名字叫女人们。

世界上只有一种孩子 / 他们的名字叫孩子们。

用摄影记录人性，以及充满乐趣、圣洁和神秘感的史诗，这就是人类之家。

图 7-4
展览"人类之家"在卢森堡克莱沃城堡内举办
© 卢森堡国家视听中心 / 罗曼·吉尔根

7 战火中的博物馆

这些照片在 MoMA 展出后，又先后在世界各地巡展，持续了长达 10 年的时间。据统计，最终有来自 37 个国家的约 800 万人观看了这场展览，展览的配套出版物至今仍在出版发行，累计销量超过 300 万册。[14]

理想化功利主义的消失

新秩序的诞生往往代表着旧秩序的消亡，而战争无疑是最快速也最彻底地摧毁旧秩序的手段之一。第一次世界大战后，欧洲人看待世界的方式发生了动摇，战争极大地挫伤了以理性自居的欧洲人的信心。在文化领域，欧洲各国原本推崇的博物馆理想化功利主义发生了根本性的改变，原本试图通过博物馆来彰显本国理性和文化优势的信心在战火的侵扰下荡然无存，文明之间的藩篱一定程度上被摧毁，人类第一次真切地尝试将所有"同类"视为命运共同体，试图用文化和艺术来增进彼此的交流和理解。

"一战""二战"之间的几十年也是人类文明史上各个民族文化艺术交流空前鼎盛的一个阶段，在这个仍然以西方世界为主角的国际大舞台上，亚洲、中东、非洲等民族纷纷开始勇敢地发出自己独特的声音，展现自己的文化（尽管很多民族和国家尚处于未独立和被殖民的状态）。在 1935 年的伦敦世界博览会上，中国展出了 700 余件文物，这是中华民族首次独立自主且系统地向世界展现中国的文化和艺术之美。

而经过了两次战争之后，西方世界文化的主导权似乎发生

14. Kimmelman, M., Franc, H. M., Zelevansky, L., Riley, T., and Barr, A. H. (1994). *The Museum of Modern Art at Mid-Century at Home and Abroad* (No. 4). ABRAMS.

了转移，美国取代欧洲成为西方世界的"文明灯塔"，并用有别于传统欧洲艺术的抽象艺术和摄影艺术等新的艺术形式建立起属于自己的文化主导体系。尽管相似的理念被一再运用，且战争也没有从世界上完全消失，但这些理念产生的持续影响不容忽视。其中影响最深远、最广泛的一点就是不同肤色、不同民族的文明都是平等的，且都值得被尊重；各民族的文化都应被视为人类共同的财富，所有破坏文明的行为都应遭到谴责和唾弃。除此之外，艺术在经历了两次战火的淬炼之后，也向世界证明了它净化人心的能力，且这种能力可以真切地作用在任何普通人身上。

理想化功利主义消失的另一个有力证明，就是这个时期的博物馆运营者们不再像南肯辛顿博物馆的亨利·柯尔爵士那样，"高高在上"地以主观臆断来设定博物馆的发展路线，而是开始选择"低下头"去关注普通人的真正所想，切身地与普通人的日常生活发生联结。同时，博物馆的社会角色与使命在短短的二三十年间发生了极大的转变，不论是其对待文化差异还是受众群体的态度变化，无不显示出博物馆在经历了战火的考验之后散发出的人性光辉。

8 博物馆里的"明星"

2005年的夏天,伦敦艺术品拍卖会上发生了一件不大不小的事情,MoMA先是出售了一件法国印象派艺术家亨利·埃德蒙·克罗斯(1865—1910)的作品,两天后又以330万美元的价格购买了一件大卫·霍克尼(1932—)的作品,创下了当时霍克尼作品的拍卖成交新纪录。

对于这一行为,MoMA的馆长格伦·罗瑞(1954—)的解释是:"没有任何一家博物馆会以任何分类方法来收藏一件克罗斯的作品,我们也从未以任何方式展出过这件作品。克罗斯的作品似乎更适合悬挂在私人机构或者收藏家的墙上。"而对于此次收购的这件大卫·霍克尼的作品,他则表示那是一件里程碑式的作品,弥补了此前博物馆只有一件霍克尼创作于1975年的非典型画作的遗憾。[1]

不论是从美学价值还是市场反馈来看,克罗斯都不失为后印象派时期非常杰出的艺术家,但是为什么MoMA对克罗斯和霍克尼的两件作品抱有截然不同的态度?本章节将关注20世纪30年代前后欧美博物馆作品展出方式发生的变化,探讨这一时期博物馆关于藏品定位的尝试和探索,以及这种转变对后续博物馆收藏体系产生的持续影响。

1. Vogel, C. (2003) "Surprise and Big Sales at London Art Auction." *New York Times*, 27 June. Available at: https://www.nytimes.com/2005/06/27/arts/design/surprises-and-big-sales-at-london-art-auctions.html (Accessed: 10 July 2023).

图 8-1
亨利·埃德蒙·克罗斯，《粉色云》，1896 年，布面油画，54.6cm x 61cm，现藏于克利夫兰美术馆

展厅里的"断舍离"

回顾 20 世纪之前的博物馆历史，多数博物馆开设的目的都是基于提高民族认同感、爱国意识或者提升观众的道德水准，因此对藏品的选择也显得相对粗糙，基本出自皇室或社会精英的个人收藏或捐赠，或者来自某些知名的国际艺术经销商；而那个时代最受追捧的也多是拉斐尔、伦勃朗或者鲁本斯之类大师的作品。

1853年，德国艺术史学家古斯塔夫·瓦根（1794—1868）受邀前往伦敦参与英国国家美术馆的筹划工作，他提出在作品陈列过程中，展墙可以通过更多的留白以突出更重要的展品。[2] 尽管瓦根的博物馆展示理念在当时已得到广泛认同，但受限于那个时代的博物馆建筑设计和策展理念，他的建议在实际操作过程中遇到了非常多的阻碍。

　　类似情况在19世纪与20世纪相交之际变得尤为严重，由官方主导的传统美学体系受到以印象派为代表的先锋艺术的冲击；除此之外，亚洲、非洲等更广阔世界的文化也让西方博物馆无法应对。随着人类学的发展，西方世界对文明所做的"超过1000年的狭隘定义"（中世纪以来围绕基督教建立的文明观）在19世纪晚期开始逐渐拓宽，以往被认为是原始、奇异的亚非文化开始逐渐被西方人理解和接受。[3] 伴随着大量陌生藏品的涌入，本已非常拥挤的博物馆空间变得更加捉襟见肘，大多数展厅变得像几个世纪前的珍奇屋和古董展示柜一样凌乱，严重影响观众的观看体验；依照编年史和流派来分类的方法也变得不堪重负。

　　到了第一次世界大战前后，这个现象显然已经成为困扰大多数，尤其是有庞大基础收藏的公立博物馆共同的难题。德国1913年所做的一项针对博物馆的调查指出："在拥挤的空间里，游客的视线里不断地挤进其他东西，导致作品的重点往往因为其他东西的干扰而被忽视，使观看过程变得非常疲惫。"同时期的德国官员弗里德里希·诺曼（1860—1919）也指出"博物馆和展览的规模变得越来越大，这无疑会使得艺术史对于普通观众变得越来越沉重"。[4] 1929年，美国《大西洋月刊》刊登了一

2. Waterfield, G. and Gallery, D. P. (1991). *Palaces of Art: Art Galleries in Britain, 1790–1990*. Dulwich Picture Gallery.

3. Kishlansky, M. A., Geary, P. J., and O'Brien, P. (2007). *A Brief History of Western Civilization: The Unfinished Legacy*. Longman.

4. Sheehan, J. J. (2000). *Museums in the German Art World: From the End of the Old Regime to the Rise of Modernism*. Oxford University Press.

封匿名信，信中抨击了大都会艺术博物馆的观看体验，称展品太多、介绍太少，使得逛博物馆变得压抑和不适；并称唯一的解决方法就是建造更小的博物馆，减少可观看作品的数量。也有不少社会评论称因为展品太多，博物馆正在丧失它原本的社会功能，仅能作为学者的研究场所和试图逃避现实的人群的放松场所。[5] 这些现实的压力使得当时美国不少城市在新建城市博物馆时就为"未来的藏品"留下了空展厅，但是这种方式只能在一定程度上起到缓解作用，并不能从根本上解决问题。大量博物馆都开始尝试通过更好的藏品管理、更好的展出方式，力求从根本上解决这个问题，比如开始有重点地展出他们所选择的展品；与此同时，如何改善展陈方式和更好地吸引观看者的注意力，也成为那个时代博物馆学者系统研究的问题。

在博物馆常设藏品的管理方面，伦敦自然史博物馆首先做出了有益的尝试。他们将其所有的展品按照展厅进行了分类：将最受欢迎的藏品安排在主展厅，其余作品则被安排在较小的展厅或者集中放置在库房内供研究者们预约观看。[6] 同时期德国的博物馆馆长和策展人在国王弗里德里希三世（1831—1888）发起的全国博物馆调研中也就展出方式做了相似的尝试。一定程度上受到当时商业画廊和新兴展会的启发，德国博物馆对展出方式实施了各种改革，各地的博物馆纷纷拆除了以往展厅内象征精英文化的锦缎墙纸和复杂家具，以便更好地突出作品。[7]

欧洲博物馆对藏品展出方式的调整，极大影响了太平洋彼岸的美国博物馆业，其中最著名的案例就是波士顿美术馆新馆。波士顿美术馆新馆于1915年启用，为了筹划美术馆的"搬家事宜"，博物馆团队于20世纪初参观了100多家欧洲博物馆，采

5.The Atlantic (1929). "Horrors of Museum Trotting and a Remedy." Available at: https://www.theatlantic.com/magazine/archive/1929/12/horrors-of-museum-trotting-and-a-remedy/651333/ (Accessed: 15 July 2023).

6.British Association for the Advancement of Science (1915). *Report of the Meeting of the British Association for the Advancement of Science* (Vol. 84). J. Murray.

7.Joachimides, A. (2001). "Die Museumsreformbew-egung in Deutschland und die Entstehung des modernen Museums 1880–1940." *KOBRA-Uni Kassel*.

访了当时最顶尖的欧洲艺术史学家和策展人，并回顾了大量的相关文献。在吸收大量欧洲博物馆在陈列和展示方面的经验基础上，波士顿美术馆就展出内容、组织结构和公共关系等方面都做了大量改进。为了避免场馆显得拥挤和嘈杂，波士顿美术馆新馆不再像传统博物馆那样将所有的展品置于一个空间里，而是根据观众不同的观看动机，对空间进行了合理规划：位于上层的主展厅因为空间更开阔且采光更好，主要用于展示最受欢迎的艺术类藏品，以增强普通观众的观看体验；位于下层的展厅则严格遵照分类法，有序且严密地排列了大量稍缺美学价值但拥有极高历史研究价值的展品，以供学者和鉴赏家参观。除此之外，展厅内所有不必要的装饰都被移除了，以避免任何不必要的干扰。[8]

波士顿美术馆新馆自1915年开放以来，多次受到英国知名艺术期刊《伯灵顿杂志》的赞许，杂志盛赞其将作品从"环境中完全抽离出来，使观众一次仅专注于一个物体上"。随着这种展示观念在出版物、学术研究报告和媒体的助力下影响越来越大，包括卢浮宫在内的越来越多的知名传统博物馆也开始做出改变。有学者于1927年总结了那段时期的发展："……趋势是专注于一些更重要的展品和更细分的展厅上。在特定的小展厅里，人们可以将注意力集中在两到三件杰作上，这些作品悬挂得与视线齐平，展厅光线充足，没有复杂、多余的背景等干扰因素，以前那种展出在又长又宽、带着天窗的回廊展厅里，展厅的墙上挤满了令人困惑的作品的情况已经不复存在。"[9]

这种展出方式之所以被效仿，不仅是因为它改善了观众的观看体验，还有一个更深层的原因是展出作品数量的减少——

[8] Museum of Fine Arts, Boston(1904). *Communications to the Trustees* (Vol. 1). University of California Libraries.

[9] Loring, C. G. (1927). "A Trend in Museum Design." *Architectural Forum*(Vol. 47), p. 579.

这在一定程度上赋予了美术馆解读艺术史或者特定阶段艺术史的权利。尽管欧美艺术界对艺术史有着相对统一的认识，但知名度、影响力最高的那些艺术家的作品数量有限，且多数都分散在各地博物馆里，即使是类似于法国卢浮宫、英国国家美术馆这类藏品数量极其丰富的博物馆，也无力完整地诠释所有年代和艺术流派。而通过减少展出作品的方式，博物馆可以有目的地展示自己最有影响力的收藏以突出自身的优势。历史悠久、藏品丰富的博物馆，可以通过这种方式持续输出自身的影响力；而新兴的或地域文化色彩浓厚的博物馆，则可以强调自身在特定文化领域的独到收藏，并获得相应的学术地位。

藏品展示和价值传递

1934年，在由国际联盟主办的马德里博物馆会议上，时任伦敦维多利亚和阿尔伯特美术馆馆长的埃里克·麦克拉根（1879—1951）盛赞了由波士顿美术馆开创的这种展出方式。事实上，参加会议的很多博物馆，包括法国卢浮宫、西班牙普拉多博物馆、荷兰国立博物馆、英国国家美术馆、奥地利维也纳艺术史博物馆和布达佩斯美术馆在内，都已经开始效仿美国波士顿美术馆，对作品的呈现和展示做出了调整。[10] 尽管这些博物馆多数还是遵照艺术编年史和学院流派对作品进行分类和展出，但都不约而同地将展出重点转移到核心藏品的视觉呈现上。布达佩斯美术馆馆长甚至声称：为了历史性的解释而牺牲作品的艺术效果，本质上是对艺术的亵渎。麦克拉根和维也纳艺术

10.McClellan, A. (2008). *The Art Museum from Boullee to Bilbao*, p. 166. University of California Press.

史博物馆（原为哈布斯堡-洛林家族的皇家美术馆，第一次世界大战后成为国家美术馆）的首任馆长阿尔弗雷德·斯蒂克斯（1882—1957）也强调了一个观点，即缜密按照艺术史排列的作品展出方式，仅对少数学者有用，如果缺失了艺术美感的体验，这种方式对于大众是没有任何意义的。

为了贯彻这种质量高于数量的展出理念，各大传统博物馆都在不断强调和提高自己"镇馆之宝"的学术价值和地位。例如荷兰国立美术馆的展陈设计是按照艺术史排列的，每个展墙都会通过排列突出一些主要的作品，而伦勃朗的《夜巡》却拥有专属的独立展厅。享受到类似待遇的还有西班牙普拉多博物馆内迭戈·委拉斯开兹的《宫娥》、意大利帕尔马国家美术馆内安东尼奥·柯勒乔（1489—1534）的《圣母与圣杰罗姆及玛格达林》、意大利布雷拉宫美术馆收藏的拉斐尔的《圣母的婚礼》，以及号称"卢浮宫三女士"的《蒙娜丽莎》、《米洛斯的维纳斯》

图 8-2
参观者在荷兰国立博物馆观看伦勃朗的《夜巡》
摄影：亨克·贝克

（断臂的维纳斯）和《萨莫色雷斯的胜利女神》等作品。

耶鲁大学的心理学家亚瑟·梅尔顿（1906—1978）于1935年发表的一项研究成果，为博物馆的这种展出方式提供了理论支持。梅尔顿在费城艺术博物馆对不同密度的作品展出方式进行了观察实验，他发现没有受过艺术史教育的普通观众在博物馆里能保持注意力的时长很有限，非常容易在参观过程中产生视觉疲劳，进而忽略潜在的作品陈列设计；相比之下，较少的作品陈列可以更好地让观众集中注意力。梅尔顿还发现，在所有影响普通人博物馆参观体验的因素中，起到决定性作用的是作品的选择和展出方式，而不是艺术史的直观呈现；因为更多的展品和缺乏重点的展出方式非常容易让普通游客产生视觉惯性，在视觉惯性的作用下，他们往往会选择观看一件相对"显眼"的作品，而对其他作品只会一带而过。[11]

11.Melton, A. W. (1935). "Problems of Installation in Museums of Art." *Parnassus*,7(6): 29–30.

图 8-3
《萨莫色雷斯的胜利女神》，帕利亚大理石，前200—前190年，现藏于卢浮宫
摄影：迈克尔·维特韦尔

到了20世纪40年代，博物馆通过对展出作品的筛选，基本上已经解决了以往展厅过度拥挤的问题。值得一提的是，这种突出主要作品的展陈方式也意味着博物馆的收藏标准开始提高，早年困扰博物馆的"不知道收藏什么作品，只能什么都收藏"的问题也随之消失。这也给博物馆本身提出了更高的要求，为了在学界争得一席之地，其功能不能再局限于对历史的简单叙述，而是需要通过自身的分类和展示来赋予其内容以连贯的意义，努力向外界传输自己的文化价值和不可替代的学术地位。因此，博物馆的分类和陈列，即通过选择标准将收集到的内容排列为有意义的类别或序列，成为其收藏体系的命脉。

一直以来，我们习惯于将博物馆的主体视为某个特定文化背景下的象征符号，那么博物馆内部所呈现出来的符号学价值也同样不容忽视。这种符号学价值是通过博物馆内部的介绍、展品分类和展陈方式来传递的。正如美国综合历史学家詹姆斯·克利福德（1945— ）所说，收藏品的"分类学和美学结构"构成了帮助理解博物馆不同展品并赋予其意义的重要模块。[12] 这也意味着博物馆展出的每件物品都应有其独特性，而若干拥有相似性的作品又构成了一个个收藏单元，这些收藏单元组合在一起，最终共同构成博物馆的整体收藏体系。例如尼古拉斯·普桑（1594—1665）的一件作品，既可以代表艺术家职业生涯中某个阶段的成就，也代表了17世纪法国学院所倡导的古典主义绘画风格，同时还可以代表欧洲巴洛克时期的创作风格，以及法国对15—16世纪意大利文艺复兴所留下的文化遗产的继承……这些都是欧洲绘画艺术史中的一个单元，而欧洲绘画艺术本身也是艺术史的一个组成部分。

12.Clifford, J. (1988). *The Predicament of Culture: Twentieth-century Ethnography, Literature, and Art*, p. 219. Harvard University Press.

图 8-4
尼古拉斯·普桑,《日耳曼库斯之死》,1627 年,布面油画,148×198cm,现藏于明尼阿波利斯美术馆

　　1946 年,波士顿美术馆馆长乔治·哈罗德·埃德格尔(1887—1954)提出以"作品的质量"和"稀有性"作为判断某件艺术品收藏价值的主要标准,在这之后几乎没有机构否认这一标准。在这种博物馆展出和收藏模式的基础上,对新藏品的筛选逐渐变成了一个非常严谨的问题。当一件作品被某个博物馆决定永久收藏时,它一定同时满足了以下两个标准:它必被认为是同时代或流派作品中的好作品("好"代表着策展人或收藏者对作品质量、真实性和作品状况的一种综合评估);它填补了该博物馆收藏体系的空白(基于博物馆主观的阐述体系),对增强博物馆学术性有一定助益。

　　这也意味着,对于一家博物馆来说极其珍贵的藏品,可能会成为另一家博物馆收藏中尴尬的存在。依然以普桑为例,已经拥有其典型风格作品的博物馆或许会更倾向于收藏一位馆藏

8 博物馆里的"明星"　　　105

中从未出现过的同时期艺术家的代表作；而他的非典型风格作品，或者一件保存状况一般且进行过大量修复的作品，可能会受一些规模较小但有增加馆藏需求的博物馆青睐，但是对于卢浮宫、英国国家美术馆这类本身已拥有强大收藏体系的博物馆而言就是无足轻重的存在了。

图 8-5
杜乔·迪·博尼塞尼亚，《圣母与圣婴》，约1290—1300 年，蛋彩画，23.8cm×16.5cm，现藏于大都会艺术博物馆

2004年，大都会艺术博物馆以近5000万美元的价格购买了一件杜乔·迪·博尼塞尼亚（？—1319）的作品。馆长菲利普·德·蒙特贝罗（1936— ）表示这是博物馆一次意义非凡的收藏行为，因为杜乔被认为是欧洲艺术的奠基人之一；收藏这件创作于公元1300年前后、保存完好的《圣母与圣婴》，填补了大都会艺术博物馆"无法弥补的文艺复兴时期藏品的空白"。[13] 无可否认，文艺复兴时期的存世作品之于欧美，就像宋元绘画之于中国，是可遇而不可求的独特存在。

由此也就不难理解，对于一直秉持着分享"最发人深省的现当代艺术作品"理念的MoMA而言，20世纪60年代英国波普艺术运动的代表人物之一——大卫·霍克尼的代表作品，显然比活跃于19世纪末期的印象派艺术家亨利·埃德蒙·克罗斯的作品更符合博物馆本身的收藏需求和定位。

如果以现代人的角度回顾20世纪30—40年代欧美博物馆展陈方式的变化，其实它的影响还不仅限于博物馆定位和收藏体系。因为展墙上作品数量的减少，大量闲置的作品需要被妥善安置，这也从客观上推动了博物馆策展思路及藏品典藏系统的升级。这一转变也为当代艺术提供了更多的养分与土壤，指引我们逐渐打开思路，以更加广阔的眼光去观看世界。

13.Vogel, C. (2004). "The Met Makes Its Biggest Purchase Ever." *New York Times*, 10 November. Available at: https://www.nytimes.com/2004/11/10/arts/design/the-met-makes-its-biggest-purchase-ever.html (Accessed: 15 July 2023).

9 建筑美学与博物馆

在 20 世纪的最初几十年里，随着博物馆工作的日渐细分和职业化，工作人员对建筑空间的要求也越来越高，他们期待一个具备充足的灵活性、多元的展示条件和观展路径的多功能建筑空间，以应对新的展览需求。这一诉求显然不是传统学院派会优先考虑的，却反而给现代主义建筑美学大师在博物馆领域的尝试创造了机会。

这种对建筑的新诉求和新建筑美学在 20 世纪三四十年代的美国发生了激烈的碰撞，并留下了诸如 MoMA 和古根海姆博物馆等声名远扬的博物馆。本章将关注以勒·柯布西耶（1887—1965）和弗兰克·劳埃德·赖特为代表的现代主义建筑师和他们所提倡的设计理念，以及现代主义建筑师在博物馆领域的新尝试中所面临的问题，借此探讨建筑师和博物馆工作人员在空间利用方面的不同视角。[1]

1. 现代主义并不是一种创作流派，它是经历了工业革命的欧洲人面对被科技力量改造的新世界和以往所熟悉的世界的巨大反差而产生的一种看待世界的新方式。这种思潮先后影响了艺术、文学和建筑等多个领域。

博物馆的"机械"美学

20世纪初期,博物馆从业者开始主张"建筑本身不是目的,而是一系列工作需求的具象体现",反对雄伟宏大的"神殿式""纪念碑式"建筑,寻求一种基于内部功能考虑的新博物馆建筑设计理念。1934年在马德里举行的一次博物馆会议上,欧美两地的博物馆工作人员提出了要建立一种"非建筑"博物馆的诉求,希望博物馆建筑可以最大限度地提升灵活性,以应对不同展览各异的展陈需求。[2] 布鲁克林博物馆馆长菲利普·纽维尔·尤茨(1920—1972)是其中最激烈的倡议者,他曾将传统美术馆建筑描述为"业余""贵族""封建"的体现,称其和提供公众服务的现代博物馆理念格格不入。在他看来,法国学院派风格建筑就像是直接把文艺复兴以来各种宫殿里的装饰堆砌在一起,这种风格对于19世纪的博物馆而言或许适用,却成为现代博物馆前进的最大障碍。[3]

对于博物馆建筑的新形态,大都会艺术博物馆的策展人理查德·弗兰兹·巴赫(1888—1968)将当时已拥有极高声誉的瑞士建筑师勒·柯布西耶的设计理念——"住宅是居住的机器"引入博物馆空间设计,称"博物馆应该成为提供公共服务的教育机器",意即博物馆应该以服务、教育大众为主要目的,所有功能区域的设计都应该围绕这个目的有序且连贯地展开。这个概念受到当时不少前卫博物馆工作者的欢迎,他们表示博物馆应该在保留其公共展览的基础功能之外,尽可能地强化不同功能区域的实用性和连贯性。[4]

建筑师乔治·豪(1886—1955)和威廉·埃德蒙·莱斯卡

---

2. Actas de la Conferencia Internacional de Museos(1935). "Muséographie: Architecture et Aménagement des Musées d'Art. ConférenceInternationale d'Études, Madrid 1934, Société des Nations, Office International des Musées, Institut International de Coopération Intellectuelle, 1935." Available at: https://www.realacademiabellasartessanfernando.com/assets/docs/pdf/Resumen%20de%20las%20ponencias%20de%20la%20Conferencia%20de%20Museos%20de%201934.pdf (Accessed: 18 August 2023).

3. Youtz, P. (1933). "Museums among Public Services." *Museum News*, 11(7).

4. Guglielmo, A. M. (2008). *Workbench of American Taste: Richard F. Bach, Industrial Art, and Consumerism at the Metropolitan Museum of Art, 1917–1940*. University of California.

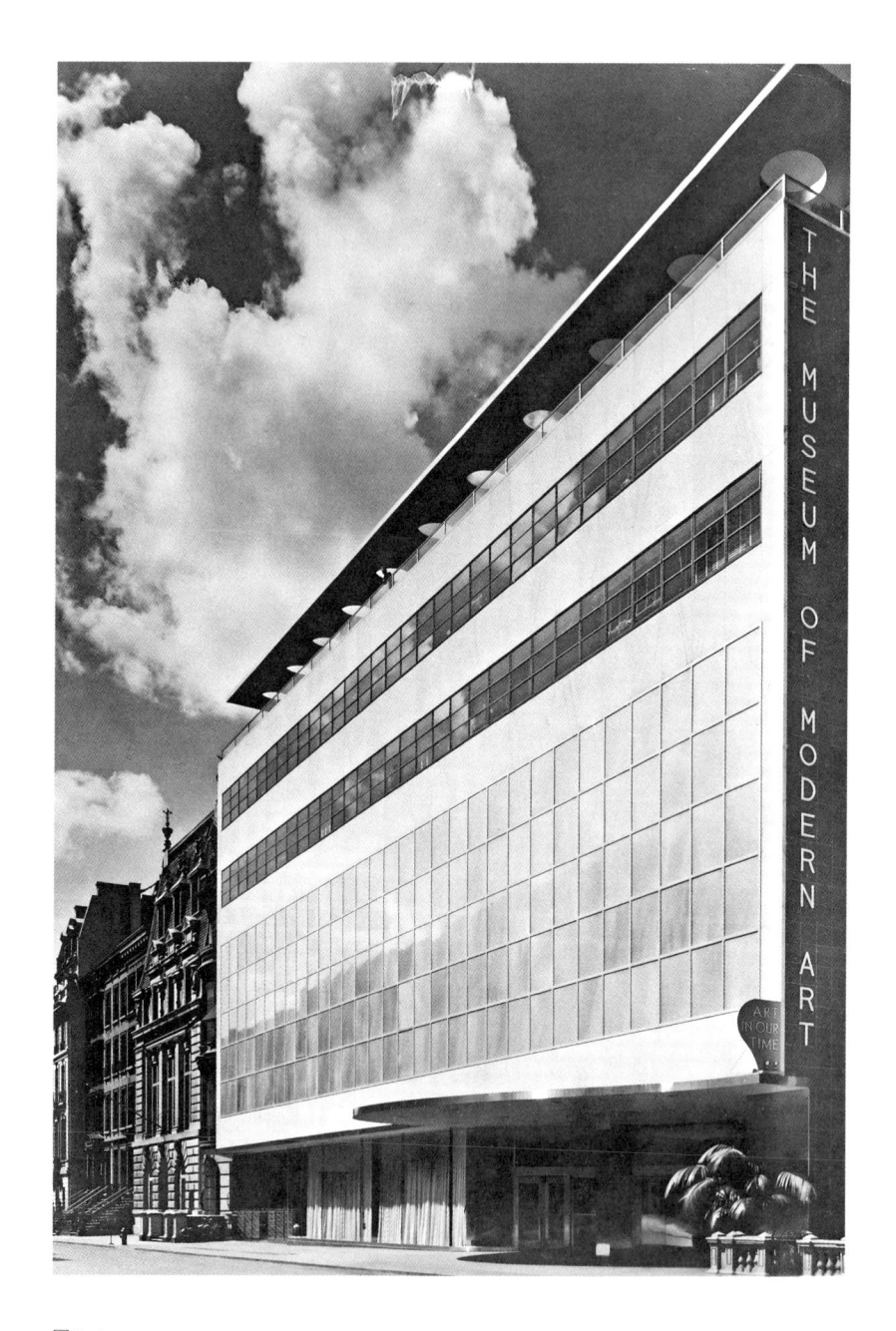

图 9-1
1939 年，纽约现代艺术博物馆外观
© 现代艺术博物馆，纽约

泽（1896—1969）在 1936 年提交的 MoMA 建筑竞标方案中，也强调了应该避免一切"建筑伪装"，并称博物馆建筑最不被关注的时候就是它呈现最好状态的时候；博物馆建筑应该尽量让自己不显眼，以突出参观者应该关注的内容。[5] 豪和莱斯卡泽的设计理念几乎完美契合了尤茨和巴赫所提倡的博物馆空间理念，朴素的玻璃自动门和遮阳篷代替了传统的大理石门柱和楼梯，建筑外观几乎和街道融为一体。但与此同时，他们的设计方案也因与企业的高层办公楼太过相似而屡遭诟病。

豪和莱斯卡泽最终并未获得 MoMA 的委托，MoMA 的设计最后由菲利普·古德温（1885—1958）和爱德华·杜瑞尔·斯通（1902—1978）的设计公司（Goodwin & Stone）承接。建成之后，MoMA 的外表确实并不引人注意，同时也不会令人因为距离感而望而却步：大落地窗的全景玻璃可以让路人将充满公共设施的大厅和展示空间一览无余；二楼和三楼的画廊空间有可移动的白色展墙和轨道照明，为策展人提供了一个开放、自由的流动空间；办公区域和库房被设计在更高的楼层，作品和工作人员可以通过电梯自由出入展厅，却丝毫不会打扰参观者。总体看来，MoMA 场馆简化的内部空间和建筑外观，共同体现了博物馆尊崇实际效用的理念，即掩盖建筑本身的表现力，使之成为一个纯粹的展出空间。尽管后来这类建筑经常被诟病缺乏特色，但其设计对内部空间利用率的强调和对展出作品的尊重，也使得它成为人们口中"最中性的博物馆建筑"，完美契合了柯布西耶的机械美学——建筑是围绕提供公共服务这一核心目的而存在的一个整体。

特别值得强调的是，MoMA 通过不同于传统美术馆的低天

5.Lescaze, W. (1937). "A Modern Housing for a Museum." *Parnassus*, 9(6): 12–14.

花板、受控照明、中性背景色的独立展厅和简单、标准化的展陈方式，让不少本对当代艺术持怀疑态度的美国公众相信，毕加索和其他先锋当代艺术家的创作是值得与伦勃朗和达·芬奇的作品相比拟的杰作；而这种空间形态也被许多评论家称为"白色立方体"，并在此后成为博物馆的一个特定称谓。尽管在后来的几十年里，博物馆建筑设计理念不断刷新，但 MoMA 开创的"白色立方体"博物馆美学观一直保持着经久不衰的影响力。这种展出空间形态成功地抵御了时间的侵蚀，面对一张随机抽取的 MoMA 展厅的图片，你几乎无法明确分辨出展览时间——究竟是几十年前的还是就在昨天。

图 9-2
"白色立方体"空间，纽约现代艺术博物馆展览"埃德·拉斯查/现在与过去"展厅"空镜"
摄影：乔纳森·多拉多

同时"白色立方体"也成为现代博物馆学所倡导的美学概念中的重要组成部分。由朴实无华、没有窗户的白墙，抛光的木质地板和人造吊灯组成的纯白空间，本身就是现代美学的一种表达——这种美学理念旨在阻挡外部世界的一切干扰，尽量抓住观看者的目光。纯白空间所倡导的美学概念往往与自我满足、纯粹和平面联系在一起，而这些概念又通常与抽象表现主义、色域绘画等现代主义绘画风格紧密相关。我们似乎无法将纯白空间和现代主义绘画风格这两个概念完全区分开来，艺术评论家布莱恩·奥多尔蒂（1928—2022）曾经这么描述二者的关系："现代主义艺术的历史可以与这种空间形态和观众看待它的方式的变化联系在一起，尤其是理想化的纯白展示空间，它可能比任何一件艺术作品都更像20世纪艺术的原型图像。"[6]

外观和实用性的冲突

然而，公共建筑的外观和功能性之间似乎总是存在某种难以调和的矛盾，这也给建筑师和博物馆人带来不少困扰。一个非常典型的案例就是波士顿美术馆新馆的设计，当时由马修·普里查德和本杰明·艾维斯·吉尔曼带领的美术馆团队与博物馆组委会在建筑设计理念上发生了激烈的冲突。筹建团队坚持建造一个简单而又实用的博物馆建筑，但组委会成员坚持认为博物馆不应放弃庄重的外立面："博物馆并不是一开始就按照纪念碑去设计的，但是因为它代表着全体公民的权益和文明的体面，最终不可避免地成为一个纪念碑式建筑。"[7] 最终，美术馆工作

6. O'doherty, B. (1999). *Inside the White Cube: The Ideology of the Gallery Space*. University of California Press.

7. Coolidge Jr., J. R. (1907). "The Architectural Scheme." *Museum of Fine Arts Bulletin*, 5(27): 41-42.

9 建筑美学与博物馆 | 113

人员和组委会在一定程度上达成了一致意见，去掉了博物馆内部所有的不必要装饰，但是外部依然保留着传统的"神庙式"建筑外观。

这种外观和实用性的观念冲突不仅发生在博物馆内部，甚至不少建筑师也出于对建筑理念的坚持参与了这场辩论。1935年，也就是马德里会议的后一年，建筑师保罗·克瑞特（1876—1945）曾试图为他的职业做辩护，他表示策展人对"建筑空间"的恐惧，是导致博物馆变得越来越毫无特色的一个重要原因，而这种毫无特色已成为当代美术馆的常态："空荡荡的墙面和空间，无怪人们称博物馆为艺术的墓地。"[8] 克瑞特反对现代主义所强调的机械美学，称博物馆不应仅仅成为一台展示艺术的机器，他在自己设计的底特律美术馆中就坚持使用了大量古典的

8.Cret, P. P. (1934). "L'Architecture des Musées en tant que Plastique." *Mouseion: Revue Internationale de Muséographie*, pp. 25–26. Office International des Musées.

图 9-3
迭戈·里维拉（1886—1957），《底特律的工业》，1932—1933 年，壁画，13.11m×20.42m
© 底特律美术馆

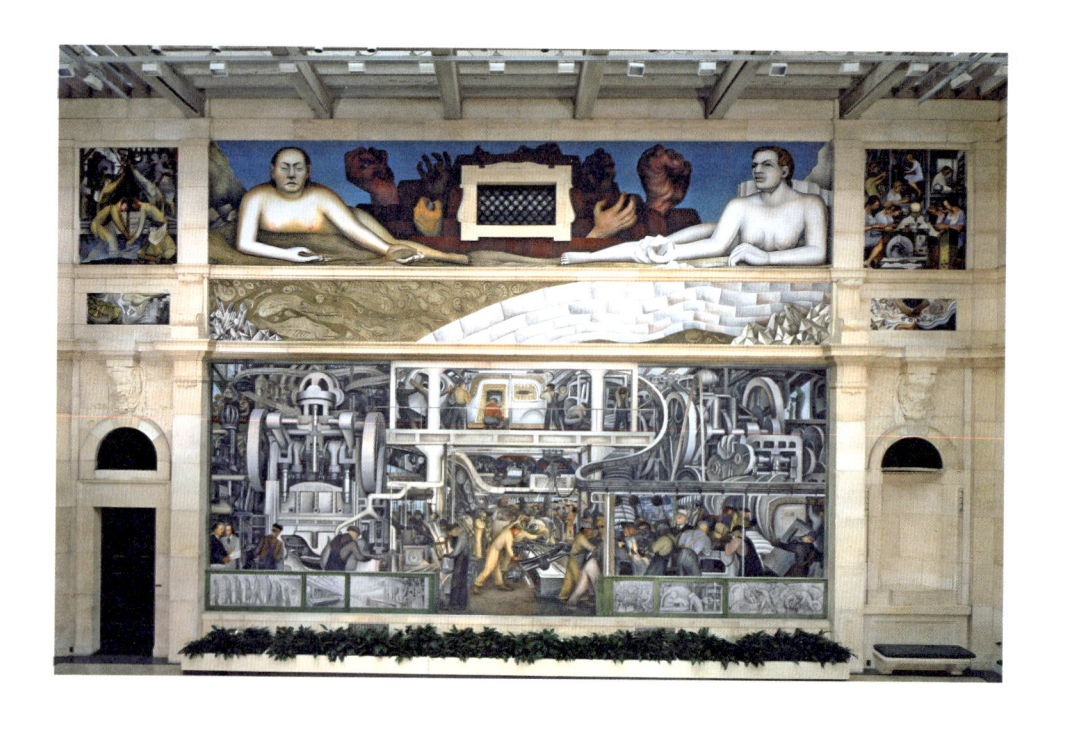

和 20 世纪初的装饰元素。底特律美术馆内部繁复的装饰加上大量描绘工业景象的壁画，使得其在对外开放后立刻受到这座工业城市居民的喜爱。尽管如此，这也无法改变传统法国学院派建筑设计理念在这一时期的逐渐失势，底特律美术馆也被同时代的大量评论家称为是"过时的"和"逆潮流的"。

也正是因为博物馆建筑需求和设计理念上的这种从仪式性向实用性的转变，柯布西耶设计的名为"曼达纳姆"的世界博物馆计划才会饱受抨击。1929 年，柯布西耶受比利时图书馆学家保罗·欧特雷（1868—1944）的委托，为国际联盟设计一个文化中心，其中包含图书馆、研究中心，以及代表各成员国和地区的永久或临时的展厅。[9] 他将博物馆的外形设计成一座阶梯形的方形金字塔，参观者进入博物馆后，通过建筑几何中心的电梯可直达最顶端；参观动线由最顶端的展厅开始，顺着坡道沿着方形建筑的四角盘旋而下，形成整座建筑的展览空间。

世界博物馆方案公布后，因为其类似金字塔的"复古"造型而受到现代主义建筑师们的批评。捷克的前卫艺术家卡雷尔·泰格（1900—1951）长久以来都是柯布西耶的支持者，但对世界博物馆方案却表示无法苟同，他认为这一纪念碑式的设计完全脱离了现代主义建筑的基本功能性原则，甚至具有部分历史主义复兴的倾向。[10] 然而事实上，柯布西耶并非要刻意设计这样一个纪念碑式的建筑，这一方案其实是他对"无限生长博物馆"概念的首次尝试；在他的设计图纸细节中，博物馆建筑内的所有视觉元素都是标准的几何图形，且整个建筑利用柱体而非墙体作为主要支撑，通过这种方式，展厅可以重新分割以适应各种展览需求。

9. Van Acker, W. , Brown, A. , & Leach, A. (2013). "Opening the Shrine of the Mundaneum: The Positivist Spirit in the Architecture of Le Corbusier and His Belgian 'Idolators'." *Proceedings of the Society of Architectural Historians, Australia and New Zealand* (Vol. 30), pp. 791–805. SAHANZ.

10. Beránkova, J. (2014). "Architecture as a Monument or Instrument?: The Mundaneum Project and the Polemic between Karel Teige and Le Corbusier." *Graduate Journal of Visual and Material Culture*, p. 7.

9 建筑美学与博物馆

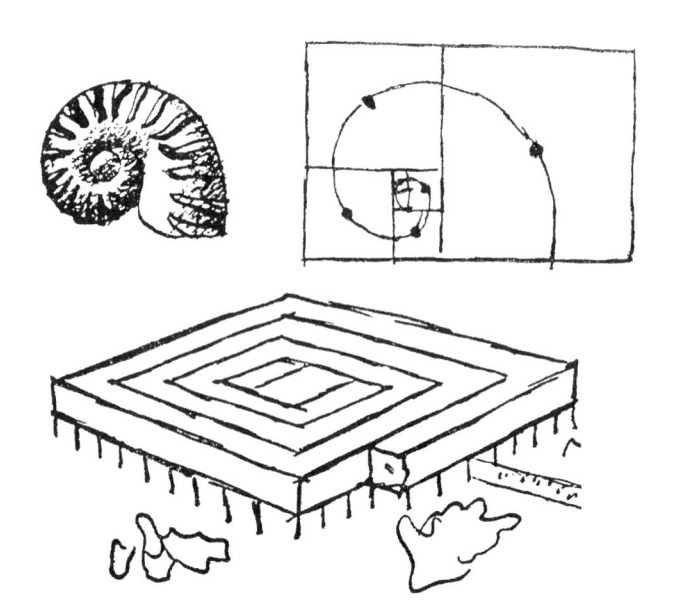

图 9-4
勒·柯布西耶,《无限生长博物馆》手稿,1939 年。出自《形式和技术:勒·柯布西耶,螺旋式平面和图解建筑》,2011 年,剑桥大学出版社

  国际联盟的世界博物馆计划最后出于各种原因而被搁置了,但柯布西耶并没有就此停止他的"无限生长博物馆"尝试。他在 1931 年写给《艺术手册》主编克里斯蒂安·杰沃斯(1889—1970)的信件中谈到了他为巴黎现代艺术博物馆设计的方案,并再次提及他"无限生长博物馆"的理论。1939 年,距曼达纳姆规划方案提出 10 年后,柯布西耶在菲利普维尔博物馆设计方案中进一步完善了他的"无限生长"设想,并将"标准化"和"性价比"理念引入博物馆设计中。按照这个理念,博物馆空间将被建造在一个以柱子为支撑的平台上,以螺旋形的方式从中心向外旋转展开,使用的所有材料都是标准的柱子和顶板、可拆卸的隔板,在实现标准化的前提下也确保了博物馆的实用性和性价比。"无限生长"理论中最重要的一点是,如果有朝一日博物馆需要扩建的话,其黄金分割的比例、几何的建筑外形和

标准化的内部设计可以使其轻易实现扩建而不破坏本身的形态，从而使"无限生长"成为可能。

柯布西耶这样描述自己的方案："……我提供的不是一个方案……而是一种突破空间限制的思路……"[11]之后，这种设计思路被他延续使用在印度艾哈迈达巴德博物馆和日本国立西洋美术馆的建筑方案中，并一定程度上在日本国立西洋美术馆的实际运用中真正实现了"无限生长"。得益于标准化的设计理念，日本国立西洋美术馆分别在1964年和1984年较为容易地完成了两次内部改建，增设了报告厅和票务室。然而在1979年的博物馆扩建中，馆方并没有依照柯布西耶的设想基于现有建筑主体进行螺旋式扩建，而是在附近新建了一个建筑主体；尽管没有实现柯布西耶所谓的"无限生长"，但也得益于原建筑的简明设计，博物馆并没有因为屡次扩建而变得不和谐。

赖特和古根海姆

筹划于20世纪40年代的古根海姆博物馆是现代主义建筑理念与博物馆之间的另一次碰撞，同时也是博物馆团队和建筑师在争夺建筑话语权上的又一次激烈交锋。因为两次世界大战，大量先锋艺术家和学者逃离欧洲前往美国，加上当时美国相对包容的艺术文化氛围，许多专注于当代艺术的美术馆如雨后春笋般在纽约出现，纽约俨然呈现出取代巴黎成为新的"世界艺术中心"的趋势。1923年，加斯瑞·本·诺伊曼（1887—1961）建立了新艺术圈画廊，这是当时美国年轻艺术家们唯一可以欣

11.Kamiya, T. (n.d.). "Le Corbusier's Msusems for Untimited Growth." Available at: http://www.kamit.jp/17_world/76_museum/mus_eng.htm (Accessed: 19 July 2023).

9 建筑美学与博物馆 | 117

赏到德国表现主义作品的地方。1936 年，所罗门·R.古根海姆开始定期在自己的居所向纽约年轻艺术家展示他收藏的瓦西里·康定斯基等艺术家的抽象艺术作品，后又于 1939 年创立非客观绘画博物馆并对外开放，博物馆选址在一处办公楼内。此后不久，为了摆脱办公楼空间对作品陈列的限制，古根海姆和当时著名的美国现代主义建筑师弗兰克·劳埃德·赖特一拍即合，决定在纽约中心地区——曼哈顿第五大道建造一个属于自己的美术馆，这就是后来的古根海姆博物馆。

赖特的现代主义建筑美学思考和古根海姆的雄心壮志，共同促成了这个白色圆形建筑物的诞生。美术馆呈现出一个倒置的巴别塔造型，其不寻常的外观使得它在周围千篇一律四四方方、典型的曼哈顿式建筑物的衬托下显得格外引人注目。这个

图 9-5
在对外开放之前，古根海姆博物馆就凭借其不俗的外观吸引了不少人的注意，1958 年 9 月 3 日
© 萨姆·福尔克/《纽约时报》

建筑似乎是为了将美术馆塑造成一个反映当代艺术理念的艺术神庙而存在的，与同时期的 MoMA 和同处第五大道的大都会艺术博物馆都形成了鲜明的对比。

赖特在美术馆的动线设计上和柯布西耶的世界博物馆计划有着一定相似之处，游客在参观博物馆时需要先乘坐电梯到达美术馆的顶层，然后沿着螺旋坡道走下去。通过这种方式，参观者在空间内部的"灵活性"大大降低：游客遵循规定的路线进行参观，而不是在空间中"自由漂浮"。不同于同时代倡导的"白色立方体"空间，古根海姆博物馆开放式的圆形大厅和特定的参观路径，迫使游客以一种与在其他博物馆截然不同的参观方式与他人共享空间；当游客们顺着螺旋形展厅坡道缓缓下行时，可以透过圆形大厅看到路过的其他观众，甚至会无意中听到他们的对话。通过这种方式，赖特复活了博物馆的象征性潜力，并使参观者重获了一种"仪式感"。但也并非所有人都对这种设计表示认同，反对者们将这个圆形建筑戏称为"白色洗衣机"，并坚持认为赖特将建筑理念凌驾于艺术之上是对博物馆的一种亵渎，因为艺术品在这个建筑里已沦为装饰物般的存在。[12]

赖特在古根海姆博物馆的建筑设计过程中始终贯彻着他"有机建筑"的理念，即整个建筑是一个有机展开的整体。与柯布西耶的理念相比，赖特并不追逐标准化和功能性，他更强调的是整体建筑风格内与外的协调统一。这种设计理念显然与 MoMA 所强调的"弱化建筑风格，强化展品"的理念不相容，这也为后来赖特与博物馆管理团队之间的矛盾埋下了伏笔。

古根海姆博物馆的建造因为第二次世界大战的爆发而搁浅，当战后建筑计划重启时，所罗门·R. 古根海姆已经过世；

12.Frank Lloyd Wright Foundation(2017). "Solomon R. Guggenheim Museum." Available at: https://franklloydwright.org/site/solomon-r-guggenheim-museum/ (Accessed: 23 July 2023).

9 建筑美学与博物馆　｜　119

MoMA前策展人詹姆斯·约翰逊·斯威尼被所罗门·R.古根海姆的侄子哈利·弗兰克·古根海姆(1890—1971)委任为博物馆第二任馆长，斯威尼对赖特所倡导的大量理念都持反对态度。例如两人曾就博物馆主体颜色发生持续争论，这一矛盾甚至一度影响了博物馆的工程进度。根据赖特的"有机建筑"理念，古根海姆博物馆的外立面油漆颜色原本被设定为与内部展厅地面所用的水磨石相近的米灰色，墙面也使用和非客观绘画博物馆一致的灰色，通过相近颜色的过渡，使整个建筑呈现出一种"平滑连续空间"的印象。然而这一方案遭到了以斯威尼为代表的组委会的一致反对，最终在斯威尼的坚持下，美术馆内部变更为更加简明的"白色立方体"风格。[13]

除此之外，两人在空间规划、照明方式等诸多方面也都存在严重的分歧。空间规划上，赖特坚持认为自己的空间设计很合理，拒绝了斯威尼将展厅的顶楼用于仓储和办公的要求。照明方式上，赖特以自然光为主、人照光作为辅助的照明方案，也被斯威尼以自然光不可控为由拒绝了。最终斯威尼封闭了除展厅顶部的玻璃穹顶外的所有自然光源，并使用了与MoMA相同的照明方式，以期为参观者提供稳定、明亮的照明环境。

赖特的许多设计理念在当时都不被接受，因此这些意见冲突最后多数都以采纳斯威尼的建议而宣告结束。尽管如此，却无法改变赖特所创造的艺术空间对艺术家创作方式的影响：赖特试图为艺术作品创造出一个整体统一的空间氛围感，使博物馆的整个空间成为作品的画架，而不为其中的方块画框所束缚。赖特认为艺术家一旦可以不再考虑依赖矩形画布创作的问题，他们就可以自由选择在任何载体上进行创作。[14]

13.Goss, M. (2014). *The Solomon R. Guggenheim Museum's Approach Toward Contemporary Curatorial Practice.* West Virginia University.

14.Goss, M. (2014). *The Solomon R. Guggenheim Museum's Approach Toward Contemporary Curatorial Practice.* West Virginia University.

另一个不可否认的事实是，赖特设计建造的古根海姆博物馆的出现，也永久地改变了我们参观博物馆的方式：它摒弃了传统博物馆的方块形房间，将常规平面的展出空间利用螺旋式坡道设计进行了空间折叠，变成垂直展开；不仅有效地减少了占地面积，同时也利用电梯等现代科技手段，使游客的参观方式从传统的"向上攀爬"变成了"向下徐行"。这些无不体现了赖特作为建筑设计师，对如何颠覆传统博物馆设计理念，拉近艺术和参观者之间的距离，以及增强观看体验的深度思考。

与此同时，我们也看到，古根海姆博物馆的独特空间确实给策展人和工作人员提出了新的挑战：建筑设计师创造了一个轻松的空间，让参观者可以无拘无束地参观博物馆，这就需要

图 9-6
古根海姆博物馆内部的螺旋形展厅
© 古根海姆博物馆，纽约

9 建筑美学与博物馆 | 121

策展人和工作人员刷新现有的策展理念并探索更好的展陈方式，以便在这个非常规空间里收到最佳的展出效果。也正因如此，古根海姆博物馆成为现代策展理念的先行者，一个具有前瞻性的当代艺术博物馆。

如果说MoMA是通过最简明的展出方式，给观众提供一个与作品单独对话的机会，以此追求某种个人自我实现的愿景，那么古根海姆博物馆则是希望通过普遍的艺术语言将人们团结起来。用赖特的话来说，他的博物馆将定义"一个新的、更自由的公共博物馆概念"。[15] 是的，尽管古根海姆博物馆饱受争议，但是没有人可以否认它代表了一种跨时代的博物馆建筑新尝试。

古根海姆博物馆的建成，当然离不开所罗门·R.古根海姆对计划的支持和赖特自身名望的加持；但如果不是以斯威尼为代表的博物馆工作团队不断改进和突破原有的策展理念和展出方式，古根海姆博物馆可能也只会沦为一栋独特新颖的建筑，而无法成为一个先锋的博物馆。

相比之下，同时期的其他创意建筑就没有古根海姆博物馆这么幸运了，在古根海姆博物馆对外开放之后，其引发的争议甚至进一步提高了MoMA的传统空间设计在美国策展人和艺术评论家心中的地位。在之后的一二十年里，美国博物馆对"白色立方体"空间的追捧达到了一个空前的高度，新建美术馆都以一个"中性"的盒子空间作为标准模板。其中将这个标准贯彻得最彻底的要数艺术史学家阿尔伯特·埃尔森（1927—1995）。20世纪70年代，埃尔森作为加利福尼亚州纽波特艺术博物馆筹建委员会的发言人，将博物馆建筑主体设定为"一系列盒子空间"，并坚信这种空间设计将成为所有博物馆摆脱建筑

15.Levine, N. (1994). "Frank Lloyd Wright: Architect." *Journal of the Society of Architectural Historian*, 53(3): 343-348.

师的良方。[16] 最终这个"非建筑"的设想没有被认可,也许是因为没有建筑师愿意承接这个项目,也许是组委会认为没有人会去建造这样一组没有特色的"盒子",更不会有人愿意在其中工作或参观。

建筑师的空间理念、创始人的期许和工作人员对空间的实际需求三者的冲突,似乎是博物馆设计中一种不可调和的矛盾。但不可否认的是,不论 MoMA 强调的空间对作品和观众的尊重,柯布西耶强调的"标准化""性价比"空间架构理念,还是赖特的"有机建筑"理论,都在某种程度上体现了建筑师极力优化空间的决心。

随着博物馆产业化的持续发展,建造博物馆的热潮也逐渐从欧美涌向东亚、中东等新兴发展地区,而各地不同的文化习惯和工作方式,也使博物馆设计与需求的冲突不断发生着变化。尤其是在第二次世界大战结束后的几十年里,全球的文化交流已经成为一种常态,博物馆在展示自己已有藏品的同时,也要随时准备好迎接来自不同文化背景的其他作品。这无疑对建筑设计师和博物馆工作人员提出了新的考验,但也正是因为这种种挑战,将博物馆的策展理念和展出方式向着更科学化和人性化的方向推动。

16.Goldberger, P. (1975). "What Should a Museum Building Be?" *Art News*, 74(8): 33–38.

10 博物馆中的"审美崇拜"

20世纪最初的几十年见证了博物馆的全方位转变，其肩负的使命、展览理念、收藏体系及展陈方式都在这段时间内被重新诠释。这一系列转变反映了博物馆从18—19世纪提倡的"精英""贵族"式的形象，逐渐向"职业化""公众化"的形态转变。因为两次世界大战对欧洲的袭扰和美国"大众文化"土壤的助力，这一转变在美国显得尤为引人瞩目。然而博物馆内"职业化"和"公众化"的探索进度并不一致，甚至从20世纪40年代开始，策展人的职业化一度成为博物馆公众化尝试的一个阻力。

本章将主要关注20世纪初博物馆公众化的探索，探讨这一时期美国博物馆如何从积极公众化转向主张"审美崇拜"的精英化路线；并试图通过研究这种转变的深层原因，使读者对博物馆采取的不同文化立场有一个更全面的理解。

面向公众化的探索

前文中曾提到，波士顿美术馆的干事吉尔曼对博物馆的参观人群有明确的定位——中产阶级和精英人群，但其主要是基于当时博物馆运营层面进行的考量，即这些人群更可能以实际方式支持博物馆的日常运营。但是这并不代表吉尔曼主张将普通人拒之门外，他一直强调博物馆的民主化进程并不是一蹴而就的，而事实上，他所带领的波士顿美术馆也是当时积极推进"公众化"的博物馆之一。

波士顿美术馆自1909年搬入新馆后，采用了更能增强普通游客参观体验的展厅设计，也开发了非常多与展览相关的教育项目。因为察觉到"美育"在当时的美国教育体系中并没有受到足够的重视，吉尔曼在波士顿美术馆首创了"美术馆讲解员"制度，其目的是提供一种观看的陪伴，更好地服务来自不同文化背景的参观者。相比"展览手册"仅提供较为简略的展品信息，讲解员在详细介绍展品信息之余，还会提醒参观者留意艺术作品中值得关注的重要细节，使观众可以更为直观地感受到艺术作品的魅力，即我们今日所说的"艺术鉴赏"。[1]

"讲解员"制度一经问世就受到了极大的欢迎。1916年，当欧洲还笼罩在"一战"战火的阴霾之下时，波士顿美术馆已经拥有一支30人的讲解员团队，并已免费为超过4300名来自不同背景的参观者提供无差别的服务。在同一年里，美术馆还接待了约7000名来自收容所的孩子、近万名学生和他们的老师；美术馆同时还向波士顿的学校发放了总计约25 000件藏品的复制品，供他们用于课堂教学。[2]

---

1. Gilman, B. I. (2016). "Museum Ideals of Purpose and Method." *Museum Origins*, pp. 129–136. Routledge.

2. Hathi Trust (n.d.). "Annual Report of the Museum of Fine Arts Boston 41st-42nd:1916–1917." Available at: https://babel.hathitrust.org/cgi/pt?id=nnc1.ar00140058&seq=7 (Accessed: 20 July 2023).

之后，波士顿美术馆还十分慷慨地于1918年取消了入场费，随后参观人数很快就翻了一番；到了1924年，也就是吉尔曼离开波士顿美术馆的前一年，美术馆的年参观人数已超过了40万。为了给没有任何专业知识背景的参观者提供更好的观看体验，吉尔曼还特意写了一本不含任何专业术语的展品介绍手册，供参观者购买使用。

除了波士顿美术馆，亨利·沃特森·肯特（1866—1948）带领下的纽约大都会艺术博物馆和约翰·科顿·达纳创建的纽瓦克博物馆也是同时期致力于博物馆公共教育探索的先行者。[3]

由于第一次世界大战后人们对博物馆期待的转变，博物馆纷纷开始将更多的公众参与作为预设目标；尤其到了20世纪30年代，吉尔曼创立的博物馆教育制度在美国各地得到广泛应用。例如，美国俄亥俄州的托莱多美术馆在1936年的报告中就明确将打造社区艺术教育中心作为美术馆的年度目标，致力于引导更多的市民接触艺术；并且倡导将艺术应用于日常生活中，使人们可以学会辨别生活中接触的画作、雕塑和音乐的优劣。托莱多美术馆希望更多普通人可以享受观看艺术和聆听音乐的乐趣，为了实现这一目标，美术馆举办了一系列面向各种背景、所有年龄段的艺术论坛、讲座等教育活动。[4]除此之外，美术馆还开设了专门针对五岁以上孩子们的音乐和艺术鉴赏实践课程，针对女性群体的服装和室内装饰课程，针对百货商店采购员和销售人员的课程，针对设计师的课程，以及面向裁缝、花店、建筑师和家具经销商的色彩和设计课程；同时还定期举办音乐会和电影鉴赏活动。

然而这种公共教育的积极尝试并没有持续很久，因为20世

3. Tomkins, C. (1991). "Merchants and Masterpieces: The Story of the Metropolitan Museum of Art." *Journal of Aesthetics and Art Criticism*, 49(2).

4. McClellan, A. (2003). "A Brief History of the Art Museum Public." *Art and its Publics: Museum Studies at the Millennium*, pp. 1–49. Wiley-Blackwell.

纪 30 年代博物馆工作的日益职业化和职能细分，欧美博物馆管理艺术品和公共教育的职业也开始从最初的单一岗位拆分为职业策展人和教育工作者。这种转变不可避免地造成了博物馆内部的立场分化：教育工作者和讲解员更多关注与普通游客之间的互动，而策展人则更多需要对博物馆的展品负责。

也因为这种职业化细分，这一时期对策展人的评判标准也普遍基于单一的学术标准。哈佛大学艺术学院的教授、哈佛福格艺术博物馆馆长、MoMA 的创始人之一保罗·萨赫斯（1878—1965）就极力主张博物馆应该通过开展一定的学术研究来确保自身价值的完整性。1939 年 MoMA 开幕前，他在一次聚集了博物馆组委会和相关政要的会议上曾强调："我们应该时刻警惕和抵制艺术作品的庸俗化，因为我们错误地认为通过这种方式可以接触到大众，但是这样最终只会导致平庸和博物馆创立之初伟大理想的解体……现代博物馆要对广大公众负责，但通过为精英群体的服务，他将更容易实现预设的目标……"[5]

"审美崇拜"

毋庸置疑，这种评判标准势必会导致博物馆关注的人群不再是普通参观者，而转向收藏家、学者、评论家和各种博物馆专业人士。在当时大多博物馆都在强调欢迎更多普通人参与进来的时候，萨赫斯却一再呼吁提高博物馆的参观门槛；他还表示未来博物馆面向的应该是学者群体，发挥学习、教学和研究的功能。除此之外，作为博物馆精英化的坚定反对者，达纳对

5.Sachs, P. J. (1939). "Why is a Museum of Art." *Architectural Forum Sep*, p. 198.

图 10-1
萨赫斯在哈佛大学的福格艺术博物馆内进行意大利壁画教学，美国几乎一代博物馆馆长和策展人都曾师从于他
摄影：乔治·伍德拉夫

策展人的职业化进行了公开抨击，称策展人是"迷恋稀有物品的人们"，迷失在自己的专业中，忘记了博物馆建立的真正目的是什么。[6]

西奥多·刘易斯·洛（1915—　）是萨赫斯的学生，他作为一名博物馆教育工作者（当时多数博物馆教育工作者都是女性，洛这类高学历男性博物馆教育工作者在当时只占到极少数）曾于 1942 年撰文哀叹美国博物馆未能兑现其创立初期的民主承诺，并将这种失约归咎于诱人的"收藏和学术魅力"。洛解释这种现象的出现是因为以欧洲艺术史为基础建立的博物馆模式天然地使收藏和学术之间存在某种共同利益，随着策展人岗位的逐步学术化，这种共同利益会驱使博物馆把面向普通人群的教育功能隔离在外，使公众教育成为一种"必要但是被孤立、且不受欢迎的存在"。[7] 在随后的一二十年里，这种情况一直没有得到任何改变，甚至随着策展人职能在博物馆内日益受到重视，展厅内的"教学和解释"渐渐被视为某种从神圣到世俗的沦丧。

6.Dana, J. C. (1917). *The Gloom of the Museum* (No. 2). Elm Tree Press.

7.Low, T. L. (1942). *The Museum as a Social Instrument*. Metropolitan museum of art for the American association of museums.

128 ｜ 博物馆简史

与此同时，洛还指出这种现象的另一根源在于当时的艺术史课程对鉴赏能力的狭隘关注。尽管吉尔曼和达纳等美国知名博物馆管理者有着非常强大的行业影响力，但是他们都没有涉足博物馆学科的高等教育领域。所以在美国艺术高等院校内，以萨赫斯为代表的"职业策展人"理念占据了教学的主导地位，一系列课程安排都更倾向于培养"鉴赏家"以从事策展工作。[8] 萨赫斯对策展人的职能和规划做出了有限但可行的承诺，培养出了一批杰出的职业策展人——如 MoMA 的第一任馆长阿尔弗雷德·巴尔（1902—1981）等一代美国博物馆人和策展人都曾师从于萨赫斯，也为后来策展人的进一步职业化开拓了道路。

对于这种发展趋势，大都会艺术博物馆的馆长弗朗西斯·亨利·泰勒（1903—1957）提出了和洛极为相似的观点，他称"相比欧洲所有民族，美国人拥有一个更好、更自然且更少偏见的机会让博物馆对公众有意义，但最终失败了"。他认为美国的博物馆正在和普通人渐行渐远，如果没有公共教育的支撑，普通民众虽然有参观博物馆的机会，却很难再从中得到专为他们提供的东西，而这一切都源于博物馆不再试图解读自己的收藏，分享艺术品在创作时的特定意义，而是故意给艺术戴上高帽，并称之为学术。然而话说回来，公众和艺术品之间的平衡依赖于博物馆内部权力结构的和谐共处，这对于当时的美国博物馆生态而言并不是轻易可以实现的。[9]

不过总体来说，美国博物馆的公共教育和与社会的连接在20世纪30年代仍然得到了飞速的发展，其中一大助力来源于美国大萧条（1929—1933）给公共机构带来的巨大社会压力。正如 1932 年保罗·马歇尔·雷（1878—1948）在其非常有影响力

8.Low, T. L. (1948). "Educational Philosophy and Practice of Art Museums in the United States." *Teachers College Record*, 49(7): 1-8.

9.Taylor, F. H. (1945). *Babel's Tower: The Dilemma of the Modern Museum*. Columbia University Press.

的研究报告《博物馆与社区》中提及的，博物馆应该向公众提供更多的服务，以换取政府财政的支持。尽管不少博物馆并不情愿，但碍于对政府财政支持的依赖，表面上仍然持续发挥着公共教育的职能，虽然事实上教育职能在博物馆内部早已沦为从属地位。[10]

总而言之，在第二次世界大战前，欧美的公立博物馆都在探索如何让他们的藏品更贴近大众，但是最终的结果却截然不同。MoMA 的教育主管维克多·阿米克（1904—1987）和布鲁克林博物馆馆长菲利普·纽维尔·尤茨都曾提及这样一个观点：艺术是一种文化和社会的表达，没有社会背景，艺术就没有意义；这种将艺术和生活完全割裂开来的趋势，也只有通过一种强调艺术和社会之连接的新型艺术教育才能改变。[11] 这一观点显然与当时职业策展人所强调的"审美崇拜"是背道而驰的。一些理念先进的博物馆或许可以在强调艺术鉴赏的同时兼顾对公众的教育功能；但对于多数博物馆而言，它们并无力做到这一点，而选择艺术鉴赏的"审美崇拜"，让普通观众崇拜艺术，显然是博物馆更容易达成且更能满足组委会和赞助人期待的一种立场。

无法逆转的趋势

诚然，当时博物馆职业策展人和教育工作者职能分化的趋势已经无法挽回，二者却在一个重要的问题上达成了一致：对展厅内任何"异物"的抵触。截至 20 世纪 30 年代，各种研究

10.DiCindio, C. and Steinmann, C. (2019). "The Influence of Progressivism and the Works Progress Administration on Museum Education." *Journal of Museum Education*, 44(4): 354–367.

11.d'Amico, V. (1940). "The Museum of Art in Education." *Art Education Today*, 16(3): 51–57.

已经证明了传统美术馆中纷杂的室内装饰和拥挤的作品陈列，会强化参观者观看的疲劳感，使他们在参观过程中无法集中注意力。甚至在追求"白色立方体"式的极简展厅中，不论是讲解员的存在还是墙上的任何解释性文字，也都被视为某种会破坏参观体验的潜在干扰。包括讲解员制度的开创者本杰明·吉尔曼也对这种制度并不推崇，尽管最初提出这一制度是出于博物馆对公共教育负有责任的考虑，但他还是希望有朝一日参观者不再需要这些辅助工具。[12] 因此，为了尽量不破坏展厅内部的"纯净"氛围，这一时期的美国博物馆都在极力减少展签和介绍性文字的使用，或者缩小这些辅助工具的尺寸。

不过这种做法也招致了很多批评的声音，不少社会学者称这种做法主观地忽略了博物馆参观人群的差异性。第二次世界大战后，一份关于英国博物馆的行业报告指出，大多数游客并不知道如何欣赏作品，普通观众只是毫无头绪地在作品之间徘徊，并不会停下来认真地观看一件作品。尽管如此，博物馆工作人员仍然坚持自己的专业立场。1945 年，英国国家美术馆馆长肯尼斯·克拉克（1903—1983）表示："面对艺术作品时重要的是我们的直接反应，我们不应该把画作视为文件。我们不想了解他们，我们想欣赏他们，而各种注解往往会干扰我们的直接反应。"[13] 甚至几年后，哈佛大学福格艺术博物馆的馆长约翰·柯立芝（1906—2000）也仍然表示："解释一件艺术品的主要方法是展示它。"[14] 这种对作品解释性说明的极力排斥，一直持续到音频指南和多媒体技术的加入（1952 年，音频导览首次被应用于阿姆斯特丹市立博物馆）才得到一定的缓解。[15]

到了 20 世纪中期，公共教育已经在欧美各地的博物馆扎下

---

12. Gilman, B. I. (2016). "Museum Ideals of Purpose and Method." *Museum Origins*, pp. 129–136. Routledge.

13. Clark, K. (1945). "Ideal Picture Galleries." *Museums Journal*, 45(8): 129–134.

14. Zolberg, V. L. (1981). "Conflicting Visions in American Art Museums." *Theory and Society*, 10: 103–125.

15. Schavemaker, M. (2011). "Is Augmented Reality the Ultimate Museum App? Some Strategic Considerations." American Alliance of Museums.

10 博物馆中的"审美崇拜" | 131

了根，但博物馆组委会和职业策展人所秉持的"审美崇拜"并没有任何改变的迹象。不夸张地说，甚至在一些博物馆工作人员眼中，公众本就是一个令人讨厌、可以容忍但不能放纵的群体。例如20世纪30年代维多利亚和阿尔伯特博物馆馆长埃里克·麦克拉根和美国国家美术馆馆长约翰·沃克都曾表示，在博物馆里，普通参观者的出现会给工作人员造成极大困扰；而相比之下，鉴赏家和收藏家则是令人非常省心的客户群体。沃克馆长甚至毫不掩饰地直言他送走最后一批博物馆游客时的心情："当门关上时，策展人会变成一个王子，独自漫步在自己的宫殿里，而这种快乐似乎是专门为他设计的，且任何世俗生活提供的快乐都无法与之相比拟。"[16]

如果说19世纪的博物馆展览给人留下的印象总是熙熙攘攘的人群，那么20世纪"空镜"拍摄手法的运用则使展览得以从策展理念上摆脱参观的游客。同时，博物馆等文化机构还通过"预览"的形式邀请策展人、艺评人获得提前观看和评论新展览的特权。[17] 这些举措无不体现着博物馆对"审美崇拜"理念的强调。尽管可能不是刻意为之，但博物馆"审美崇拜"理念的异军突起确实打击了美国以大众文化为土壤创造出来的民众参与公共活动的热情，博物馆对普通人的吸引力因此被极大地削弱了。这种现象在英国也同样存在，根据1946年的报告，在过去的20年时间里，博物馆的参观人数下降了四分之一。洛在1948年针对大都会艺术博物馆的报告中也指出：大都会艺术博物馆的游客绝大多数都来自"上层社会"，原本面向全体人群开设的公共教育服务也为"上层社会"所垄断，一系列公共服务并没有办法惠及所有人。[18]

16. Walker, J. (1974). *Self-Portrait with Donors: Confessions of an Art Collector*. Little Brown.

17. O'doherty, B. (1999). *Inside the White Cube: The Ideology of the Gallery Space*. University of California Press.

18. Low, T. L. (1942). *The Museum as a Social Instrument*. Metropolitan Museum of Art for the American Association of Museums.

图 10-2
19 世纪版画描绘的 1841 年大英博物馆内的场景往往是展品和熙熙攘攘观展的人群，而观众并不出现在 20 世纪理想的展厅场景里
© 韦尔科姆收藏馆，伦敦

图 10-3
2011 年纽约古根海姆博物馆展览"李禹焕：标记无限"空镜图
摄影：大卫·希尔德
© 所罗门·R. 古根海姆基金会

10 博物馆中的"审美崇拜" | 133

艺术史还是人类学？

除此之外，还有一个因素也实际推动了尤茨描述的"审美崇拜"在博物馆中的盛行——学科分类。博物馆学作为一门19世纪末才开始逐渐系统化的学科，其不少研究领域与其他既有学科都有一定的重合，其中以考古学和人类学最为突出，尤其是针对他族文化藏品的研究。

20世纪初，西方艺术博物馆在讨论自身文化背景优点的同时，也在考虑如何吸收世界其他地区的艺术文化。但有限的认知决定了其针对他族的研究往往停留在了解层面，并无法做到深入。因此欧美博物馆早期针对其他文化的理解和展示多数都是通过人类学视角来实现的，例如1909年后在波士顿美术馆搬至新馆后，欧洲绘画被重新安装在干净、现代的画廊中；但来自日本的重要展品依然陈列在拥有日本花园和水池的展厅内：纸质的窗纱、昏暗的灯光、奈良时期柱子和支架的复制品，加上水池里的金鱼、耙沙和石灯笼，为一批日本藏品提供了一个"合适且自然"的环境。[19] 这种对展品原始语境的描绘，完美切合了亚洲艺术学者欧内斯特·费诺罗萨和阿兰达·考马拉斯瓦米（1877—1947）提出的博物馆教育哲学。在同时代的多数学者还停留在单纯关注藏品的美学价值时，考马拉斯瓦米强调还应该鼓励文化理解层面上的审美欣赏，倡导艺术解读的"人类学方法"，希望通过教育帮助博物馆游客透过类似于母文化的视角看待其他文化。[20]

相似的现象还发生在西方对非洲艺术的研究上，尽管古典时期的非洲文明实际影响了古希腊和古罗马文明（如古埃及

19.Thompson, D. V. (1970). "MUSEUM OF FINE ARTS, BOSTON: A CENTENNIAL HISTORY, by Walter Muir Whitehill." *New England Quarterly*, 43(3): 520.

20.Coomaraswamy, A. K. (1941). "Why Exhibit Works of Art?" *The Journal of Aesthetics and Art Criticism*, 1(2/3): 27–41.

图 10-4
波士顿美术馆日本佛像展厅，拍摄于 20 世纪 10 年代
© 美国国会图书馆，华盛顿

文明对基督教的影响），但是自中世纪以来直到 20 世纪初，非洲留给世界其他地区的印象往往还是"野蛮""原始"和"落后"的。当然，也有一些先锋艺术家、学者和特立独行的收藏家对非洲艺术青睐有加，如毕加索、阿尔弗雷德·斯蒂格利茨（1864—1946）、罗杰·弗莱和阿尔伯特·巴恩斯（1872—1951），但是直到 20 世纪 60 年代，针对非洲艺术的研究才逐渐从自然或民族志博物馆转移至艺术博物馆中。

在非洲艺术被排斥在"主要艺术形式"范畴外几十年后，专注于非洲艺术研究的机构和学者首先关注的问题，就是如何强调以前被忽略的非洲传统物品的美学力量。对于西方学者而言，诠释非洲艺术并不是一件容易的事情，因为传统西方艺术话语中的专业术语如"雕塑""绘画"的定义并不完全适用于非

10 博物馆中的"审美崇拜" | 135

洲文化，有时甚至与物品及制作者的意图不一致；甚至连"艺术"一词在传统非洲思想或语言中都没有准确的界定。所以将西方美学惯性强加给非洲物品，势必会扭曲我们对这些物品及产生这些物品的文化多样、地域分散的社会的理解。

1982年，苏珊·沃格尔（1942— ）在大都会艺术博物馆举办了第一个非洲艺术展。区别于以往的非洲主题展，沃格尔在

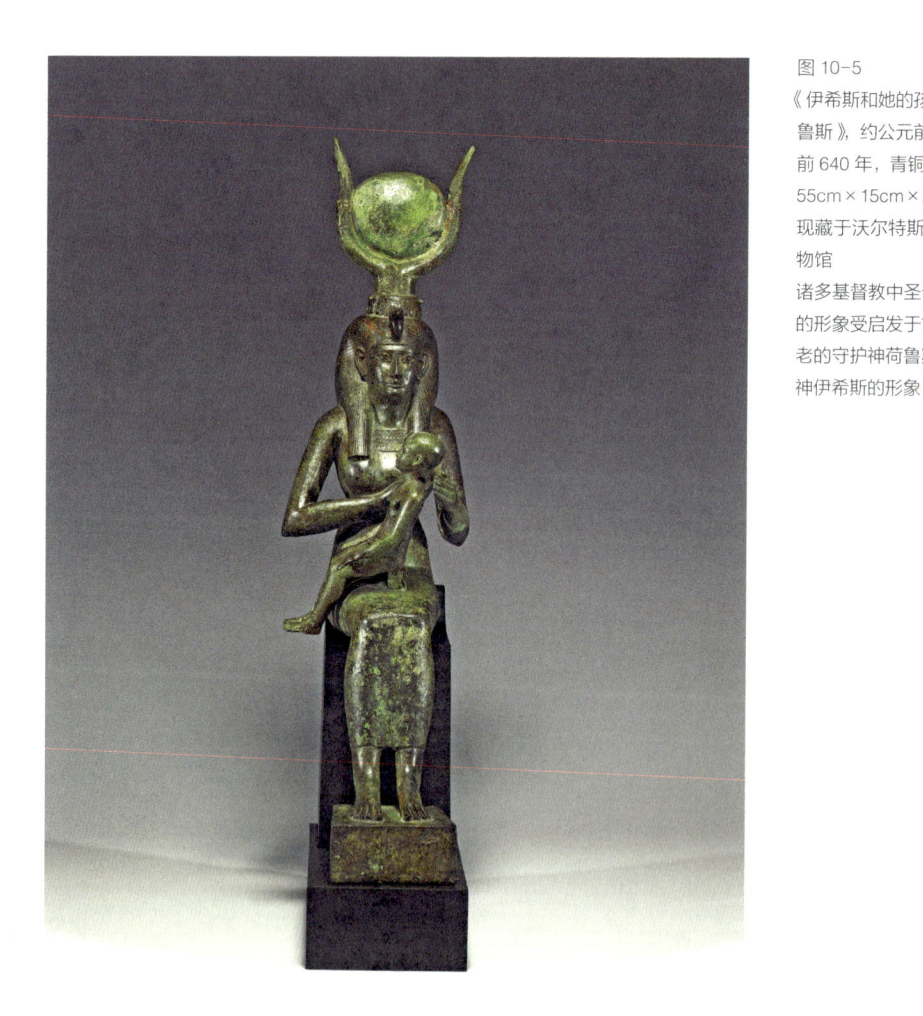

图10-5
《伊希斯和她的孩子荷鲁斯》，约公元前680—前640年，青铜和银，55cm×15cm×23.5 cm，现藏于沃尔特斯艺术博物馆

诸多基督教中圣母和圣子的形象受启发于古埃及法老的守护神荷鲁斯和其母神伊希斯的形象

此次展览中并没有使用任何人类学博物馆常用的人体模型、介绍图片和配乐，而只是简单地展示作品。她试图以这种方式强调在艺术博物馆的背景下，非洲文化也应该像其他西方文化一样以艺术的形式呈现，鼓励对其的审美欣赏，而将其社会功能和人类学意义放在较为靠后的位置。展览结束之后，沃格尔坦言说曾打算适当使用照片和音乐，但因为考虑到大都会艺术博物馆的整体艺术氛围，为了不使非洲艺术展览被视为人类学展览，最终只能作罢。[21]

事实上，这种不同学科之间对博物馆"话语权"的争夺并不仅限于非洲艺术。20世纪30年代，普林斯顿大学艺术和考古系教授弗兰克·杰威特·马瑟（1868—1953）就曾对当时博物馆展厅内部日益简化的展陈方式进行了严厉抨击，如质问在介绍宗教画时为什么不播放弥撒，不论是通过口头还是留声机。[22]他说，尽管西方艺术源于古典时期的希腊和罗马文明，但现代欧美人对这些文化了解多少？又有多少参观者对古罗马时期的石棺或者中世纪的圣骨匣背后的故事和文化有所了解？正如马瑟所强调的那样，许多西方学者称情景装置被普遍使用在跨文化交流中，是因为观众对外来文化的不了解；但其实多数普通观众就连对西方艺术的了解也极为模糊，甚至对19世纪的印象派绘画，绝大多数崇拜者也仅有较为笼统的认识。

1997年，格拉斯哥博物馆举办了一场印象派展览，展出了还原沙龙风格的实景装置、当时的服饰，还还原了莫奈小船上的工作室内部场景。但是这种呈现方式受到了当时媒体的嘲弄。[23]除此之外，法国某学术机构也曾提议通过增设视听辅助设备、一列19世纪的火车、当时工人的工具，以及米勒和梵高的画作，

21. Vogel, S. (1982). "Bringing African Art to the Metropolitan Museum." *African Arts*, 15(2): 38–45.

22. Mather Jr. , F. J. (1930). "Atmosphere vs. Art." *Atlantic Monthly*, 146: 171–77.

23. 格拉斯哥博物馆隶属于苏格兰格拉斯哥的博物馆和画廊集团。集团下辖包括格拉斯哥现代艺术博物馆在内的12座博物馆，共拥有160万件物品，包括6万多件艺术作品、20多万件人类历史藏品、2.1万多件与运输和技术有关的物品以及58.5万多件自然历史标本等。O'Neill, M. (2003). "The good Enough Visitor." *Museums, Society, Inequality*, pp. 44–60. Routledge.

10 博物馆中的"审美崇拜" | 137

使奥赛博物馆成为一座充满活力、同时承载历史的博物馆。但这个提案同样受到了当时博物馆策展人的反对，首席策展人弗朗索瓦斯·卡钦（1936—2011）更直白地表示："我们拒绝将博物馆变成一本有插图的历史书。"[24]

即使在20世纪末，批评者也认为"语境主义"支持者将其作用过分夸大了。[25] 例如，史蒂芬·格林布拉特（1943— ）认为，如果尝试通过社会学的方式来解读19世纪法国先锋艺术杰作的诞生，只会损伤其艺术性。他感叹道，这种试图产生文化共鸣的过程其实是以牺牲艺术的视觉美学为代价的。[26]

"民主化"是博物馆自创立初期就坚持的一个理想，但它并非一直是所有博物馆从业者的共同目标。博物馆的结构和人员配置中包含了收集、保存、展示和教育目标之间的紧张关系。在某种程度上，策展人是被培训和雇佣来照顾他们的藏品的，他们只需要对藏品负责，并不需要对公众负责。而公共教育工作者作为一个20世纪刚刚出现的职业，在最初的几十年里往往被认定的形象也局限于女性或者社区志愿者，这就注定了他们在当时博物馆内部人员结构中处于从属地位。而艺术品的稀有性和价值更加剧了策展人与教育工作者之间的紧张关系。大都会艺术博物馆馆长菲利普·德·蒙特贝罗曾直言不讳地承认："对我来说，观众是第二位的……我们的首要责任是（展示）艺术。"[27] 同时，由于"审美崇拜"在博物馆相关学科领域中长期以来占据的主导地位，同时代艺术相关的学科特点也被带入博物馆对公众的关系里，而这种美学理念显然较其他相关学科（如人类学和社会学）离普通人更远。

然而不可否认，如果没有私人捐助者和藏家的支持，公共

24. Schneider, A. K. (1998). *Creating the MusŽe d'Orsay: The Politics of Culture in France*. Penn State Press.

25. 在认识论中，语境主义强调知识主张的真实条件随着这些主张的提出而变化，强调行为发生的背景。语境主义的支持者认为，在某些重要方面，行动、话语或表达只能相对于语境来理解。

26. Greenblatt, S. (1990). "Resonance and Wonder." *Bulletin of the American Academy of Arts and Sciences*, 43(4): 11–34.

27. Tassel, J. (2017). "Reverence for the Object: Art Museums in a Changed World." *Harvard Magazine*, September-October 2002. Available at: https://www.harvardmagazine.com/2002/09/reverence-for-the-object-html (Accessed: 20 July 2023).

博物馆就很难存活。在大部分创立不久的博物馆里，收藏家和赞助人享有毋庸置疑的特权，博物馆人并无力与这种"起源"的力量相抗争。博物馆同样也需要和学者保持良好的关系，以共同促进相关的研究。但必须说明，不论是私人捐赠者、藏家还是职业策展人、学者，都不是站在公众对立面的敌人。博物馆的发展本身就是一个不断调整定位，以满足社会各界对它提出的需求和期望的过程，而这一过程注定是渐进和不均衡的。博物馆从业者对"公众化"的探索，虽然不像策展理念或者展陈方式那样，在短期内就达到一个令人满意的结果，但他们显然从未放弃过探索的步伐。同时随着历史进入 21 世纪，因为数字技术的高速发展和博物馆面向群体的日益复杂化，即使再保守的博物馆和文化机构也无法做到忽略公众的存在，博物馆的民主化已在科技的加持下悄悄加快了步伐。

11 中国博物馆简史

在过去 100 多年的时间里，中国博物馆行业实现了飞速发展，由最初直接学习西方的博物馆架构和学科体系，到后来逐渐开始探索属于自己的文化之路，其中不乏一些值得我们关注和讨论的现象。本章将简单回顾近代中国博物馆的发展历程，以及 1935 年中国首次自主参与国际文化交流的经历。以此了解 20 世纪的先行者为中国博物馆发展所做的尝试和努力，或许对我们将来的博物馆建设和研究有所启发。

中国博物馆简史

如果尝试回溯中国博物馆的历史，我们不难发现其发展进程与西方博物馆有着惊人的相似之处。通过考古挖掘，我们已经发现早在公元前 11 世纪后期的周王朝，就已出现在祭祀先祖的神庙里供奉珍宝的行为，这与欧洲博物馆起源于古希腊"缪斯的神庙"几乎如出一辙。中国历史上有记载的第一次展览行为发生在公元前 478 年的山东曲阜，在孔子（前 551—前 479）

去世后的第二年，孔子的故居被改建为庙宇，接受他的弟子和信徒的供奉，其生前使用的衣冠、车服和礼器也在这里被展出。

中国封建王朝的历代皇帝都建有独立的空间来存放他们专属的文物珍宝，并设有专门的官员来看管。民间私人收藏从宋代开始也得到了蓬勃的发展。与此同时，针对收集物品的研究也迅速兴起，相应的参考书目和珍宝鉴定研究也取得了诸多成就。北宋作为中国历史上学术创新频出的时代，搜集鉴赏古物、考证古代文字、通过石刻铭文追溯历史，成为当时文人学者的流行风尚，金石学由此应运而生。从欧阳修（1007—1072）《集古录》开始，两宋问世的金石收藏、鉴赏书籍近30类，总体而言，中国在文物的整理和登记方面在1000年前就已经取得了一定成就。

在过去的2000多年里，中国皇室和民间都涌现出了大量活跃的"收藏家"，有关收藏体系和典藏技术的研究也处于较为活跃的状态。但直到19世纪末，中国都还没有出现现代意义上的博物馆。中国国家博物馆终身研究员苏东海（1927—2021）对此的解释是：博物馆的现代感是工业文明的产物，原始意义上的展览场所只有经历了现代科学和民主的考验才可能变成现代博物馆。[1]

大约在19世纪60—70年代，处于清王朝统治下的中国开始了社会现代化的探索，建立西方风格的博物馆被认为是"发展人民智慧"的有效措施，但这个阶段学界对博物馆的探索仍停留在理论层面，博物馆的建造并没有得到清政府实际意义上的支持。不过当时欧洲人在中国建立了一些博物馆，如1868年法国传教士韩伯禄（1836—1902）在上海建立的当时东亚最大

[1]. Donghai, S. (1995). "Museums and Museum Philosophy in China." *Nordisk Museologi*, 2 :61.

的自然博物馆——徐家汇博物馆，1874 年英国人在上海建立的亚洲文会博物馆（虎丘路 20 号，现址为外滩美术馆）。然而这些博物馆并没有得到当时政府的支持，社会影响力也极其有限。

张謇（1853—1926）是中国本土博物馆探索的先驱，他曾于 1903 年应邀参观日本第五次国内工业博览会，借机参观了不少日本的博物馆。在结束日本之行后，他尝试将日本的博物馆模式引入国内，但他主张效仿日本皇室收藏博物馆在北京建造一所皇家博物馆的提议，并没有被清政府采纳。最终张謇于 1905 年自费创立了中国第一家私人博物馆——南通博物苑。南通博物苑创立的直接目的在于辅助学院教育，科普科学知识，启迪民智，救亡图存。他的这次尝试同时也开启了中国近代博物馆探索的新时代。

1914 年对外开放的故宫古物陈列所（1914—1948）是中国第一家国立博物馆，同时也是中国第一家宫廷博物馆、艺术博物馆。古物陈列所位于故宫的外朝部分，最初只是位于武英殿用于保管清朝皇室奉天、热河两处行宫内珍宝的安置点，自对外开放后其规模不断扩大，逐渐涵盖了文华殿、太和殿、中和殿、保和殿等宫殿。古物陈列所是辛亥革命后中国博物馆的一次重要探索，在 20 世纪初长期作为国家博物馆发挥作用，而自 1912 年开始筹备的国立历史博物馆直到 1926 年才对外开放。（古物陈列所之所以未被冠以博物馆的名称，是因为当时中国将艺术类博物馆统称为"陈列所"，为 gallery 的意译；而将自然科学类博物馆称为"博物馆"，即 museum。）[2]

据统计，到 1928 年中国博物馆的数量已达到 10 家，其中意义最为重大的就是前皇家居所——1925 年 10 月 10 日首次对

2. 段勇 (2004)：《古物陈列所的兴衰及其历史地位述评》，载《故宫博物院院刊》第 5 期，第 14—39 页。

外开放的故宫博物院。到了1936年，国内博物馆数量已达到77家，平均每年增长29%。1935年，以博物馆学研究为宗旨的中国博物馆协会成立，并先后出版了《中国博物馆指南》《博物馆出版物目录》以及其他一系列博物馆相关出版物。20世纪30年代是中国博物馆充满希望和博物馆学在中国兴起的10年，尽管起步较晚，但也收获了当时社会各界的广泛关注。据统计，1928—1934年间，古物陈列所共接待社会各界人士42万余人次。与此同时，中国博物馆也尝试将中国文化带出国门，参与国际活动。

中国第一次自主出现在世界文化展览舞台上是参加1935年的伦敦中国艺术品国际展览会。1912年清朝末代皇帝退位后，隐藏在紫禁城城墙后和各个皇家居所中数百年的皇家藏品首次向外界展露；随着古物陈列所和故宫博物院的陆续成立，全球的中国文化爱好者也有了近距离观看中国古代文物和珍宝的机会，欧洲也掀起了一股不小的研究中国文化的风潮。1932年，以东方艺术崇拜者珀西瓦尔·戴维爵士（1892—1964）为首的一批英国艺术爱好者提议在伦敦举办一场全面展现中国艺术的展览。1934年，中国政府就举办这样一个展览进行了正式讨论，相关部门在经过长时间的审议后决定参加这次展览。

展览于1935年11月28日至1936年3月7日在英国皇家艺术学院举办，展出了780多件中国政府收藏的作品，另外还有约2400件来自其他国家的中国藏品。来自故宫博物院、国家博物馆、中央研究所、河南博物馆和安徽图书馆以及敦煌的一系列青铜器、玉器、陶瓷、绘画和雕塑等文物，有计划地被展出，展览规模之大、学术梳理之全面，使其在欧洲反响空前，为中国艺术研究提供了一定借鉴，并促使西方学界开始将中国艺术史作为一个独立的知识领域进行研究。对当时的中国而言，这次展览同样是一次成功的宣传，展览期间中国艺术受到了欧洲媒体的普遍好评，英国媒体发表了许多论文和报道，普遍赞扬了中国艺术和文明的独特性。[3]

20世纪30年代之后，由于战火的侵扰和政局的不稳定，中

3.Fan, L. (2012). "The 1935 London International Exhibition of Chinese Art: The China Critic Reacts." *China Heritage Quarterly*, pp. 30–31.

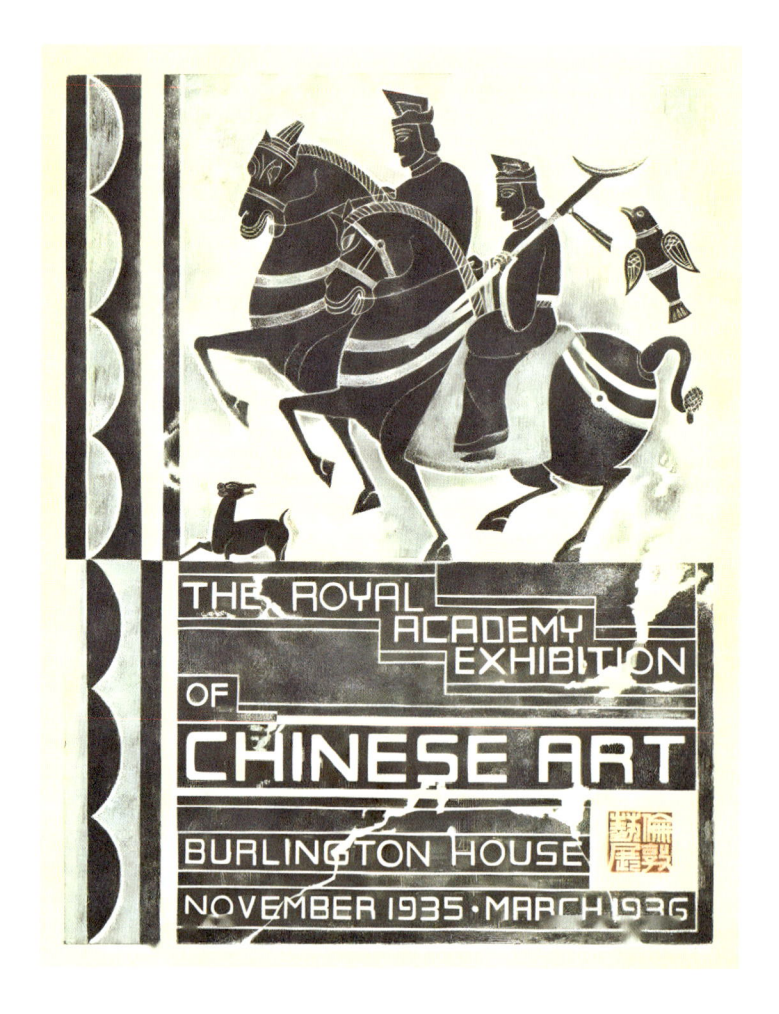

图 11-1
1935 年伦敦中国艺术展海报
© 英国皇家艺术学院，伦敦

国的博物馆发展进入了一个较为缓慢乃至停滞的阶段，直至新中国的诞生。

1949年中华人民共和国成立后，中国政府非常重视博物馆的发展。时任文化部部长的茅盾（1896—1981）专门针对地方博物馆的建设、任务、性质和发展方向做了指示工作。新中国成立时，中国大陆只剩下21家博物馆；但根据1952年的统计，全国省级和市级以上博物馆的数量已增至40家。在第一个五年计划（1953—1957）结束时，博物馆总数已增至72家。除青海省和西藏自治区外，各省几乎都建立了自己的博物馆，已基本改变了旧中国时期博物馆只集中在少数几个大城市的不平衡状况。1959年，在新中国成立10周年之际，由政府出资建设了一系列国家级博物馆，如中国历史博物馆、中国革命博物馆（中国历史博物馆和中国革命博物馆于1969年合并为中国革命历史博物馆，2003年在两馆的基础上正式组建中国国家博物馆）、中央自然历史博物馆（现国家自然博物馆）和中国军事博物馆（后定名为中国人民革命军事博物馆）。

1978年改革开放后，中国博物馆迎来了一个高速发展阶段。在1979年召开的全国博物馆工作会议上，中国政府颁布了《省、市、自治区博物馆工作条例》，着重强调了博物馆作为收藏、教育和科研机构的社会角色，同时明确博物馆是中国社会主义科学文化事业的重要组成部分。也正是在这个阶段，中国的博物馆开始朝着一个功能化和多元化的方向发展。统计数据显示，自1980年到20世纪末，中国共建成了超过1000家博物馆。在1980年至1985年间，每10天就有一个新的博物馆建成，特别是在1984年，仅一年的时间里就新增了约150家博物馆。自20

世纪 80 年代末以来，博物馆数量的增长速度有所放缓，但仍保持着 10% 左右的年增长率，截至 1993 年底，中国各级政府资助和监督的博物馆达到 1130 家，全国各类展览文化机构数量已经多达 1600 家。1982 年，中国博物馆学会（简称 CSM）成立。此外，随着中国 1984 年正式加入国际博物馆协会，中国的博物馆也越来越频繁地现身于国际文化交流活动中。

进入 21 世纪后的 20 余年里，中国博物馆业呈现出爆发式增长趋势。这一时期的博物馆发展主要得益于地产行业的发展及私人艺术收藏系统的支持。一些新兴的地产企业将美术馆、画廊、艺术家工作室等不同艺术项目植入传统的地产项目中，

图 11-2
1958 年 10 月，中央革命博物馆天安门广场东侧新馆启动，1959 年 8 月工程竣工，成为新中国成立十周年之际首都十大建筑之一。1959 年 10 月，"中国通史陈列"公开预展
© 中国国家博物馆，北京

构建了多个新兴的文化地产品牌。许多国内外藏家也希望通过建立私人博物馆和艺术中心向公众展示自己的收藏，他们成为新兴而强有力的民营博物馆力量。中国第一家正式挂牌的民营博物馆——北京今日美术馆就是在这样的背景下向公众开放的。

国家文物局发布的报告显示，2023年全国博物馆接待游客观众约12.9亿人次，全国博物馆总数达到6833家。同时人们已经习惯了在大型展览外排长队，不用出国就可以看到他国的珍藏，博物馆也逐渐成为人们出行或旅游目的地选择的重要参考因素。

伦敦中国艺术展

19世纪中期，仍在清王朝统治下的中国被迫开始与世界其他文明交流，在之后长达数十年的时间里，如何自主地向全世界展示自身文化，一直都是困扰当时中国学者的一个难题：如何对外诠释中国文化？如何将中国传统文化中的精髓有效地传递给对此并不了解的人群？到了1930年代，伴随1935年伦敦中国艺术国际展览筹备工作的展开，这个问题更一度成为当时学者讨论的焦点。

当中国收到英国的展览邀请时，不少政治家和文化学者对此抱有不信任的态度，但出于在全球化背景下重新解释和定义自身文化和艺术的迫切需求，中国政府最终决定应邀参加展览。时任中央研究院院长、国际交流办公室主任的蔡元培（1868—1940）和时任中央研究院研究员的林语堂（1895—1976）是此

图 11-3
董源,《龙宿郊民图》,五代,绢本设色画,156cm×160cm
现藏于台北"故宫博物院"

次展览的重要倡导者之一，他们认为借助对外的文化交流，有望将中国文化艺术提升到与西方艺术同等的国际地位，并促进更广泛的跨文化交流和理解。

然而，一系列迹象表明，欧洲人对中国传统艺术和文化的认知仅停留在相当基础的层面，展览筹备期间不论是对展品的分类还是对展签的注释，都出现了大量的误解，这些误解也普遍反映在参观展览的英国公众对待展品的态度上。几个世纪以来，欧洲人一直钦佩中国的瓷器、漆器和其他艺术形式，并普遍承认中国艺术的品质，以及它对欧洲艺术、文化和社会生活的正面影响。但当时的中国文化被认为是"超越时空"但又"不与时俱进"的，中国的艺术品在西方被普遍认为只是值得收藏的有趣古玩，但缺乏更高的艺术价值。西方对中国的这一误解是《中国批评家》（当时在中国出版发行的英文期刊）创刊的主要催化剂之一。

为了平息当时国内对主办方的质疑，展品在前往伦敦前先于1935年在上海进行了初展。同时《中国批评家》也发表了一期关于中国艺术的特刊，试图向中外读者介绍中国的艺术和美学原则，并探讨了中国文人画的风格。其中洛伦斯·艾斯科（1878—1942）和温源宁（1899—1984）都是这期期刊内容的主要贡献者。温源宁尝试通过元代文人画家高克恭（1248—1310）和明代画家仇英（生卒年不详）的作品解读"空间留白"这种中国画中独有的美学理念，他解释其为中国古人从道家"无为"概念发展而来的宇宙观，即人与自然的和谐关系。他这样描绘董源（约937—约962）的《龙宿郊民图》：

毫无疑问，中国画的最大特点是其对自然的敏锐感觉。包括人在内的一切事物都在画布中和谐地找到了自己的位置。在大部分的西方古典绘画中，一切自然和环境都是为了围绕"人"而存在的。而中国绘画中的所有事物都只是整体的一小部分；这是一个令人满意的状态，因为所有元素作为一个独立部分形成的整体是如此美丽。例如在董源的《龙宿郊民图》中，谁看到这幅画都不会感到痛苦，谁又不想成为画卷中的那个白衣小人？崇高、和谐、美丽——它们都在那幅画里。[4]

温源宁在介绍中式美学时，也有意将中国艺术放在与西方艺术平等的地位。在 1935 年 12 月《天下月刊》（当时中国人创办的学术与文摘期刊，1935 年创刊，1941 年停刊）中的一篇社评中，温源宁谈及了伦敦中国艺术展览对中国的重要性：

我们希望，此次展览的成果之一是当欧洲人谈论中国艺术时，他们的脑海中将不再只有"古玩"这个词。这个词本身是无害的，可以用来形容游客在集市上买到的古代物件；也可以把马远（1160—1225）、赵孟頫（1254—1322）、董其昌（1555—1636）、石涛（1642—1707）的画，或者商周的青铜器冠以这个称呼，或者放在大英博物馆的希腊雕塑身上也是合适的。我们反对的是不分青红皂白地使用"古玩"一词的人的心态：他传递了一种懒惰和轻浮的心态，当遇到不习惯的东西时，他就会以所掌握的最简单的方式进行解读而并不在乎事物的本质。"古玩"就是这样一个术语。[5]

4. Wen, Y. (1935), "Chinese Painting." *The China Critic*, 9. 5 (2 May 1935): 110.

5. Wen, Y. (1935), "Editorial Commentary." *T'ien Hsia Monthly*, 1. 5 (December 1935): 492–493.

展览在英国伦敦取得了空前的成功，造访人数高达 401 768 人，其中包括全世界超过 240 个来自不同国家和地区的博物馆、研究机构的学者和工作人员。展览一共售出 108 914 本图录，3486 本附加图册以及 2196 本展览手册。

与此同时，正如中国政府和温源宁所期待的那样，此次展览并非只是一场单纯的国际文化交流，还引起了不少欧洲学者对中国文化的关注。1935 年伦敦中国艺术品国际展览会后，针对中国文化的研究受到了前所未有的欢迎，许多欧洲学者开始尝试用英语或其他语言撰写和翻译有关中国艺术、文化和历史

图 11-4
英国皇家艺术学院中国艺术展展览现场，1935 年
© 英国皇家艺术学院，伦敦

的研究。劳伦斯·比尼恩（1869—1943）和亚瑟·瓦利（1889—1966）就是其中极具代表性的东方文化研究学者。亚瑟·瓦利曾翻译了选自《离骚》、《诗经》、乐府诗集和唐诗集的 100 余首中国古代诗词。

而比尼恩的研究成果《亚洲艺术中人的精神》一书尤其值得关注，他在书中强调了中国艺术在亚洲艺术研究中的重要地位，同时也尝试从欧洲人的视角揭示以往西方对中国艺术的误解的根源：欧洲人最初接触到中国艺术是通过瓷器、漆器、玉器之类的物件，而打动他们的也正是这些物件中的异国元素和独特美感，他们珍视这种奇特、精致、优雅和极具收藏价值的品质，这也反映了西方人对待中国艺术的态度和使用"古玩"一词的普遍原因。事实上，欧洲人对于亚洲的概念是个逐步拓展的过程，从最初的波斯、印度逐渐扩大到东亚范围，而尽管中国画在西方更为知名，但西方学者普遍都是通过日本绘画的研究成果对中国画进行鉴赏的，因为相比中国画，日本绘画更早地进入欧洲人的视野。比尼恩也指出了中西艺术观中的一个巨大差异：中国艺术中的灵感多数都是来源于生活，而不是生活之外的，他们更多描绘的是自身和自然、宇宙之间的关系。所以对于中国艺术家来说，在创作过程中保持内心宁静的需求比其他任何文化背景的艺术家都更高，而这种内心的宁静也成为对鉴赏者的要求。[6]

6.Binyon, L. (1935). *The Spirit of Man in Asian Art: Please Update the Subtitle: Being the Charles Eliot Norton Lectures Delivered in Harvard University 1933–34*. Harvard University Press.

与此同时，比尼恩还指出中国艺术在传播过程中遇到的问题主要源于其所要求的独特文化语境，即其艺术形式在离开原本语境的情况下是无法被独立欣赏的。这与林语堂在《天下月刊》中探讨中国传统文化的历史语境和艺术形式的关系时提及的观点不谋而合。林语堂表示,中国画虽然名为"画",但实际上是书法和绘画的结合,不了解这一点,就无法探讨中国艺术。[7]

20世纪30年代前后的十几年间,世界对中国的看法和认知发生了极大的转变,1935年举办的伦敦中国艺术展无疑是期间非常重要的一个事件。除此之外,美国女作家赛珍珠(1892—1973,其4个月大时随父母旅居中国,先后在镇江、宿州、南京、庐山等地生活和工作了近40年)基于其在中国的生活经历创作的小说《大地》于1931年的出版和畅销,无疑也改变了不少西方人对中国的看法。书中对中国乡村生活史诗般的描述,彻底刷新了美国民众基于当时的好莱坞电影对中国形成的错误刻板印象。小说先后被改编和拍摄成电影,在百老汇和电影院上演。电影由米高梅公司拍摄,中国审查,于1937年上映,截至1955年,全球大约有4200万人观看了这部影片,相关出版物销售量达200万册。哈罗德·罗伯特·艾萨克斯(1910—1986)在《我们的心灵划痕》中写道,赛珍珠"为整整一代美国人创造了中国的美好景象"。[8]

我们无法单纯以1935年伦敦中国艺术展40万的参观人数和《大地》4200万的观影人数这两个数字为据,来比较哪一个事件对当时中国呈现给世界的形象起到了更好的效果。但毫无疑问的是,20世纪初中国早期的文化工作者确实尽其努力,首次将中国传统文化中最精要的宝藏以自主、平等、学术且可以被理解的方式传递给了世界。对于现代博物馆从业者和文化工作者来说,这也不失为一次值得借鉴的跨文化交流尝试。

7. Yutang, L. (2021). "Art and Architecture." *My Country and My People*. eBookIt.com.

8. Spence, J. (1990). "Western Perceptions of China from the Late Sixteenth Century to the Present." Ed. By Paul S. Ropp, *Heritage of China: Contemporary Perspectives on Chinese Civilization*, pp. 1–14. University of California Press.

12 博物馆的"橱窗"

19世纪中期,英国利用第一届万国博览会所获的商业利润,建造了包括南肯辛顿博物馆(现维多利亚和阿尔伯特博物馆)在内的一系列博物馆。南肯辛顿博物馆的第一任馆长亨利·柯尔在博物馆规划期间就为之注入了和博览会相似的商业基因。根据他的规划,博物馆在展示藏品的同时开放市集,并邀请制造商前来展示自己的商品。但是后来的事实证明,博物馆并不能时刻紧随外界的商业流行趋势,这一点在19世纪末美国的博物馆中也得到了证实。

以吉尔曼为代表的博物馆策展人向来强调博物馆和商业就像水和油一样不相容,但是博物馆的商业化尝试一直在不同程度地进行着。本章节将聚焦20世纪30年代前后美国博物馆商业化的尝试,并主要关注大都会艺术博物馆和MoMA与同时期快速发展的商业体和工业设计产品的合作方式及态度。

博物馆和橱窗

在 20 世纪最初的几十年里，欧美民众的日常消费场所逐渐从传统的市集、商店变成了百货公司，也因为百货公司对普通人日常生活的深度参与，它对塑造公众的美学品位展现出比博物馆更加强大的力量。出于利润动机，百货公司会利用新颖的广告和零售策略，如吸引人的橱窗展示，来抓住公众的注意力，这也意味着美学的视觉呈现在公众日常生活中越来越频繁地出现。

有感于百货公司利用美学呈现和消费者心理来销售产品的做法，博物馆工作人员也逐渐开始意识到他们可以从中借鉴一些东西用于博物馆的运营中。尽管百货商店和博物馆都坚持认为他们之间并不存在什么共通性，但又不可否认这两者对视觉效果都有着极其类似的关注。比如美国梅西百货的创始人之一杰西·施特劳斯（1872—1936）就曾表示"一家成功的商店不应该看起来像一家博物馆"，同时他又像一位策展人一样表示支持"干净的现代建筑"，尽量避免视觉干扰，以将观者的注意力集中在展示的产品上。[1]

布法罗科学博物馆的馆长卡洛斯·卡明斯（1878—1964）在 1940 年发表的一篇关于博物馆、博览会和制造商的研究报告《东方是东方，西方是西方》中，也明确支持了这种看似有些矛盾的观点。商业活动和博物馆展览看起来或许并没有什么直接的联系，但卡明斯认为博物馆的展示就像"为真正贩售服务的对象提供的某种现代高压广告"，因此博物馆有必要探索如何将自身打造成一个城市的高级橱窗。[2] 由此看来，博物馆和百货公

---

1. Leach, W. R. (2011). *Land of Desire: Merchants, Power, and the Rise of a New American Culture*, pp. 164–170. Vintage.

2. Cummings, C. E. (1940). "East is East and West is West." *Golden Gate International Exposition (1939–1940: San Francisco, Calif.); New York World's Fair (1939–1940)*. Roycrofters.

司虽然展示的东西大不相同,但是吸引外界参与的目标是极其一致的。

事实上,在快速扩张的现代消费社会语境中,例如在20世纪初物质和文化高速发展的美国,博物馆和百货公司之间的合作已达到了一个在今天看来也有些匪夷所思的深入程度。在20世纪初期,零售业和高级文化领域之间有着明显的重叠,商店橱窗被比作画框,同时期有影响力的艺术家、建筑师和设计师如亚历山大·阿尔奇彭科,乔治亚·欧姬芙(1887—1986)、弗雷德里克·约翰·基斯勒(1890—1965)、诺曼·贝尔·格德斯(1893—1958)、雷蒙德·罗维(1893—1986)、路德维希·米斯·范德罗(1886—1969),以及霍威与理察兹建筑事务所,都与商业公司有着深度的合作。[3] 同时期北美博物馆的许多赞助人,如乔治·赫恩(1835—1913,大都会艺术博物馆赞助人)、本杰明·奥特曼(1840—1913,大都会艺术博物馆赞助人)、塞姆尔·亨利·卡瑞斯(1863—1955,克利夫兰艺术博物馆赞助人)也都是百货公司行业的商业大亨。[4]

在这一时期的美国博物馆里,博物馆管理者也从商业机构中借鉴相关的营销经验。如布鲁克林博物馆馆长菲利普·尤茨为了吸引更多的游客参观他在费城开设的博物馆分馆,就曾特意向当地商人咨询营销策略和当地人的购物习惯。为了吸引回头客,他还经常策划各种临时展览,并且在参观人数较多的周末安排特殊节目。[5]

正如前面章节里提及的,纽瓦克博物馆的创始人达纳一直都是博物馆商业化运营的坚定推动者,他也是最早预示百货公司等商业机构会对博物馆产生影响的人之一,尽管他的观点在

3.Kiesler, F. (1930). *Contemporary Art Applied to the Store and Its Display*. Brentano.

4.Levy, F. N. (1924). "The Service of the Museum of Art to the Community." *The American Magazine of Art*, 15(11):581–587.

5.Internet Archive (1934). "The Art News 1934-04-21: Vol 32 Iss 29." Available at:https://archive.org/stream/sim_artnews_1934-04-21_32_29/sim_artnews_1934-04-21_32_29_djvu.txt (Accessed: 1 August 2023).

当时看来充满了争议：一家一流的百货公司可能比任何一家博物馆看起来更像一家好的博物馆。达纳跨时代地提出了自己对"好的艺术"的见解：艺术并不局限于美术馆中陈列的内容，而应该可以被任何有兴趣和智慧的人从任何存在颜色、形式、线条和明暗的地方找到。[6]受到达纳这一观点影响，纽约的百货公司不遗余力地装饰它们的橱窗，使数百万购物者不知不觉中接受了艺术、设计与和谐色彩的"审美课程"，进而构建了自己的审美体系。如果要说这种美学体系的建立与博物馆内的学习有什么不同，那就是传统博物馆反而更固执于自己建立的封闭美学体系，因而阻碍了这种学习的发展。达纳主理的纽瓦克博物馆在当时积极主张开放学习和与商业机构合作，博物馆的长期赞助人正是当时的百货公司老板路易斯·班伯格（1855—1944），1926年对外开放的纽瓦克博物馆新馆就是他赠送给博物馆的礼物。

大都会艺术博物馆

在当时所有积极参与博物馆商业合作的博物馆中，大都会艺术博物馆可能是其中历史最悠久的一家。大都会艺术博物馆在建立初期就曾仿照南肯辛顿博物馆设立了相应的设计技术学院，技术学院后来因为和南肯辛顿博物馆相似而被迫关闭，但这段看似失败的经历并没有阻止博物馆的商业化探索。从1917年开始到第二次世界大战前夕，大都会艺术博物馆每年都会举办现代手工艺品和工业设计品的展览，以吸引商业人士参与进

6.Dana, J. C. (1927). "Should Museums Be Useful?" *The Museum*, p. 5.

来。理查德·巴赫曾应博物馆的邀请担任其工艺美术指导，专门负责相关展览的筹划。他将自己描述为"博物馆和艺术世界之间的某种贸易联络官"，从"制造商和设计师自身需求的角度出发"协助他们。为了更好地实现这一目标，巴赫花费了大量时间参观各种百货公司和商业工作室，以了解当时的市场趋势，并致力于将博物馆展览活动的贸易价值可视化，从而帮助制造商实现自己的商业目标。[7]

与此同时，大都会艺术博物馆也积极地将博物馆与商业公司合作的成果推向观众和消费者。正如巴赫在芝加哥马歇尔·菲尔德百货公司（公司以创始人的名字命名，芝加哥菲尔德自然史博物馆也是以他的名字命名，以纪念其在博物馆创立初期的大力支持）的商业杂志中所写的：制造商、百货公司和艺术博物馆似乎可以通过这种形式形成一个新的产业魔法圈，这是一种将艺术融入家居、服饰和其他日常生活用品中的一种持续而又稳定的方法。他甚至曾表示百货公司可以超越博物馆，成为最有效的艺术普及发源地。[8]

同样是在 1917 年，大都会艺术博物馆举办了一场美国博物馆会议，专门讨论艺术博物馆的展示方法。除了博物馆工作人员，这次会议还特意邀请了戈勒姆公司（曾经是美国最大的银器日用品制造商）的一名代表和美国著名的橱窗设计师福瑞德瑞克·霍夫曼（1865—1946），请他们分享来自不同行业、不同视角对艺术呈现的看法。[9] 10 年后，大都会艺术博物馆和梅西百货联合组织了"贸易中的艺术"国际工业艺术博览会，展出了由设计师安装和布置的"当代房间装置"。展览先后在梅西百货和博物馆举办，且都取得了不俗的效果：大约 25 万人观看了

7.Bach, R. F. (1919). "The Museum as a Laboratory." *The Metropolitan Museum of Art Bulletin*, 14(1): 2–4.

8.Leach, W. R. (2011). *Land of Desire: Merchants, Power, and the Rise of a New American Culture*, pp. 170–173. Vintage.

9.Howe, W. E. and Kent, H. W. (1913). *A History of the Metropolitan Museum of Art: With a Chapter on the Early Institutions of Art in New York* (Vol. 1). Gilliss Press.

1928 年在梅西百货举办的展览，约 19 万观众参观了一年后在大都会艺术博物馆举办的展览。[10] 尽管如此，这次跨行业的展览合作还是暴露了一些问题，如果将同样的设计语言以及艺术性展示放在商业生活背景和博物馆这两种截然不同的文化氛围中相比较，参观人数的差异似乎说明了与商业橱窗相比，该时期的博物馆并非承载艺术设计的最佳载体。

当时著名的戏剧布景设计师、美国现代主义运动的先驱之一李·西蒙森（1888—1967）担任了这次联合展览中梅西百货方面的组织策划人。他曾以布景师的角度出发，发表了对当时博物馆的看法：博物馆和剧院、百货公司的共同点就是依赖于"舞台表演技巧"。西蒙森曾诟病传统博物馆烦琐而没有重点的展出方式，称："博物馆的效率低下很大程度上来源于其内部陈列不可避免地削弱了人们本该被唤起的兴趣；最终结果就是什么都展示了，又什么都没有展示。"几年之后，大都会艺术博物馆效仿波士顿美术馆，大量精减了展厅内作品的数量，梅西百货参与了这次改动并为大都会艺术博物馆提供了非常大的帮助，这也是博物馆和商业机构合作的成果之一。[11]

从 1929 年开始，大都会艺术博物馆还举办了一系列"建筑师和工业艺术"展览，包括约翰·韦尔伯恩·鲁特（1887—1963）、雷蒙德·胡德（1881—1934）、伊利尔·沙里宁（1873—1950）、雷蒙德·罗维、威廉·莱斯卡兹（1896—1969）在内的美国知名设计师都参与了展览，展出了一系列由最新家具设计和室内陈列组成的吸引眼球的"房间装置"。[12] 在此之后的一段时间里，大都会艺术博物馆和百货公司一直保持着紧密的合作关系，博物馆展厅甚至很多时候看起来和百货公司没什么两样。

10. Leach, W. R. (2011). *Land of Desire: Merchants, Power, and the Rise of a New American Culture*, p. 314. Vintage.

11. Simonson, L. (1932). "Museum Showmanship." *The Architectural Forum*, 56(6): 533–540.

12. Wilson, K. (2005). "Style and Lifestyle in the Machine Age: The Modernist Period Rooms of 'The Architect and the Industrial Arts'". *Visual Resources*, 21(3): 245–261.

然而并非所有人都对这种合作形式表示认同。1934年，美国历史学家刘易斯·芒福德（1895—1990）在参观了大都会艺术博物馆的应用美术展览后，在《纽约客》杂志上发文讽刺："源于大都会艺术博物馆独特的努力方向，我们似乎很难分辨它和百货公司之间的区别。"[13] 大都会艺术博物馆这种"非学术"的展览策略也招致了其他博物馆策展人的抨击，随着职业策展人在博物馆组织架构中话语权的日益增加，大都会艺术博物馆

13. Wojtowicz, R. (n.d.). "Sidewalk Critic: Lewis Mumford's Writing on New York." Available: https://motherfoucaultsreadinggroup.files.wordpress.com/2015/05/lewis-mumford-sidewalk-critic-lewis-mumfords-writings-on-new-york.pdf (Accessed: 3 August 2023).

图 12-1
大都会艺术博物馆"建筑师和工业艺术"展览现场，1929 年
© 大都会艺术博物馆，纽约

的展出方式遭到的反对声音也越来越大，这种合作关系最终在第二次世界大战期间结束。大都会艺术博物馆最终和大多数传统博物馆一样，自此再也没有系统地投身于工业设计和工艺美术的展览和收藏。

MoMA

作为"白色立方体"空间美学的推动者与策展人职业化的拥护者，MoMA 在创立初期也表现出了对当代工业设计的强烈兴趣。其始终贯彻对现代主义的坚持，对自己的"舞台表演技巧"有着统一标准。1934 年，建筑师兼策展人菲利普·约翰逊（1906—2005）为 MoMA 策划了一期"机械艺术展"。不同于大都会艺术博物馆和梅西百货合作组织的设计展，这次展览没有将一系列有关联的展品放在一起展示，而是像展示高级艺术杰作一样，将一件件工业设计品孤立地置于一个个由白色墙壁和聚光灯组成的空间里。无可否认，这种贯彻了现代主义精神的展出方式，使工业时代的实用商品摇身一变而成为一件件吸引人的雕塑作品。显然，这场展览是职业策展人而非设计师的胜利，《纽约时报》甚至刊文称约翰逊取得了"迄今为止作为展览大师的最高成就"。[14]

"机械艺术展"受到了美国艺术行业从业者和评论家的广泛赞誉，然而这种赞誉并非源于展览在商业或者工业设计应用上的成功。这场展览更多体现的是现代主义艺术呈现上的成功，展览确实展出了不少在当地百货公司可以买到的设计产品，但

14.Lynes, R. (1973). *Good Old Modern: An Intimate Portrait of the Museum of Modern Art*. Atheneum.

其展示的视角和关注的焦点与百货公司想要呈现给购物者的完全不同。虽然博物馆公告宣称该展览旨在"为公众提供一个实用的购买指南",但事实显然不是这样,毕竟没有多少家庭真正需要展览目录封面上展示的滚珠轴承环,或者被评委小组评选为"最美展品"的一个超大弹簧。

图 12-2
"机械艺术展"展览目录封面
© 现代艺术博物馆,纽约

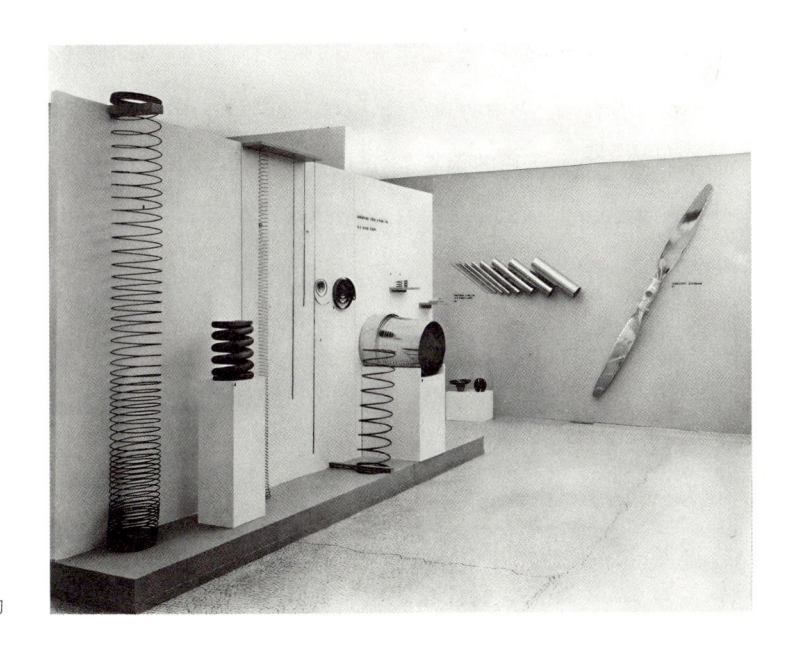

图 12-3
纽约现代艺术博物馆"机械艺术展"展览现场，1934 年
© 现代艺术博物馆，纽约

特别值得注意的一点是，像雷蒙德·罗维、贝尔·戈迪斯（1922—2005）、沃尔特·提格（1883—1960）和亨利·德雷福斯（1904—1972）等一众创建和推动流线型设计、人体工程学设计，彻底改变了现代工业设计的设计师，却没有参与到"机械艺术展"中。[15] 当类似于"流线型"的工业设计产品已经在大都会艺术博物馆和诸多百货公司中随处可见时，MoMA 显然对这类新的设计成果并没有多大的兴趣。对 MoMA 而言，流线型设计依赖于感官效果和广告推广来吸引观众，并以无休止的趋势蔓延到所有产品的设计中，这种设计扭曲了公众的品位，极大地损害了强调功能至上的现代主义设计所传递的价值理念。MoMA 认为，相比以流线型设计为代表的美国本土设计为了确保自己的商业利益而去迎合消费者的行为，更应该推崇的是欧洲现代主义的态度，也就是通过反对"装饰属性"这一美学概

15.Bush, D. J. (1975). *The Streamlined Decade*. George Braziller.

12 博物馆的"橱窗" | 163

念，来与大众市场保持一定的距离。柯布西耶在 1925 年出版的《今日装饰艺术》一书中的观点就是这一态度的极佳诠释，他将装饰属性视为一种劣质的伪装："垃圾总是装饰得很丰富……相比之下，奢侈品品质精良，整体干净简明，这种不加修饰的设计显示了它精良的商品质量……后者吸引了精致的品位，而装饰性物品充斥着百货公司的货架，他们只想着以低廉的价格把商品卖给光顾的女孩。"[16] 总之，对于坚持欧洲现代主义的设计师而言，甚至包括 MoMA 在内的很多博物馆，普遍将流线型设计视为一种粗俗的时尚趋势。

除此之外，"机械艺术展"在业界饱受争议，可能还有一个更隐蔽的原因。流线型设计的主要倡导者雷蒙德·罗维和柯布西耶都是同时代的欧洲移民，其中罗维因为他跨时代的流线型设计而在美国变得富有，这一事实加剧了不少欧洲移民设计师和学者的不满，认为这是一种对现代主义的背叛。

尽管如此，罗维依然在 1949 年登上了《时代》杂志封面，封面上都是他设计的各种产品，标题是："他简化了销售曲线。"（He streamlines the sales curve.）这条曲线不仅仅是美丽的设计曲线，更是向上飙升的销售业绩曲线。这种价值导向完美诠释了这一时期美国设计所倡导的市场化，即"形式追随市场"，这与德国设计强调的"形式追随功能"形成了鲜明的对比。流线型设计的商业成功一定程度上证明了亨利·柯尔爵士的设想，即在基础市场饱和之后，美学元素的介入可以助力产品的设计，并借助大规模生产的工业力量提升整体产品的市场竞争力。但这种市场化、大众化的设计理念依然招致了以 MoMA 为代表的一众博物馆的抵制。

16.Le Corbusier, D. and James, I. (1987). *The Decorative Art of Today*. MIT Press.

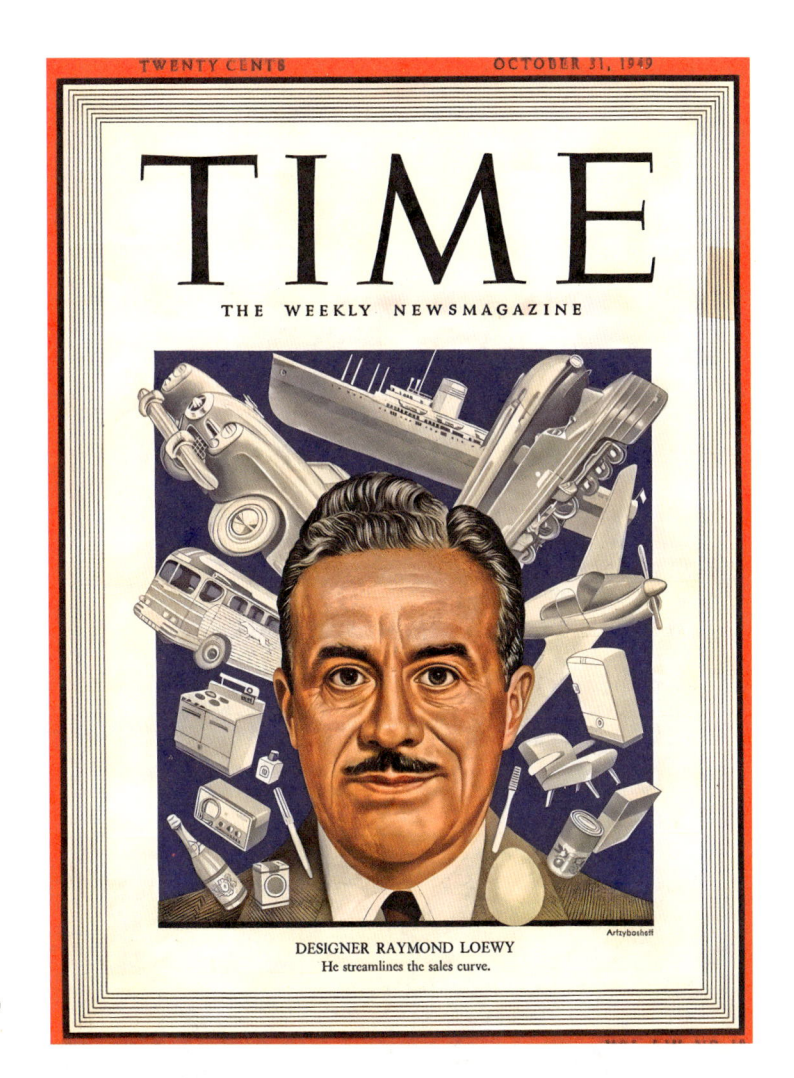

图 12-4
雷蒙德·罗维登上了 1949 年《时代》杂志封面

  MoMA 对大众文化和商业品位的抵制在其于 1939 年纽约世界博览会期间举办的展览"我们时代的艺术"中表现得最为明显。罗维、戈迪斯等当时非常受欢迎的设计师们都赞助了世博会，并且将自己的设计理念融入了博览会展馆的设计中；而 MoMA 将展览中设计部分的展出任务交给了柯布西耶、范德

12 博物馆的"橱窗" | 165

罗、马塞尔·布鲁尔（1902—1981）和阿尔瓦·阿尔托（1898—1976）等欧洲现代主义设计大师。

然而事实上，从 1938 年开始，MoMA 的设计部门曾在约翰逊的继任者约翰·麦克安德鲁（1904—1978）的指导下效仿达纳的纽瓦克博物馆，组织了一系列物美价廉的实用设计产品巡回展览（每个物品的价格上限最初被设定为 5 美元，最后上升到 100 美元）。巡回展览收到了非常令人满意的商业效果，大学、百货公司和美国各地艺术协会都成为展览商品的主要购买群体，展品的供应商也因此收到了非常多的订单，不少供应商甚至因此成功在其他城市开设了分店。

1940 年 MoMA 举办了一场名为"家具有机设计"的展览，旨在促成设计师与制造商之间的合作。在这次展览中，MoMA 首次尝试了在设计展览中模拟展品的使用环境，甚至将一个包

图 12-5
1940 年纽约现代艺术博物馆举办的"家具有机设计"展览现场
© 现代艺术博物馆，纽约

括篱笆围栏、假草坪和树在内的模拟庭院搬入展厅。以布鲁明戴尔百货为首的一众百货公司赞助了这次展览，以换取展览获奖作品的销售权。这个"实用"的展览在 1949 年被取消，后来又在麦克安德鲁的继任者小埃德加·考夫曼（1910—1989，匹兹堡百货公司创始人的儿子）的任期内短暂恢复（1950—1954）。1950 年，考夫曼和芝加哥商品市场联合举办了一个名为"好设计"的展览，也取得了商业上的成功，大量媒体广告广泛宣传了这个展览，电视台甚至还为之专门策划了一个电视游戏节目。[17]

这一系列设计展览在美国中产阶级中引起了非常好的反响，但是正如一位博物馆赞助人所说的："这一系列展示都在凸显购物者和强调如何提升圣诞礼物的质量，但与博物馆展览日益规范的方向格格不入。"1953 年，MoMA 宣布放弃直接参与零售相关的设计，正式成为一家收藏机构；此后博物馆便一直致力于"根据展品质量和历史意义来收藏藏品"。这一高度凝练并沿用至今的博物馆准则出自亚瑟·德雷克斯勒（1925—1987）于 1959 年为 MoMA 展览"现代艺术博物馆收藏的 20 世纪设计导论"撰写的出版物，并用来论证排除实用物品的合理性——因为他们的设计往往是由与美学无关、甚至是有害的商业因素决定的。[18]

艺术和商业长久以来都处于一种不稳定的关系中。艺术家一直将创作视为自己的工作，而自从文艺复兴后，各种学院流派创建，艺术家更被塑造成为一种对物质世界漠不关心的形象。包括艺术学院在内的文化机构也一直试图将绘画、雕塑和建筑等技能提升到体力劳动和日常生活之上——通过艺术赞助等形

17. Courter, E. (1940). "Notes on the Exhibition of Useful Objects." *The Bulletin of the Museum of Modern Art*, 6(6): 3–5.

18. Drexler, A. and Daniel, G. (1959). *Introduction to Twentieth Century Design from the Collection of the Museum of Modern Art New York*. Doubleday.

式将物质财富转化为象征性、符号化的资产,通过强调这种非物质价值,与工匠的手工艺品拉开差距。同时,艺术理论也致力于将"高级艺术"与哲学联系在一起,将装饰艺术降级到强调装饰性、工艺性和实用性的生活层面。

对于 20 世纪中叶的多数西方博物馆工作人员而言,一个理想世界的博物馆馆长会放弃华丽的商店、营销人员和企业赞助商。但在现实世界中,只有财力雄厚的博物馆才能在没有上述这些条件支撑的情况下生存。事实上,也并没有确切的证据可以证明博物馆与商业机构的合作会对文化机构本身造成真正的伤害。就发展趋势而言,博物馆的商业化与公众化之间并非对立的关系,反而存在着千丝万缕的联系,西方博物馆对二者的尝试兴盛于同一时期,也同样因为以 MoMA 为代表的博物馆"审美崇拜"的文化价值导向而暂时选择性地忽略了二者之间的这种联系。

在第一次世界大战到第二次世界大战之间的短短几十年里,西方博物馆已经基本完成了职业化的探索;尽管这种探索在各个领域显得参差不齐,甚至在某些领域以暂时性的失败而告终,却也为后来的探索发展留下了一颗种子。接下来我们将主要关注 20 世纪中后期至 20 世纪末、21 世纪初博物馆的产业化、全球化探索,本篇中留下的诸如博物馆的"公众化"和"商业化"等问题也将在接下来的章节中得到解答。

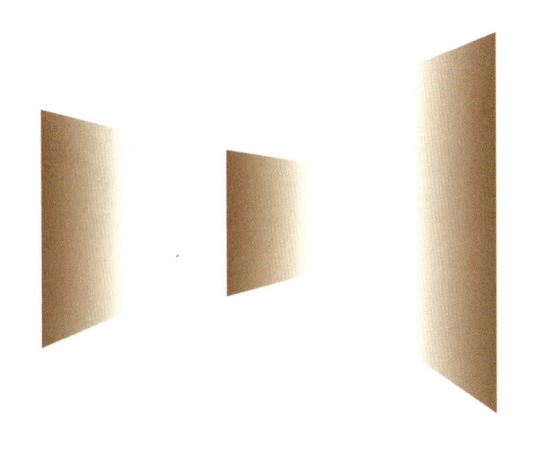

第三篇章

危机与展望

20 世纪 60 年代
—
21 世纪

13　博物馆的生存危机

经历了两次世界大战后，文化领域曾经泛滥的民粹主义得到了遏制，博物馆也在过去的二三十年间完成了内部职能细分。这个时期或许是博物馆组委会和职业策展人最惬意自足的一段时光：有充足的预算，策展人和馆长在博物馆内掌握着极高的话语权，商业化的外延得到了有效的控制，他们所推崇的"审美崇拜"也将博物馆与赞助人、收藏家的利益捆绑在一起，博物馆观众变得精英、得体并且严肃沉默。

然而这种局面并没有维持多久，20世纪60年代，随着欧美民粹主义的复兴，各种民权运动爆发，以"精英文化"自居的博物馆权威受到了挑战；加上公共财政支持的悄然变化，博物馆的生存空间也受到了挤压。在这一部分，我们将主要关注20世纪后半叶欧美博物馆所面临的财务问题及其应对措施，以增进读者对博物馆商业化决策的理解。

悄然变化的世界

20 世纪 60 年代的世界似乎被"冷战"分成了两极，但在同一阵营内国家之间的文化交流却也空前兴盛起来。1963 年，卢浮宫将达·芬奇于 1503 年创作的名作《蒙娜丽莎》借给美国展出，这是该画作自 1804 年被安置在卢浮宫后首次正式借展。《蒙娜丽莎》先后于美国国家美术馆和大都会艺术博物馆内展出，短短的两个月时间里吸引了约 200 万人参观。根据《华盛顿邮报》的统计，参观者平均需要排两个小时的队才能短暂地在作品前停留几秒钟。[1]

展览的轰动效果似乎是主办方始料未及的，但也并非毫无征兆。其原因之一是当时欧美"文化消费"概念逐渐在中产阶级中流行起来，中产家庭对文化消费的预期投入较之前发生了成倍增长。与此同时，博物馆为了维护自身的公共形象，也逐渐开始改变从前对待公众的态度，积极采用各种营销手段主动接触潜在客户。这两种改变的同时发生，也为我们今天所说的"IP 展览"的流行埋下了伏笔。

这种嘈杂喧闹的观展体验，显然和当时博物馆所推崇的"审美崇拜"相违背。美国国家美术馆馆长约翰·沃克就曾直言不讳："这些一车一车的文化观光客，足以令博物馆真正的访客退缩。"他认为这样的展出并不是真正"对艺术的虔诚"，也不是履行博物馆"维护公共藏品"职责的理由。[2] 尽管不满于这种展出效果，但沃克也不得不承认名作无可比拟的吸引力，以及博物馆潜在客户规模之庞大。

值得一提的是，因为这次借展属于国家之间的文化交流行

---

1. Kelly, J. (2018). "Remembering that Time in 1963 When the Mona Lisa Went on a U.S. Road Trip." *Washington Post*, 2 April. Available at: https://www.washingtonpost.com/local/remembering-that-time-in-1963-when-the-mona-lisa-went-on-a-us-road-trip/2018/04/02/e7929674-2881-11e8-bc72-077aa4dab9ef_story.html (Accessed: 3 August 2023).

2. Walker, J. (1974). *Self-portrait with Donors: Confessions of an Art Collector*, p. 67. Little Brown.

图 13-1
大都会艺术博物馆的观众排队等待观看《蒙娜丽莎》，1963 年
© 大都会艺术博物馆，纽约

为，大都会艺术博物馆和美国国家美术馆并没有收取任何参观费用。当然，对于当时的大多数博物馆而言，金钱收益也并不是策划展览的主要动机。如 1969 年大都会艺术博物馆馆长托马斯·霍温（1931—2009）策划的轰动一时的展览"我心中的哈莱姆"，其主要动机是对当时民粹主义的回应和对个人以及博物馆的宣传，而非对商业利润的追逐。

但这种情况从20世纪70年代开始逐渐发生改变，转变发生的根本原因在于20世纪后半叶博物馆不断上升的财政压力。

20世纪60年代开始，随着欧美博物馆建筑及展览规模的不断扩大，财政压力也日益加剧，原本来自忠实捐助者、艺术基金的无偿捐赠和地方补贴已经无法支撑许多博物馆不断上升的建筑维护、新项目运营及人员配备成本。除了少数完全由政府资助的博物馆（如美国史密森学会下辖博物馆），多数博物馆为了应对预算短缺，被迫开始寻找新的收入来源。60年代末，大都会艺术博物馆的策展人艾隆·斯库纳（1926—2021）成功预测了博物馆资金来源的这一改变，他认为博物馆面临的问题从根本上来说源于游客数量的变化，他敏锐地意识到了博物馆进入了一个"计算实用性"的新时代，游客可能开始变得像藏品一样重要。在此之前，资本运作、营销和会员活动等概念在博物馆里几乎闻所未闻，博物馆通常也仅象征性地收取一些入场费或者完全免费对公众开放。然而反复出现的财政赤字迫使博物馆开始借鉴当时欧美大学的运营体系：收取服务费，扩大机构的对外联络，并寻求更多的捐赠。为了让博物馆看起来更有吸引力，同时证明额外收费的合理性，博物馆也需要不断地改建、增加设施或者扩大项目，这无疑又产生了额外的运营支出。

与此同时，博物馆还面临着一个新兴势力的挑战。得益于新应用科技的助力，摄影、电视等流行文化已经逐渐渗透到欧美国家普通人日常生活的每一个角落。其所具备的传播性和娱乐性都是以"精英文化"自居的博物馆机构所无法比拟的。同时流行文化也在逐渐兼具教育属性，1954年华特·迪士尼（1901—1966）在描述其开发的自然纪录片系列《真实生活冒险》

时将其定位为"寓教于乐型产品"。[3] "老旧"的博物馆在流行文化的多方面挤压下，面临着严重的观众流失和功能被替代风险，亟须寻找新的吸引观众的方式。

此外，赞助机构也希望稳定的游客量为他们的投资带来看得见的收益，其中最为突出的例子是工党政府领导下的英国政府。英国的国家博物馆被要求对客户多样性进行密切关注，各大博物馆甚至设定了少数族裔的参观目标（大英博物馆占总入场人数的 11%；泰特美术馆为 6%），以换取持续财政支持的条件。尽管这些目标有些简单粗暴，并且在应用过程中也显得有些不切实际（如何计算少数族裔），但其背后的政治观点已经被刻画在英国博物馆的运营策略中。

在这些原因的共同作用下，博物馆被迫开始关注展览的经济收益和参观人数，而拥有天然关注度的大型"IP 展"自然被各大博物馆寄予了厚望，以至于时至今日大多数大型 IP 展，尤其是跨国展览，多数都是以经济效益为首要目标的。同时各大博物馆也被迫去了解他们的客户，并开始尝试主动培养更多、更忠诚的受众，因为这意味着更多的收入。在收入的驱使下，观众的规模显然比观众的肤色、文化修养更重要。大型 IP 展依赖于大量的营销推广，成本一直居高不下，如果涉及借展，还会产生额外的运输、保险等费用，更是远超预期，但 IP 展所带来的观众号召力还是使之成为当时许多博物馆的"财务救星"。就像 1998 年华盛顿菲利普收藏馆馆长杰伊·罗德尼·盖茨（1945— ）所表示的："在过去的 30 年里，大型展览已经成为衡量博物馆实力的一个主要标准，一切的量化指标都是通过展览来呈现的，如参观人数、门票收入、会员资格、咖啡馆和商店

3.Disney, W. (1954). "Educational Values in Factual Nature Pictures." *Educational Horizons*, 33(2): 82–84.

的收入……"⁴ 尽管 20 世纪 60 年代的欧美博物馆依然反对将各种营利性商业特征掺杂进博物馆，但面对日益严重的财务问题，显然并没有更好的解决办法；博物馆也越来越像一家企业，开始关注自身所提供的"服务"和"产品"，并将观众作为顾客来看待。

博物馆的商业化之路

20 世纪 70 年代至今的几十年，我们见证了博物馆以前所未有的速度向商业化转变，其中波士顿美术馆无疑是转型跨度最大的博物馆之一。波士顿美术馆虽然是一个公共文化机构，但它是由当地捐助者创建的，最初并不依靠政府的财政支持。20 世纪初，波士顿美术馆因为很好地平衡了博物馆的公共期许和艺术呈现，成为同时期其他博物馆效仿的对象，但随着支出的逐年增加，波士顿美术馆同样也面临着财政压力。这个问题在 20 世纪 60 年代开始变得尤为突出，波士顿美术馆于 1966 年才开始获得公共资金的补贴，用于资助更多的当地学生参观；同年，博物馆开始收取入场费以应对日益严重的财政危机，后来随着赤字的进一步加大再次提高了入场费，并进行了一系列内部结构削减。⁵

为了应对博物馆的财务问题，波士顿美术馆于 1966 年启动了博物馆历史上的首个"百年基金"项目，扩大了董事会的规模，以吸引更多的受托人和社会资金的参与，筹措的资金主要用于创造一个给观众更好体验感的艺术空间，如更多、更大的

4.Cline, A. C. (2012). "The Evolving Role of the Exhibition and Its Impact on Art and Culture." Trinity College Digital Repository.

5.Rathbone, P. T. (1984). "Influences of Private Patrons: The Art Museum as an Example." *The Arts and Public Policy in the United States*, pp. 38–56.

展厅和更好的配套餐厅。[6] 这一系列尝试很快就收获了不俗的成果,时任馆长的佩里·拉斯伯恩(1911—2000)于70年代初承认:"尽管展览幕后工作也十分重要,但是一系列新的公共举措,例如国际展览交流、受欢迎的观众活动、奢华的出版物和有访问学者参与的研讨会,才能显著增加博物馆的参观人数和收入……这些举措的动机与其说是提升游客们的参观体验,不如说是扩大博物馆的吸引力,从而增加收入。"[7] 波士顿美术馆于1971年举办了两个大型IP展——安德鲁·怀思(1917—2009)作品展和保罗·塞尚(1839—1906)作品展,并创下了博物馆参观人数和相关商品销售额的新纪录;但下一年博物馆因没有策划任何大型IP展览,再次陷入财政赤字的困境。1972年是拉斯伯恩担任馆长的最后一年,他在任期的17年里见证了波士顿美术馆从策展人主导的"审美崇拜"向商业化的转型;波士顿美术馆的会员从最初的2000人增加到了15 000人,商业年收入从3万美元增加到了35万美元。尽管如此,受到当时通货膨胀的影响,博物馆的财务状况仍然并不乐观。

20世纪70年代,波士顿美术馆试图以缩减开放时长并提高入场费来平衡开支。但这样的举措与观众以高额的入场费获得更多回报的期许显然是相背离的,因此使得博物馆的参观人数大幅下降,收入自然也上不去。这一切直到博物馆新的组委会主席霍华德·约翰逊(1922—2009)的出现才得到改善。约翰逊曾经担任过麻省理工学院校长兼商学院院长,他在任期内一直强调博物馆必须对他的潜在用户也保持吸引力。[8] 他在波士顿美术馆发起了一场博物馆资本化运动,将包括资金经理在内的一系列商业模式引入博物馆的日常运营中,并邀请贝聿铭

6. Rathbone, P. T. and Venn, D. (1966). *The Museum Year: Annual Report of the Museum of Fine Arts, Boston*, pp. 78-80.

7. Museum of Fine Arts, Boston. (1971). *The Museum Year: 1970-71. The Ninety-Fifth Annual Report of the Museum of Fine Arts,Boston*, p 7.

8. Cheston, G. M., Turner, E. H., Louchheim, S. F., Mather III, C. E., Mrs. Charles E. Mather III and Dripps, R. D. (1977). Annual Report July 1, 1975-June 30, 1976. *Philadelphia Museum of Art Bulletin*,73: 1-49.

13 博物馆的生存危机 | 177

（1917—2019）设计了观众体验感更好的美术馆西馆。

1977年，波士顿美术馆对外宣布了新馆的建造计划并展出了贝聿铭的建筑模型，还于同年策划了包括"庞贝古城，公元前79年""揭开莫奈的面纱"，以及"彼得兔"、温斯洛·霍默（1836—1910）作品展、安藤广重（1797—1858）的浮世绘在内的一系列迎合市场口味的展览。[9]"庞贝古城，公元前79年"证明了市场营销人员对公众口味的把握：1977年大约有45万人观看了这一展览，占到了同年参观总人数的一半，大量顾客购买了印有"我在庞贝幸存下来"的海报、T恤、马克杯等周边产品；同时这也是波士顿美术馆举办的第一个尝试提供音频指南和获得企业赞助（Xerox施乐）的展览。这个财政年结束时，波士顿美术馆的零售额翻了一番，会员人数大幅增加，并实现了餐厅的首次盈利，这也无疑向组委会证明了商业化道路的成功。

随着1981年贝聿铭设计的波士顿美术馆西馆对外开放，这也为更成熟的国际展览，更大的餐厅、咖啡馆及更多的衍生品商店提供了空间。当年美术馆的参观人数达到了100万以上，并实现了10年来的首次预算盈余（12.6万美元）。在接下来的几年里，波士顿美术馆都取得了不错的经济效益，并于1985年达到了一个前所未有的高度。1985年波士顿美术馆举办了皮埃尔·奥古斯特·雷诺阿的个展并刷新了参观人数纪录，将博物馆的盈余增加到了250万美元。这次展览的宣传费用由国际商业机器公司（IBM）赞助，通过各种印刷传媒和电视台铺天盖地的宣传，展览推广取得了空前的成功：83 000人第一次踏进波士顿美术馆，其中3654人成为新会员。

进入20世纪80年代后，企业对文化行业的捐赠力度逐渐

9.Russell, J. (1978). "Best of Pompeii in Boston Museum." The New York Times, 18 April. Available at: https://www.nytimes.com/1978/04/18/archives/best-of-pompeii-in-boston-museum.html (Accessed: 3 August 2023).

图 13-2
贝聿铭设计的波士顿美术馆西馆
摄影：皮格马利翁·卡拉察斯
© 贝聿铭基金会，纽约／香港

10. McGill, D. C. (1985). "IN BOSTON, A RENOIR EXHIBITION THAT SPANS THE MANY STAGES OF HIS CAREER." *The New York Times*, 6 October. Available at: https://www.nytimes.com/1985/10/06/arts/in-boston-a-renoir-exhibition-that-spans-the-many-stages-of-his-career.html (Accessed: 5 August 2023).

下滑，同时政府为了应对财政问题，也大幅削减了对艺术机构的资助，这使得博物馆比以往任何时刻都更清楚地意识到类似雷诺阿这类大型 IP 展览在博物馆日常运营中的重要性。1990 年，波士顿美术馆又举办了一次莫奈的作品展，并获得了 240 万的财政盈余。然而在这之后的第二年，博物馆再次出现财务危机，波士顿美术馆不得不进行了历史上的第一次裁员。[10] 当时的组委

13 博物馆的生存危机 ｜ 179

会主席表示："如果我们能每隔一年举办一次莫奈展览，博物馆就不会有任何财务问题……然而这些不寻常的事件并不是总能按计划发生的，这也使得博物馆越来越入不敷出。"这似乎也证明了，大型 IP 展览无疑是一个快速解决博物馆财务问题的办法，但若要实现经济效益的可持续增长，博物馆还需要寻找更稳定、更持久的盈利方式。

从 20 世纪 90 年代开始，波士顿美术馆为了应对更为复杂的外部经济环境，采取了一系列措施。首先，大型 IP 展览变得越来越频繁，以应对大展之间的空档期。仅 1998 年一年，波士顿美术馆便举办了三次印象派展览："20 世纪的莫奈""玛丽·卡萨特：现代女性"和"约翰·辛格·萨金特个展"，三个展览总体参观规模达到 110 万人次。同时美术馆还找到了保持展馆对观众的长期吸引力的新方法，推出了常设印象派展览"光的印象：从科罗特到莫奈的法国风景"（2002），观众不需要购买额

图 13-3
克劳德·莫奈，《干草堆·日落》1891 年，布面油画，73.3cm×92.7cm
© 波士顿美术馆

外的门票即可参观。除了依赖 IP 展览，波士顿美术馆与外界商业公司的关系也越来越紧密，合作方式从最初的寻求商业赞助到后来企业直接参与到博物馆的展览筹划，大胆地涉猎公众感兴趣的新领域，举办了时尚、珠宝、名人摄影、摇滚音乐、动画等一系列商业展览。

除此之外，波士顿美术馆还于 20 世纪末开发了新的营销活动，创建了咖啡馆和游客服务部门；邀请年轻人参加"周五单身晚会"，举办宠物展、商务招待会和企业赞助活动；实行了会员等级分级制度并提高了会员费和入场费（美国最高）；削减了对那些声望很高但利润很低的地区学院和大学的教育服务。波士顿美术馆也因此受到了铺天盖地的批评，不论是艺术媒体还是公共媒体，都对它的种种行为嗤之以鼻，认为美术馆正在过度消费艺术并且成为赌城拉斯维加斯的好朋友，而和大学等学术机构渐行渐远。[11] 然而这些对波士顿美术馆大加指责的机构和媒体，并没有一家给出任何有建设性的意见，以帮助这家公共财务补助仅占总支出不到 1% 的博物馆解决资金难题。

商业化悖论

随着经济衰退迹象的日益明显，博物馆行业面临着越来越大的经济压力，这种情况在欧洲尤为严峻。几乎所有欧洲国家政府都在向博物馆施压，要求他们通过零售、餐饮和企业赞助来增加收入。甚至连最庄严的国立博物馆也必须借助商业化来维持运营，如西班牙政府希望普拉多博物馆在 2008 年前实

11. Plagens, P. (2004). "SHOW ME THE MONET." *Newsweek*, 25 January. Available at: https://www.newsweek.com/show-me-monet-125857 (Accessed: 3 August 2023).

13 博物馆的生存危机 | 181

图 13-4
阿布扎比卢浮宫
摄影：赫夫顿和克劳摄影工作室
© 阿布扎比文化和旅游部

现 40% 的预算由企业捐赠支付的目标。面对同样的境遇，法国卢浮宫以 5.2 亿美元的价格将自己的名字卖给了阿布扎比的一家新博物馆，英国国家美术馆将原本展示鲁本斯作品的房间和新建回廊的命名权先后卖给了法国时装设计师伊夫·圣·罗兰（1936—2008）和英国连锁超市森宝利。[12]

一系列的商业化举措给博物馆带来了前所未有的生机。每一次展览都人满为患，有些场馆甚至要开放到夜晚甚至通宵，以容纳热情的观众。曾经令人昏昏欲睡，只有乏味的明信片和学术出版物的博物馆商店，被设计更精良、品类更丰富的衍生品商店代替，许多博物馆也都自豪于他们提供的美食和咖啡。商业化运作确实一定程度上帮助博物馆解决了部分财务问题，并且使之更受游客的欢迎。尽管如此，许多学者、艺术评论家和博物馆工作人员也提出了他们的担忧，即博物馆为了吸引更多的观众、追求更高的收入而逐渐降低标准和门槛，这种行为

12. Riding, A. (2004). "European Museums Open Door to Corporate Donors." *The New York Times*, 13 November. Available at: https://www.nytimes.com/2004/11/13/arts/design/european-museums-open-door-to-corporate-donors.html (Accessed: 3 August 2023).

182　博物馆简史

图13-5
英国国家美术馆鲁本斯展厅现已更名为伊夫·圣·罗兰展厅，也用于承接商业活动
© 英国国家美术馆，伦敦

13. Kimmelman, M. (2005). "What Price Love? Museums Sell Out." *The New York Times*, 17 July. Available at: https://www.nytimes.com/2005/07/17/arts/design/what-price-love-museums-sell-out.html (Accessed: 5 August 2023).

是否会侵蚀博物馆权威的完整性和学术形象。媒体对博物馆的商业化运作也从最初的语带讽刺到后来毫无掩饰地蔑视。最初只是讥讽博物馆像购物中心、卡拉OK厅、"有莫奈的东西都能卖出去"（衍生品）；到后来则直接质问："博物馆想要什么？因为他们似乎越来越不想成为一家博物馆。""博物馆正在出售一切，从艺术品到权威，而且价格越来越便宜。""如今的文化机构似乎越来越道德败坏，他们已经丧失了保护藏品和维护公众利益的基础目标。"不少博物馆工作人员也如此呼吁，希望博物馆可以在自身和娱乐、商业之间划定清晰的界线。尽管如此，却没有任何一方能提出一个可行的方案，以取代商业化帮助博物馆解决财务难题。[13]

不过相对于半个世纪前，20世纪末的博物馆策展人已对商业化表现出了极大的包容。如大都会艺术博物馆馆长兼策展人菲利普·德·蒙特贝罗就曾表示："我唯一感受到博物馆策展人

13 博物馆的生存危机 | 183

的诚信和威望受到威胁的一次是因为展览没有找到合适的企业赞助，我不得不开口询问哪些作品可以从展览中撤下……目前博物馆遇到的最大问题是无法获得赞助，如果没有资金，势必会在展出效果上做出妥协，甚至展览都可能被取消。"[14] 同时，尽管不少学者和评论家警告说博物馆应该警惕其文化自主地位受到商业和企业赞助背后利润动机的侵蚀，然而事实上也很难找到商业直接干预艺术的例子（至少外界很难察觉）；且不少学者也表示相较于商业化，类似于20世纪60—70年代欧美民权运动所引发的政治性意识形态干扰对博物馆的自主权造成的威胁可能更大。

还有一个值得注意的问题是，围绕博物馆资金和商业化的大部分讨论都建立在对公众态度未经测试的假设上。博物馆观众是否关心或者注意到是谁赞助了一场展览？观众是否会因为对赞助商的好恶而影响他们的参观动机？一个和高档购物中心极其相似的博物馆是否会劝退观众？……这些问题不论在博物馆的问卷调查还是相关研究中都极少涉及。但就简单地从参观人数和咖啡馆、衍生品商店收益来看，似乎无法得出公众对博物馆的商业化运作存在抵触情绪的结论。同时，与类似大学等其他前沿学术机构相比，博物馆因其相对的滞后性，与前沿市场和商业利益天然地保持着一定距离，因而或许也更不容易受到利益冲突的影响。

如果尝试逃离当下时空的价值观所设定的视角，博物馆内艺术和娱乐、商业之间的模糊边界或许更多是对界定者观看方式的考验。现代博物馆本身并不是一个历史非常悠久的存在，在一个世纪之前它还在和传统功利主义进行抗争，尝试以更实

14.Kimmelman, M. (1996). "ART VIEW; Does It Really Matter Who Sponsors a Show?" *The New York Times*, 19 May. Available at: https://www.nytimes.com/1996/05/19/arts/art-view-does-it-really-matter-who-sponsors-a-show.html (Accessed: 5 August 2023).

际的方式惠及更多民众；现在又困扰于过多的社会参与会打破它纯净的形象。那些曾在"洁白圣殿"一样的高级艺术博物馆工作的人员或者审美爱好者，或许不可避免地会抵制博物馆这种形象的逝去，就像以约翰·达纳和菲利普·尤茨为代表的博物馆馆长曾经哀叹"审美崇拜"博物馆的兴起一样。

诚然，后现代主义者或许会认为现代主义所强调的"艺术自主性"已不再有分量，但是在博物馆已经成为现代参观者娱乐自己和逃离世俗的重要场所的当下，这种无拘无束、有吸引力的环境或许才是博物馆被期许呈现出来的最好状态。就像如果从超现代主义者的视角来看，无法提供各种形式的刺激，才是博物馆真正可能被淘汰的原因。[15]

现代博物馆通过艺术品和咖啡馆、商店所营造出来的氛围，为观众提供了可以暂时远离复杂的世俗社会的可能性，这就是为什么"质疑权力关系"、引发批判性思考的展览，包括企业如何从博物馆中获利等等问题，对于多数博物馆观众来说并不重要。就像评论家赫伯特·玛斯尚（1947—2007）在谈论古根海姆博物馆备受批判的阿玛尼展览（古根海姆博物馆因此次展览而被质疑丧失了博物馆的特性，仅扮演着一个场地提供者的角色）时所说的："如果忽略博物馆展出的漂亮东西，而一味纠结它们是否过于商业化，这种感觉真是令人厌恶。"[16]

15. 超现代主义不是像后现代主义那样执著于真理或谎言的争论，并认为后现代主义仅是对现代主义的反叛而并非超越；超现代主义尝试将功能和基础属性（通常是物理形态）进行区分，更多关注于是和不是，如何将基础属性进行解构和重组，以此实现真正相较于现代主义的思想跨越。

16. Muschamp, H. (2000). "DESIGN REVIEW; Where Ego Sashays in Style." *The New York Times*, 20 October. Available at: https://www.nytimes.com/2000/10/20/arts/design-review-where-ego-sashays-in-style.html (Accessed: 6 August 2023).

14 博物馆的后现代难题

在战后的十几年里，以抽象表现主义为代表的现代艺术被欧美艺术界赋予了极高的地位；博物馆也尝试通过宣传艺术来强调自身所秉持的自由、创造力及西方社会所崇尚的普适人文主义理念。[1] 这种人文主义在战后的著名摄影展"人类之家"中得到了集中展现：展览策划者将来自全球各地不同人种、不同民族的普通人的日常生活照片摆放在一起，以强调全人类命运息息相关，呼吁世界和平。

尽管如此，不论是战后的乐观主义还是冷战制造的焦虑，都使得人文主义在西方世界的传播并没有预期的那么顺利，以公共博物馆为代表的权威文化机构，首当其冲成为被这股情绪攻击的对象。本章将重点关注 20 世纪后半叶不同社会群体对博物馆发出的攻击的声音，以探讨在后现代思想不断扩散的 20 世纪 60—70 年代，博物馆在社会身份认同问题上所遭遇的困境。这种困境在 70 年代后有所缓解，但直到今日仍未从根本上得到解决，这也无疑成为今日所有博物馆都必须要去思考和面对的问题。

1. 普适人文主义强调人类作为一个整体而存在，呼吁尊重人类生活的每一个维度。同时人文主义以理性为思想基础，以仁慈博爱为基本价值观。个人兴趣、尊重、思想自由，人与人之间的容忍与和平相处都是人文主义的内涵范畴。参见 Svetelj, T. (2014). "Universal Humanism–A Globalization Context is the Classroom of Unheard Options... How to Become More Human." *The Person and the Challenges: The Journal of Theology, Education, Canon Law and Social Studies Inspired by Pope John Paul II*, 4(1): 23–36.

博物馆的身份认同

1953年，时任大都会艺术博物馆馆长的弗朗西斯·亨利·泰勒曾公开反驳后来担任法国第一任文化部部长的安德烈·马尔罗（1901—1976）在《无墙博物馆》一书中的观点。泰勒认为马尔罗所呼吁的战后文化建设和扩展文化概念实质上是一种对现实的逃避。显然，过往的经历已经证明，博物馆和其承载的文化和艺术并不能解决世界上的所有问题，文化建设固然重要，却似乎不是战后民众所期盼的当务之急。他表示："马尔罗在人类留下的文物中寻求庇护……也许我们可以从艺术中找到安慰，但并不能找到一个现实的解决方案……这种神学主义引发的空虚是我们人类自己制造的，无法用来自异国他乡的石头和画布填满。"[2] 泰勒显然已对当时博物馆自居的精英文化感到厌倦，在发表评论后不久就辞去了大都会艺术博物馆馆长一职。

罗兰·巴特（1915—1980）同样对当时所宣扬的艺术形式提出了质疑。他抨击了当时在全球大受欢迎的摄影展"人类之家"，称其试图将照片中的普通人脸谱化，忽略了人的多样性。巴特认为展览所宣传的仅是一个不切实际的神话，并强调了展览背后所隐藏的虚伪的人文主义，因为其强行忽略了种族、政治、性别、信仰和阶级等影响人们现实生活的诸多因素。[3] 比如展览中试图将所有种族、民族覆盖在"人类"这一个大标签下以呼吁和平，却有意忽略了两次世界大战都是由少数国家的利益冲突引发的，而大多数国家和民族只是被迫卷入战争这一事实；更为现实的是，第三世界国家和欧美的少数族裔群体在西方机制下并未因战争的结束而享受到平等的权利。

2.Taylor, F. H. (1953). "The Undying Life in A Work of Art." *The New York Times*, 22 November. Available at: https://www.nytimes.com/1953/11/22/archives/the-undying-life-in-a-work-of-art-the-voices-of-silence-by-andre.html (Accessed: 31 July 2023).

3.Barthes, R. (2015). *Mythologies*. Média Diffusion.

14 博物馆的后现代难题 | 187

对于博物馆所享有的文化权利，法国社会学家皮埃尔·布尔迪厄（1930—2002）在1966年出版的著作《艺术之爱》中也提出了质疑。他的研究表明，审美判断和趣味是阶级和教育的产物，而博物馆的精英化正在使这种不平等趋于永久化："博物馆背叛了它们的真正功能，只是强化了一些人的归属感，而同时强化了对另一群体的排斥感。"[4] 这似乎说明博物馆并不能真正履行它所强调的作为公共教育机构的社会职责，即使是在欧美等发达国家，博物馆也仅能惠及少数群体。这些批判都传递出了当时的先锋文化学者对博物馆所声明的"言过其实"，甚至刻意忽略客观现实的所谓"人文主义"的不信任。

回顾20世纪60年代，在欧美广泛的社会动荡和迫在眉睫的金融危机的背景下，社会激进主义悄然回归，并最终演化成为几乎影响所有行业和文化形式的后现代思想潮流。尽管距离"二战"结束仅十几年，博物馆就像做了一场大梦，被外面世界发出的巨大声响惊醒，才发现自己已与社会发展脱节。在建筑领域，后现代主义的演变体现在其融合了一系列历史片段和流行符号，以及对勒·柯布西耶等现代主义建筑师朴素风格的颠覆上。在艺术领域，后现代主义鼓励不同文化世界的激烈、盲目碰撞，艺术家们主张放弃形式上的纯粹性，主动融入政治和大众文化，并通过艺术语言爆发出来，使自己的观点和主张得以自由表达。在哲学领域，后现代主义代表着普适价值的死亡。在城市规划中，后现代主义代表着大规模功能导向设计方案的消亡，也宣告了追求"环境魅力"的地方重建战略的崛起。[5] 这种活跃于社会各个角落的广泛情绪逐渐变成对过往几十年社会思想的集体反叛，也奠定了后现代主义的思想基础。[6]

4.Bourdieu, P. , Darbel, A. and Schnapper, D. (1991). *The Love of Art: European Art Museums and Their Public*. Polity Press.

5.Mitchell, W. T. , and Mitchell, W. J. T. (1995). *Picture Theory: Essays on Verbal and Visual Representation*. University of Chicago Press.

6.Huyssen, A. (1986). *After the Great Divide: Modernism, Mass Culture,Postmodernism* (Vol. 399). Indiana University Press.

与此同时，这些针对现代主义的批判和研究也给社会活动家们提供了理论依据，在爆发于1968年5月的巴黎抗议活动中，大量社会活动家正是以布迪厄的理论为依据而呼吁加强文化民主化的。此外，这种诉求也直接为后来巴黎建设一个多用途的文化机构——蓬皮杜艺术中心奠定了思想基础。

对"文化民主化"的广泛呼吁同样发生在美国。1969年，包括艺术工作者联盟、革命中的女艺术家和紧急黑人文化联盟在内的一系列激进团体在纽约各大博物馆门前开展抗议活动，反对越南战争，呼吁世界和平，同时抗议以白人艺术家为主体的主流文化对文化艺术的垄断。最终，更大规模的抗议活动在1970年爆发——最初只是纽约大学视觉艺术学院师生们策划的

图 14-1
艺术工作者联盟成员在毕加索的《格尔尼卡》前抗议，1970年
摄影：扬·凡·雷

14 博物馆的后现代难题

一场针对种族问题、反对战争的抗议活动，不久之后就成功吸引了 1000 多名艺术界人士的参与，最终演化成一场几乎影响整个纽约艺术界和博物馆行业的大罢工。大量艺术家和从业者退出了包括威尼斯双年展在内的一系列艺术展览，占领了美国博物馆协会的年会现场，并影响了 MoMA、惠特尼美国艺术博物馆和大都会艺术博物馆在内的诸多知名博物馆的日常运营。[7]

在这个全球思想激荡，民族或个人意识蓬勃发展的环境中，博物馆被动地选择了站在公众的对立面，或者说站在强调"文化独立"的立场。这种体制上的自满和精英主义定位，并不为当时的社会学家和先锋艺术家所接受，欧美博物馆似乎面临着自我身份和意识形态确立的多重危机。这种危机很大程度上源于博物馆和公众在话语权上的争夺，以及公众将博物馆视为权力机构，对其利用"高级艺术"和"精英文化"进行价值输出和文化约束的不认同。尤其是随着美国参与越南战争的不断深入，对"欺世盗名"的人文主义的批判及对文化民主化的呼吁，逐渐成为各种思想激进的社会团体的主流声音，以 MoMA 为代表的博物馆所主张的"非政治化""精英化"美学体系则受到各种激进团体的抨击。

博物馆的回应

当然，这些抨击也得到了博物馆不同程度的回应。1967 年，安那考斯蒂亚社区博物馆在史密森学会的支持下在华盛顿郊区开放，由当地社区成员管理，重点关注非洲裔美国人的历史和

7.Glueck, G. (1970). "Strike Front Keeps Its Cool." *The New York Times*, 5 July. Available at: https://www.nytimes.com/1970/07/05/archives/strike-front-keeps-its-cool-strike-font.html (Accessed: 2 August 2023).

8.Harvey, E. D. and Friedberg, B. (1971). *A Museum for the People: A Report of Proceedings at the Seminar on Neighborhood Museums.* Arno Press.

文化，展示黑人对美国社会独特性和创造性的贡献。[8] 安那考斯蒂亚社区博物馆的成功开放，也直接促成了 1969 年美国社区博物馆研讨会的举办，一系列少数族裔代表发言谴责主流博物馆未能理解或者顾及当地社区的需求和利益。例如克利夫兰美术馆在过去的几年里获得了 2000 万美元的资金支持，这些钱被计划用于建造一座新的场馆和购买更多的藏品，但是并没有任何预算被用于与其周围社区有关的建设项目，洁白的博物馆和周围糟糕的黑人社区形成了极具讽刺意味的对比。然而各大美国博物馆代表大多缺席了这次研讨会，前来参与的代表也几乎没有对此做任何的辩护。

图 14-2
"我心中的哈莱姆：1900—1968 非裔美国人的文化中心"展览空镜
© 大都会艺术博物馆，纽约

14 博物馆的后现代难题 | 191

大都会艺术博物馆的年轻馆长托马斯·霍温是当时美国主流美术馆中为数不多对民权运动的积极回应者，他在策划博物馆 100 周年展览之际，响应了紧急黑人文化联盟对展览中没有任何黑人艺术家参与的控诉，与策展人艾隆·斯库纳一起策划了一期与狭义的"纯艺术"无关的展览，名为"我心中的哈莱姆：1900—1968 非裔美国人的文化中心"（哈莱姆为位于曼哈顿北部的黑人社区）。霍温用实际行动响应了罗兰·巴特对博物馆"虚伪的人文主义"的批判，同时呼吁其他从业者参与进来并重新审视博物馆是什么，以及如何让博物馆变得不可或缺。

作为艺术史上最早的多媒体展览之一，"我心中的哈莱姆"仅以放大的照片和声音作为媒介，而没有任何绘画或雕塑等艺术作品的参与；展览将拥挤的贫民窟生活景象真实呈现于美国几乎最古老、最富有博物馆古典色彩的大厅。出乎意料的是，这个旨在安慰少数族裔的展览却引起了展览呈现的对象——非洲裔美国人的愤怒，因为他们觉得这个展览始终还是带着白人社会对少数族裔的"家长式"主观视角；非洲裔艺术家同样感到不满，因为展览并不能改变他们的处境——他们的创作依然被排斥在博物馆外（甚至情况有所加剧）。大都会艺术博物馆也因此被卷入舆论对抗的焦点，展览在开放后数月内都占据着新闻头条，十多幅展出的作品也遭到不明身份破坏者的破坏；各个抗议团体纷纷在博物馆大门前抗议，以至于需要警察长期驻守博物馆以维持秩序。[9]

霍温的呼吁并没有得到其他博物馆同行们的响应，国际博物馆协会的调查显示，博物馆普遍反对将艺术和"日常问题"交叠在一起，也有不少学者表示大都会艺术博物馆的此类举措

9. Dubin, S. C. (2006). "Incivilities in Civil (-ized) Places: 'Culture Wars' in Comparative Perspective." *A Companion to Museum Studies*, pp. 477–493. Wiley-Blackwell.

会伤害博物馆与其主要观众之间的关系——不少中产阶级背景的观众在参观"我心中的哈莱姆"后表示感到焦虑和内疚。[10] 芝加哥艺术学院美术馆馆长凯瑟琳·库赫（1904—1994）在她名为《美术馆是为了什么》的文章中反驳了霍温的呼吁，称："博物馆为我们提供了一个解脱的岛屿，在那里我们可以研究、享受、思考，并体验与人类最好的创造物之间的情感交流……而大都会艺术博物馆举办的这类展览向我们展示了痛苦。"

与此同时，不少社会评论家将"我心中的哈莱姆"称为美国历史上最"爆炸"的展览，认为它的出现为后来一系列反映社会问题的展览提供了模板。[11] 其在美国展览史上的"现代"参照物是由史密森学会美国国家艺术博物馆于1991年策划的展览"美国西部：重新解读边境图像"。这个展览将焦点放在美国的西进史上，展出了一大批长期以来被认为是"英雄的"、"真实的"、与美国传统价值观息息相关的艺术作品；通过借鉴所谓"美国西部新历史学家"的学术成果，并融合结构主义、马克思主义、女权主义等学术理论，研究了西进史上长期被忽略的性别、种族和权利问题，并且探讨了艺术家创作此类作品的动机，以及当时艺术家与赞助人、观众之间的复杂关系。[12]

这个展览同样激起了极大的波澜。当时正值美国第一次海湾战争爆发，这个挑战人们传统认知的展览激起了民众和政客的强烈抗议，一些愤怒的议员甚至威胁要从史密森学会撤资。为了应对各路汹涌而至的攻击声音，博物馆最终不得不修改了一批最具争议的文本。

1971年古根海姆博物馆以博物馆应"规避积极参与社会和政治目的"的政策为由，取消了德国艺术家汉斯·哈克（1936—　）

---

10. UNESCO (1969). "Public Attitudes Toward Modern Art." Available at: https://unesdoc.unesco.org/ark:/48223/pf0000127367 (Accessed: 3 August 2023).

11. Dubin, S. C. (1999). *Displays of power: Controversy in the American Museum from the Enola Gay to Sensation*. New York University Press.

12. Aron, S. (2016). "The History of the American West Gets a Much-Needed Rewrite." *Smithsonian Magazine*, 16 August. Available at: https://www.smithsonianmag.com/history/history-american-west-gets-much-needed-rewrite-180960149/ (Accessed: 2 August 2023).

的一场展览（展品包括一篇攻击美国贫民窟现状的文章）。[13] 几年后，美国博物馆行业召开了一次峰会以讨论博物馆的未来，并得出了结论——博物馆不应该成为政治或者社会运动的倡导者，除非涉及直接影响艺术利益的问题。[14] 博物馆馆长和策展人普遍认同克拉克艺术研究所所长乔治·希尔德·汉密尔顿（1910—2004）的立场，即博物馆与外界无关，在这种状态下博物馆才"对社会最有用"。[15] 显然，这种态度无法令外界，尤其是民权运动组织满意，但无论如何，博物馆选择并坚持了自己的立场，尽一切可能试图保持文化层面的中立和自主。

在接下来的一二十年里，博物馆与外界诉求之间的分歧似乎一直没有得到缓解，直至 20 世纪 60 年代激荡的社会环境所引发的对多元文化的思考和社会各界联动，才实际影响了博物馆对外界的态度。当然，博物馆普遍还是一如既往拒绝参与潜在的争议性政治话题，但不论是在展览还是公共教育的安排上，相较之前都持有更开放的态度。到了 80 年代，随着外部环境趋于稳定，博物馆也逐渐从各个激进团体的声讨中解脱出来。也正是在这一时期，欧美博物馆似乎找到了属于自己的后现代文化语言，开始尝试向非政治化的人文主义发生转变。其中一个著名的例子就是让-休伯特·马丁（1944— ）于 1989 年在蓬皮杜艺术中心举办的展览"地球魔术师"。

在这项庞大的展览计划中，来自世界各地数百名当代艺术家的作品被平等地展示在一起，以推动"对话文化"。在蓬皮杜的新空间里，这些作品摆脱了其原本的背景和意义，以对话为目的聚集在一起，仅以艺术语言进行交流。马丁在策划过程中就坦然表达了自己的立场：他的意图并不是为某个群体说话或

13.Glueck, G. (1971). "The Guggenheim Cancels Haacke's Show." *The New York Times*. 7 April. Available at: https://www.nytimes.com/1971/04/07/archives/the-guggenheim-cancels-haackes-show.html (Accessed: 2 August 2023).

14.Esterow, M. (1968). "Director-to-Be Plans Modern Museum's Future; Seeks a Broader Involvement With Scholars and Public Lowry Also Has Thoughts on International Study Center." *The New York Times*, 22 February. Available at: https://www.nytimes.com/1968/02/22/archives/directortobe-plans-modern-museums-future-seeks-a-broader.html (Accessed: 3 August 2023).

15.Hamilton, G. H. (1975). "Education and Scholarship in the American Museum." Ed. by Sherman E. Lee, *On Understanding Art Museums*, pp. 98–130. Prentice-Hal.

图 14-3
黄永砯于 1989 年受邀参加展览"地球魔术师"。《爬行物》，1989 年，纸浆、铁和洗衣机，7m×9m×4m
© 图像及造型艺术著作人协会 / 黄永砯

16.Jean-Hubert, M. (1989). "Les Magiciens de la Terre." Paris: Editions du Centre Pompidou.

者呼吁公众对某个群体的关注，因为他意识到没有人能真正做到这一点；且他的主观选择一定会反映他的"欧洲人视角"，并掩盖"当地文化的复杂性"，所以他策划展览的目的仅仅是赞叹"创作的多重方向和多样性"。这也揭示了后现代时期博物馆所面临的身份困境和人文主义中的核心问题——我们似乎永远无法承诺对其他文化做到完全的理解，博物馆也很难像其宣扬的那样履行文化平等交流的使命。但是马丁借此展览给出了自己的解决方案，即博物馆至少可以发挥自身文化交流平台的功能，邀请陌生人 / 文化在这里发生对话，变得相互熟悉、欣赏和尊重。[16] 马丁的想法一定程度上指出了博物馆摆脱其身份争议的途径，即博物馆或许可以从观察者、旁观者而非倡导者的角度出

14 博物馆的后现代难题 | 195

发，来更好地完成它的使命。

话虽如此，要真正摆脱这种主观视角，并不是一件容易的事情，甚至稍有不慎这种主观视角便会显露出来。例如美国国家美术馆前馆长约翰·卡特·布朗（1934—2002）在20世纪90年代策划的两个大型展览，就因其内容中的"主观立场"而引发争议。布朗于1992年策划了展览"大约在1492"以庆祝哥伦布发现美洲500周年纪念日的到来，于1996年亚特兰大奥运会期间组织策划了展览"五环：世界艺术的五种激情"。布朗宣称促进"文化对话"即为两个展览的目标，但其对这两个展览的策划显然均没有摆脱博物馆文化倡导者的主观视角，其对欧洲（欧美）和非欧洲（非欧美）文化传统之间的视觉呈现并没有做出应有的区分，并且以善意和庆祝为名忽略了很多不美好的客观事实和历史。布朗一直强调其试图将文化价值观融入所有人的生活中，但他仍然被指责"掩盖了历史"和暴露了欧美的"文化傲慢"。[17]卡特的抨击者认为这两个展览的策展理念都在坚定地延续以欧美视角为主体的价值观和以西方艺术史为指导的鉴赏方式，并排斥以其他视角观看的可能性，因此其所行使的依然是一种文化霸权。

20世纪末，美国社会学家詹姆斯·亨特（1955— ）提出"文化战争"这一概念来描述某种特定现象，即同一社会中因为针对广泛属于族裔领域的热点问题态度上的两极分化，而展开的各群体间的激烈对抗。[18]这种对抗在特定情境下会显得尤为激烈，而博物馆就是其可能发生的场所之一。这是因为现代博物馆已经成为社会传递和表达群体文化、科学、历史、身份和世界观的主要场所之一，它在巩固其周围思想形态的同时赋予了

17. Preziosi, D. and Farago, C. (2019). *Grasping the World: The Idea of the Museum*. Routledge.

18. Hunter, J. D. (1992). *Culture Wrs: The Struggle to Control the Family, Art, Education, Law, and Politics in America*. Avalon Publishing.

任何展览中的想法以"实际形态"和分量。

而在民权运动频发、社会激进主义情绪高涨的20世纪60—70年代，这种对抗显得尤为激烈。在后现代思想的影响下，判断博物馆呈现内容的标准已经开始从对象驱动转变为观念驱动——博物馆里讲述的故事不仅来源于展品本身的形态，而且还包括通过结合特定的解读传递出来的想法。这种观念的转变代表着观众越来越希望讲述自己的故事，而不是让别人来解读自身的经历。关于谁有权代表谁发言以及探讨什么的争论也变得日益频繁，越来越多的公众尝试争夺其空间，对博物馆进行更严格的监督，甚至对博物馆的社会角色提出质疑。公众对博物馆态度的这种变化，在邓肯·卡梅伦（1930—2006）的著作《博物馆：神庙还是论坛》中得到极佳描绘，即博物馆越来越被期待成为交流的论坛而不是高高在上的神庙。[19]

在思想激荡的20世纪后半叶，身份认同似乎是存在于每个群体间的问题，而博物馆就像一个笨重的船锚被放置在了对立面，它似乎无法准确回应来自任何一个群体的具体诉求。与此同时，随着所处环境不断发生变化，博物馆对公众的态度也在逐渐发生变化，社区化概念在博物馆中应用得更广泛，"寓教于乐"也在博物馆的研究中被不断提及。但是博物馆普遍还是坚持将政治立场拦在大门之外，就像菲利普·德·蒙特贝罗在担任大都会艺术博物馆馆长时对外界的回应："任何社会激进主义言论在博物馆中都没有立足之地。"[20]

不过相比60年代末，20世纪末期的西方世界已经走出了冷战的阴霾，曾经激进的民权运动热潮也已经退去，这一时期的学者们对博物馆的文化立场提出了实际的要求：即便是采取主

---

19. Cameron, D. (2004). "The Museum, a Temple or the Forum." *Reinventing the Museum: Historical and Contemporary Perspectives on the Paradigm Shift*, pp. 61–73.

20. Tassel, J. (2017). "Reverence for the Object: Art Museums in a Changed World." *Harvard Magazine*, September-October 2002. Available at: https://www.harvardmagazine.com/2002/09/reverence-for-the-object-html (Accessed: 20 July 2023).

角视角的意识形态和实践，至少要能采用其他更具文化敏感性的方式来展示和解释物品。几乎没有人可以否认，人文主义虽然饱受抨击，但依然是那个时代博物馆应对全球化文化交流和历史遗留问题之间的矛盾时能给出的最稳定的回应，同时也是实现跨文化对话最简单的方式。

坦率地讲，即使到了今天，我们依然无法对霍温策划的"我心中的哈莱姆"这一展览给出一个公允的评价。我们可以称赞他是一个正直的人、走在时代前面的人，但是他对外界变化的积极反馈也非常容易被视为投机行为，一定程度上会对博物馆的公共形象造成损害。对于博物馆在新时代的定位和功能，蒙特贝罗给出了自己的答案："诚然，外界总是认为博物馆不应该脱离日常生活，事实上博物馆确实应该尽可能地融入人们的日常生活，但或许不是以人们想象的那种方式。在这个崇尚物质的世界里，大量人为的设定充斥我们的生活，而艺术的神秘和奇迹或许就是参观者所追寻的。所以如果我们的参观者试图寻找的恰巧是远离萨特所说的'日常生活的单调无序'[21]，那么这正是我们能提供的最好服务。"[22]

21. 让－保罗·萨特（1905—1980），法国20世纪最重要的哲学家之一，他主张的存在主义极大地影响了"二战"后的法国意识形态。存在主义强调对个性和自由的尊重；人的物理存在本身没有意义，但人可以在原有存在的基础上自我塑造、自我成就，从而拥有意义。

22. De Montebello, P. (2004). "Art Museums, Inspiring Public Trust." *Whose Muse*, pp. 151–169. Princeton University Press.

15 当博物馆成为城市名片

毫无疑问，现代博物馆已经摆脱了启蒙运动时期的懵懂和精英鉴赏家聚集地的形象，也攻破了批评家描绘的"艺术的坟墓"和"与世隔绝的飞地"的假说。今天的博物馆已经成为城市汇聚人群的中心，既吸引寻求教育、娱乐的当地社群，也吸引千里之外的旅客前来拜访。它不再仅仅只是一个教育机构、娱乐机构，而开始扮演所在地区的发动机、城市状态的"晴雨表"等角色。这或许就是 20 世纪末博物馆所扮演角色发生的最大变化。

本章将重点关注蓬皮杜中心等 20 世纪 70—80 年代新建的博物馆，讨论 20 世纪后期博物馆在城市发展，尤其是城市复兴中扮演的角色以及发挥的作用，借此提供给读者一种看待博物馆功能的全新视角。

纪念碑建筑的后现代应用

1959 年 10 月，纽约古根海姆博物馆正式对外开放，尽管各界人士对其褒贬不一,却没有人能质疑这座博物馆给艺术世界带来的巨大影响。这种影响很大程度上来自其对当时博物馆形象的颠覆,而赖特设计的纪念碑式建筑在其中发挥了重要的作用。尽管如此,这种建筑风格并不被当时多数的博物馆及策展人接受,不少批评家对赖特提出批判,称他掀起了一股"建筑傲慢"浪潮,使人们的关注点从艺术转移到了其呈现空间上,而这种尝试并不能令艺术从中受益。

古根海姆博物馆建成后,出现了不少尝试效仿它的文化机构,但多数都没有收获设计师们预期的效果,其中最具代表性的就是戈登·邦夏(1909—1990)设计的华盛顿赫施霍恩博物馆。尽管当时的邦夏已经在美国享有相当的名望,但这并没有为他设计的这一灰色圆形建筑带来任何评价上的改观。评论家们普遍认为这个建筑是对赖特古根海姆建筑的失败模仿,甚至不少人将其描述为一个"堡垒""军事掩体",或者一个"油气罐"。1974年,美国艺术评论家保罗·戈登伯格(1950—)预

图 15-1
戈登·邦夏设计的华盛顿赫施霍恩博物馆
摄影:格兰芬多

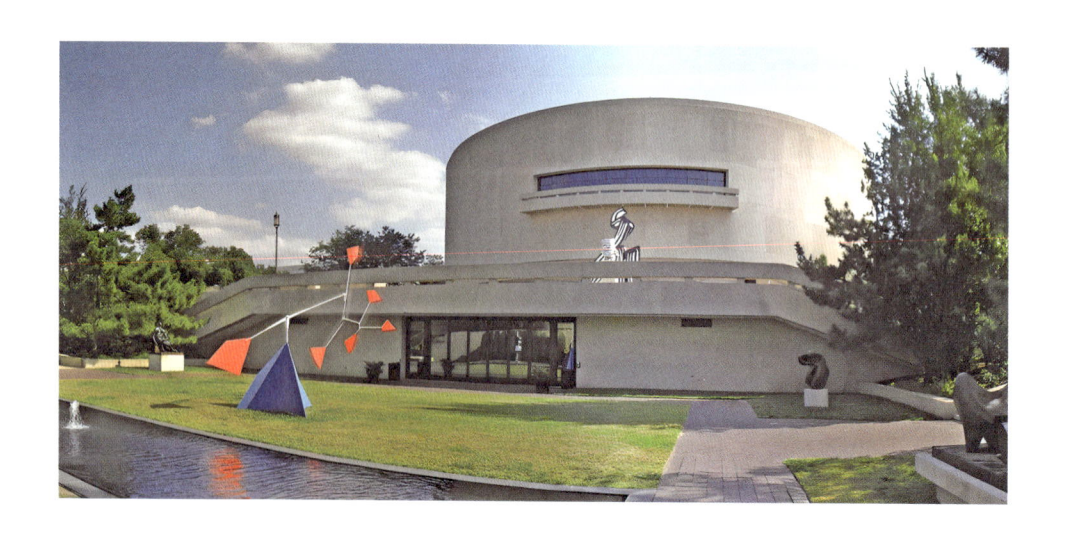

言这种由古根海姆刮出的纪念碑式博物馆建筑风潮或许就要结束了。[1]然而事与愿违,仅仅三年之后,蓬皮杜艺术中心(以时任总统的乔治·让·雷蒙·蓬皮杜[1911—1974]命名)在巴黎的出现便打破了这个预言,再度掀起建造纪念碑式博物馆的热潮,并一直持续至今。

蓬皮杜艺术中心是第二次世界大战后法国文化重建的一个重要项目,同时也是法国政府对1968年5月抗议活动中文化民主化诉求的回应。长久以来,法国就有通过赞助文化和博物馆来进行政治宣传的传统,这一点在18—19世纪法国的学院沙龙体系建立和法国大革命后将皇家宫殿——卢浮宫作为公共博物馆向全民开放等举措中都能得到很好的体现。从这一角度来看,尽管蓬皮杜艺术中心自筹划开始就充满了争议,但是这种争议是意料之中的,甚至是他的发起人和赞助人——法国政府所期待的,因为这样才能引起人们足够的关注和兴趣。

法国政府试图将这个新文化中心打造成其所倡导的进步、开放思想的象征。在这次筹划过程中,收藏不再是博物馆建构的绝对重心,其重要位置让渡给了建筑空间。为此,法国政府首次面向全球公开招募建筑方案,伦佐·皮亚诺(1937—)和理查德·罗杰斯(1933—2021)设计的透着未来主义色彩的方案在众多设计方案中脱颖而出,最终获胜。二人的设计尝试了一种基础结构由内向外转变的新型建筑模式,建筑的支撑结构、机械系统,包括动线回路设计,全部在建筑空间的外部,并利用彩色管道将各种功能系统连接并区分开来;同时对其偌大的内部空间进行了充分利用:高雅和流行文化展厅、绘画和雕塑的艺术展厅、多媒体图书馆、表演艺术空间、电影院、咖啡馆

1.Goldberger, P. (1975). "What Should a Museum Building be?" *Art News*, 74(8): 33–38.

和艺术品商店等，应有尽有。[2]

这座新建的艺术中心拥有内外开放的大厅、城市观景台、明快的色彩和透明的建筑结构，旨在刻意模糊精英文化与大众文化、教育与娱乐之间的界线。因此蓬皮杜艺术中心从一开始便被视为在传统社会和文化等级制度之外打造的一个新公共空间，是法国博物馆界一次了不起的民主化进步。但是这种"进步"也令很多巴黎人无法接受，其中最具争议的就是这座巨大建筑的外观，很多人认为其看起来更像一个炼油厂或者天然气厂，而完全不像一座博物馆。最终蓬皮杜艺术中心的新空间有效地回应了围绕它的争议，博物馆对外开放不久，就被赞誉为"出现在任何城市都值得去参观的新景观"。时至今日，它仍然是巴黎游客最多也最受当地居民喜欢的博物馆。

开放之后的蓬皮杜艺术中心大受欢迎，这似乎暗示了一座有吸引力的建筑物和高游客数量之间的潜在联系。尽管这个观

[2].Sisson, P. (2017)."Paris`s Iconic Centre Pompidou: 8 Things You didn`t Know." Curbed, 23 January. Available at:https://archive.curbed.com/2017/1/23/14365014/centre-pompidou-paris-museum-renzo-piano-richard-rogers(Accessed: 12 August 2023).

图 15-2
蓬皮杜艺术中心，1977 年
© 木田克久、理查德·罗杰斯

点至今仍然饱受争议，却实际影响了后来的博物馆规划。后来的博物馆发起人或赞助人，无论是出于政治还是经济原因，普遍都会默认以博物馆的受欢迎程度来衡量其是否成功。相比20世纪初的欧美博物馆馆长谴责"神庙式"建筑成为参观者进入博物馆的一个重大阻碍，半个多世纪后的蓬皮杜艺术中心开始尝试通过独特的建筑物造型来获得人们的关注。同时蓬皮杜艺术中心的成功还证实了有吸引力的公共项目对周围社区所起到的激励作用：艺术中心惊人的受欢迎程度直接推动了本已破败的巴黎马莱区的复兴——这无疑为其他国家提供了一场"复苏文化中心"的演示教学。

与此同时，蓬皮杜艺术中心呈现出的新颖建筑、包容的文化态度和对地区复苏强大的驱动力，也成功掩盖了其作为艺术空间的一些不足。前文提到，蓬皮杜艺术中心所有的基础设施全部被置于建筑外部，这确实使得其内部空间开阔且包容，极具灵活性，但这样的空间并不适合传统艺术，尤其是架上绘画作品的展示。它反向证明了，对于绘画和雕塑作品而言，仍然需要精心定制的空间搭配动线、灯光设计，才能使其魅力完整地呈现出来。意识到这个问题后，蓬皮杜艺术中心在开放后不久，便邀请了奥赛博物馆的设计师盖·奥伦蒂（1927—2012）参与改造博物馆的顶层空间，尝试用传统的"白色立方体"空间设计将其顶层展厅包裹起来，以削弱建筑本身的未来感对展出效果的影响，然而最终效果也还是不尽如人意。显然，没有人会认为蓬皮杜艺术中心是一个展示印象派或者立体主义绘画作品的好场地，尤其是与仅几个街区之隔的毕加索博物馆（1985年作为公共美术馆对外开放）和塞纳河对岸的奥赛博物馆相比。[3]

3.McClellan, A. (2008). *The Art Museum from Boullée to Bilbao*. University of California Press.

"文化地标"

尽管戈登伯格没有正确预测到博物馆建筑的繁荣，但是他精确把握住了其中成功的关键：充裕的资金，以及城市借助博物馆来提升其文化实力的愿景。20世纪70年代，欧洲国家度过了战后最艰难的经济衰退期，城市资金重新开始回流到文化领域，而蓬皮杜艺术中心的成功，有力地证明了一个充满活力的新博物馆不仅可以"养活自己"，还可以在增加游客人数和收入，提升城市公众形象和公民自豪感，推动城市复兴等方面起到举足轻重的作用。从20世纪80年代至今，寄希望于新文化中心或博物馆无限潜力的城市规划者和一众国际著名公共建筑设计师展开了通力合作，旨在为各个城市打造一座上镜且迷人的"纪念碑"。

蓬皮杜卸任后，他的继任者弗朗索瓦·密特朗（1916—1996）延续了其文化政策，将文化景观和城市规划紧密结合在一起。他主持建造了一条从拉芳德斯广场到巴士底歌剧院，覆盖凯旋门、香榭丽舍大道、协和广场等著名文化地标，贯穿整个巴黎的"文化景观中轴线"。[4] 这条中轴线的中心点是卢浮宫，卢浮宫也最终成为整个项目中最具争议的一环。卢浮宫在此次改建过程中增设了商店、餐厅、放映厅等多功能空间，然而真正引发争议的是由贝聿铭为其设计的玻璃金字塔入口。

这一极具现代主义气息的几何形玻璃建筑与周围的古典建筑形成了鲜明的对比；同时又通过"穿过金字塔进入博物馆深处"这一情景的描绘唤起了人们对18世纪博物馆最初印像的回忆，与路易斯·布雷等最早的一代博物馆设计师完成了一场跨

4. Hanser, D. A. (2006). *Architecture of France*. Greenwood Publishing Group.

5.Wise, M. Z. (1998). *Capital Dilemma: Germany's Search for a New Architecture of Democracy.* Princeton Architectural Press.

6.Portal, B. L. (2019)."The Scar on the Face of France –Or Is It?" Available at: https://www.billionsluxuryportal.com/post/blp-paris-the-lourve (Accessed: 15 August 2023).

7.Schneider, A. K. (1998). *Creating the Musže d' Orsay: The Politics of Culture in France.* Penn State Press.

图 15-3
贝聿铭为卢浮宫设计的新入口——玻璃金字塔，现已成为巴黎的城市地标之一
© 盖蒂图片社

越时空的对话。[5] 当然，也并非所有人都喜欢这个设计，不少批评家将这个玻璃金字塔称作"巴黎脸上的伤疤"。[6] 时至今日，这一金字塔入口已经成为卢浮宫足以和《蒙娜丽莎》《米洛斯的维纳斯》等名作相媲美的新文化符号。贝聿铭也凭借这一设计及其对卢浮宫、美国国家美术馆和波士顿美术馆的成功改建，奠定了其国际现代主义建筑设计大师的地位。

除此之外，奥赛博物馆也是密特朗城市文化建设政策中非常重要的一环。奥赛博物馆的原址是维克多·拉鲁（1850—1937）为 1900 年巴黎世界博览会设计修建的火车站，在闲置了 47 年后，设计师奥伦蒂对这个法国学院建筑风格的火车站进行了改建，并代替国立网球场现代美术馆（因 1789 年签订《网球场宣言》而得名）成为法国展示印象派和后印象派作品的主要场馆。[7] 如果试图从博物馆体验的角度去衡量，奥赛博物馆的改建可能并不

15 当博物馆成为城市名片 | 205

算成功，因为"笨重"的火车站建筑极大阻碍了其职能的转变。虽然博物馆的主厅改建使其发生了振奋人心的转变，但是受限于原本老旧的建筑结构，博物馆的动线和指引设计并不理想。同时，尽管建筑风格和藏品在历史时空上形成了呼应，但其营造出来的氛围并不与当代人欣赏艺术的习惯相匹配。好在奥赛博物馆凭借其老建筑的魅力和藏品的知名度，一经开放便成为巴黎对游客最具吸引力的文化地标之一。

"建造一座博物馆，然后人们就会来。"这句话一度成为当时欧美城市文化复兴的最优解，似乎新博物馆在哪里出现，高级文化就会被带去哪里。理查德·梅尔（1934— ）在1983年为美国亚特兰大设计的高等艺术博物馆，凭借其引人注目的建筑设计，一经问世便成为亚特兰大的文化符号。后来他为西班牙巴塞罗那拉瓦尔区设计的干净、闪亮的巴塞罗那当代艺术博物馆（1995年对外开放），同样在筹划过程中就已经肩负着振兴

图 15-4
塞纳河畔的奥赛博物馆
摄影：斯蒂芬·布里杰

拉瓦尔区的使命；当时的拉瓦尔区依旧是巴塞罗那最危险、最具争议的行政区，但巴塞罗那当代艺术博物馆凭借其醒目的造型使其周围成为一个设计工作室、画廊、书店聚集的文化社群，开始对外展现出其独特的吸引力。相比奥赛博物馆的丰富馆藏，高等艺术博物馆和巴塞罗那当代艺术博物馆并没有什么亮眼的收藏，但似乎并不影响其作为文化中心所展现出来的强大吸引力。这种吸引力也适用于梅尔设计的洛杉矶盖蒂博物馆。盖蒂博物馆作为全球最富有的文化机构之一，拥有极其丰富的馆藏作品，但其宏伟的建筑群和能够俯瞰洛杉矶独有景观的绝佳位置，同样在吸引游客方面展现出不逊色于其展品的魅力。

在新世纪来临之际，不论是主流媒体关注甚少的小规模机构改建——如里克·马瑟（1937—2013）对伦敦华莱士收藏馆的翻新[8]，还是各大博物馆耗巨资建造的分馆或者新展厅，新老文化机构都对建筑空间的关注达到了前所未有的高度，不断挑战着各种建筑概念的极限。其中最能刷新人们对博物馆传统概念认知的建筑，可能就是位于柏林的犹太人博物馆。由丹尼尔·里伯斯金（1946— ）和圣地亚哥·卡拉特拉瓦（1951— ）设计的这座博物馆，试图通过建筑本身的锯齿结构空间和令人不适的转弯等设计，唤起人们对犹太人几千年布满伤痕的民族历史的回忆。博物馆建筑于1998年完成，在还没有填充任何藏品的前两年里，空间仅凭借其自身的建筑语言就吸引了35万游客。[9]

除了对游客展现出强大的吸引力，20世纪末新博物馆空间的建造风潮其实还有更深层的作用。从博物馆角度而言，在艺术市场急速膨胀的当下，博物馆每收购一件作品可能都会耗费

8.Micaarchitects (n.d.). "The Wallace Collection." Available at: https://micaarchitects.com/projects/the-wallace-collection (Accessed: 15 August 2023).

9.Jewish Museum Berlin (2019). "The Libeskind Building." Available at: https://www.jmberlin.de/en/libeskind-building (Accessed: 15 August 2023).

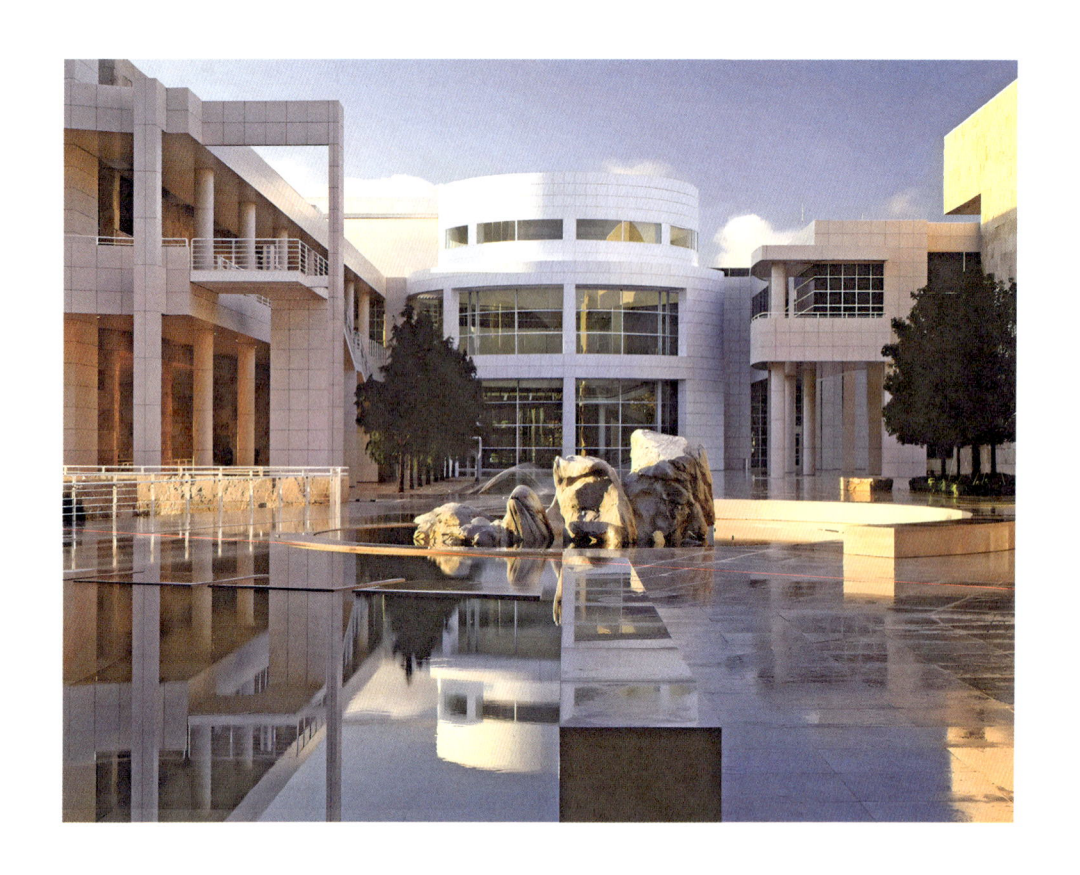

其一年的专项资金,而新建筑的出现所唤起的公众关注度和其传递的博物馆未来规划,无疑会吸引更多的艺术捐赠。与此同时,至少在理论层面,建筑空间是后现代时期的博物馆与公共事业最容易达成共识的领域——相比其他支出,为新建筑筹集资金更能激发当地政府、捐赠者和市民的参与感;而提供更好体验的博物馆空间也能刺激和吸引更多的观众,增加其获得贷款和承接大型展览的可能性,反过来又会增加参观人数、收入,提升博物馆的公众形象,从而实际反哺它的支持者,如此形成良性循环。

图 15-5
位于洛杉矶的盖蒂博物馆
ⓒ斯科特·弗朗西斯摄影

208 | 博物馆简史

图 15-6
位于柏林的犹太人博物馆
© 赫夫顿和克劳摄影工作室

城市复兴和软城市

英国著名作家、评论家乔纳森·拉班（1942—2023）于20世纪80年代提出了"软城市"的概念。根据拉班的理论，城市文化本身是有可塑性的，它是由人们在有限时间内选择的呈现形象构成的视觉碎片拼凑而成的。因为观察者身份的不同，现代城市生活也会根据其观看方式的差异呈现出不同的模样，这也代表着一种通过"特有文化"视角看待城市的方式的开始。基于这一理论，现代城市规划开始逐步推翻现代主义时期仅凭借统计报告和建设计划来规划发展方向的模式，而开始关注到城市的多元属性。[10]

到了20世纪末，对"软城市"这一概念的诠释已经成为评判后现代城市的重要标准。其中最著名的是大卫·哈维（1935— ）的《后现代性的状况》（1989）中对拉班所提出的概念的描述，他将软城市的概念从单纯的城市规划层面转向对城市文化风格的关注。哈维认为后现代城市景观是由一系列前所未有的重叠空间组成的，各种亚文化在这个重叠空间中共同存在。而软城市就是一座由艺术节、历史遗址、电影院和购物中心组成的城市，其以各种富有表现力的"时尚代码"来构建自己，从而带给人们一系列风格各异的"体验"。[11]

"软城市"这一概念的出现，为20世纪后半叶欧美国家的城市复兴提供了一种新思路。尤其是在随着全球化日益深入而引发的文化消费时代里，软城市概念为城市形象提供了一个意义框架。通过特定文化范畴的影像投射，城市产生了一种符号学的概念，并将其复杂的多重元素聚集浓缩为一个易于理解的

10.Raban, J. (2017). *Soft City*. Picador.

11.Harvey, D. (2020). "The Condition of Postmodernity." *The New Social Rheory Reader*, pp. 235–242. Routledge.

标志——例如提到巴黎就会想到埃菲尔铁塔和卢浮宫。同时根据凯文·罗宾斯（1947— ）的理论，后现代城市的身份原本就是在媒介传播中形成的，因而图像成为构建城市形象的重要手段，这无疑与后现代城市营销者的需求是一致的。尤其是像伊斯坦布尔、威尼斯、佛罗伦萨和巴黎这样的历史名城，都习惯利用对文化和艺术的描绘将城市本身呈现为集聚浪漫和幻想的梦境。[12]

毫无疑问，现代城市已经成为高度审美化的地方，许多研究已经证明文化和艺术在工业城市的复兴中发挥的核心作用。例如，沙隆·祖金（1946— ）在针对美国城市复兴的研究中指出，如纽约、洛杉矶等城市随着规模的不断扩张，其传统市中心地区也面临着转型的压力，而文化和艺术在其转型过程中扮演着举足轻重的角色——纽约有计划地将其工业时代遗留的港口和仓库改建为艺术家的公寓、画廊和博物馆，洛杉矶则致力于利用博物馆等文化机构重新唤回人们对老城区的关注。祖金在进一步的研究中还表明，像纽约这类涉及长期转型和去工业化的城市，文化资本的介入甚至成为地方政府和企业调控房地产市场的一种手段，例如曼哈顿苏豪区的成功转型便与包括博物馆在内的文化产业兴起有直接的联系。[13]

在英国，对老旧工业城市的文化类基础设施的投资一直伴随着城市品牌化的过程，这一点在英国北方城市如格拉斯哥、曼彻斯特、利物浦和纽卡斯尔的转型发展中都能得到集中体现。这些城市的复兴计划普遍都是建立在对其文化和艺术的信心上，同时还为城市带来了金融、服务和文化旅游等新产业的兴盛。[14] 在完成一系列建设后，利物浦拥有了伦敦以外英国最

12. Robins, K. (1991). *Prisoners of the City: Whatever Could a Postmodern City Be?*. Methuen.

13. Zukin, S. (1996). "Space and Symbols in an Age of Decline." Ed. by Anthony D. King, *Re-Presenting the City: Ethnicity, Capital and Culture in the Twenty-First Century Metropolis*, pp. 43–59. NYU Press.

14. Wynne, D., O'Connor, J., and Phillips, D. (1998). "Consumption and the Postmodern City." *Urban Studies*, 35(5–6): 841–864.

庞大的博物馆网络，其中备受瞩目的莫过于阿尔伯特码头边上的利物浦泰特美术馆；利物浦自身的城市形象也从一个工业港口城市一跃而成为一个极具音乐和艺术气息的文化城市。泰恩河畔的小城盖茨黑德也通过一系列工业码头遗址的改建和波罗的海当代艺术中心（面粉厂旧址改建）的筹建，完成了城市的转型。这两个城市都因为被塑造成富有艺术气息的活力城市而成为 2008 年争夺"欧洲文化之都"称号的有力竞争者——最终利物浦获得了这项荣誉。

文化和艺术的这种效用也同样被中国应用在城市"老区"的复苏中。徐汇滨江地区曾是近代上海重要的交通枢纽、物流集散地和生产基地，聚集了铁路南浦站、北票煤码头、飞机制造厂、水泥厂等大工业厂区，是一条封闭的传统工业岸线。然而随着 20 世纪 80 年代开始上海城市规模的快速扩张，产业转移已成必然，其所有工业设施也最终于 2010 年前后全部拆除。在后来的城市规划中，将徐汇滨江重命名为"上海西岸"，旨在将其建设成为对标伦敦泰晤士河南岸、巴黎塞纳河左岸等蜚声国际的城市文化地标。

在之后的城市更新与改造中，上海并没有完全抹掉这块区域的城市记忆，而是将北票码头的标志性建筑，比如塔吊、煤料斗卸载桥等建筑较为完整地保留了下来，并巧妙地与美术馆、咖啡馆等有机融合在一起。2014 年以来，包括龙美术馆（2014 年对外开放）、油罐艺术中心（2019 年对外开放）、西岸美术馆（2019 年对外开放）在内的一众艺术文化机构陆续对外开放。尽管徐汇滨江的改造建设仍未结束，但其以艺术传媒为引领的文化创意产业集群已颇具规模。

15.Prior, N. (2006). "Postmodern Restructurings." *A Companion to Museum Studies*, pp. 509–524. Wiley-Blackwell.

图 15-7
位于上海徐汇滨江的龙美术馆，其设计原型即为北票码头构筑物"煤漏斗"（图左）
摄影：帕维尔·帕尼兹科

总而言之，在后现代城市规划和城市复苏领域，博物馆扮演着重要角色，因为它是"软城市"概念中文化复兴的象征，是任何试图改善自身城市形象和文化态度的城市都可以信赖的文化符号。在北美，费城、堪萨斯城、旧金山和巴尔的摩等城市都已将其新文化区的总体规划与博物馆建设结合起来；在西班牙的毕尔巴鄂，博物馆已成为该市最重要的景点；相比之下，伦敦泰晤士南岸泰特现代美术馆的开放，对南华克地区的形象产生了类似但似乎不及预期的影响。[15]

这是否意味着博物馆作为文化符号的作用可以不假思索地应用在任何城市？事实上，这些公共政策的整体目的、成效和博物馆在其中发挥的作用仍然有待评估。就算是在毕尔巴鄂这

15 当博物馆成为城市名片 | 213

座因为当地的古根海姆博物馆而重新焕发生机的西班牙小城里，也有不少证据表明围绕博物馆产生的文化艺术社区的影响力存在衰退的迹象。在很多城市中，闪亮却无人问津的现代博物馆建筑和周围破败的居民区形成鲜明对比的尴尬景象，时有出现。但是，无论艺术投入的社会回报多么有限，以博物馆为中心塑造的城市文化符号和积累的文化魅力，都在提升"软城市"形象中体现出了极高的可信赖度，即便到了今天，这种策略依然在后现代城市的文化复兴过程中发挥着无可替代的作用。

16 博物馆"奇迹"

在 20 世纪末由蓬皮杜艺术中心掀起的兴建博物馆的热潮中，没有一家博物馆的出现会像毕尔巴鄂的古根海姆博物馆那样振奋人心。1997 年，弗兰克·盖里（1929— ）设计的"新"古根海姆博物馆在西班牙毕尔巴鄂对外开放，它成功地令一个衰败的工业小城重生为一个文化旅游目的地。古根海姆毕尔巴鄂博物馆取得了非凡的成就，其影响超越了文化产业的范畴，以至

图 16-1
弗兰克·盖里为西班牙小镇毕尔巴鄂设计的古根海姆博物馆
摄影：村山直刚

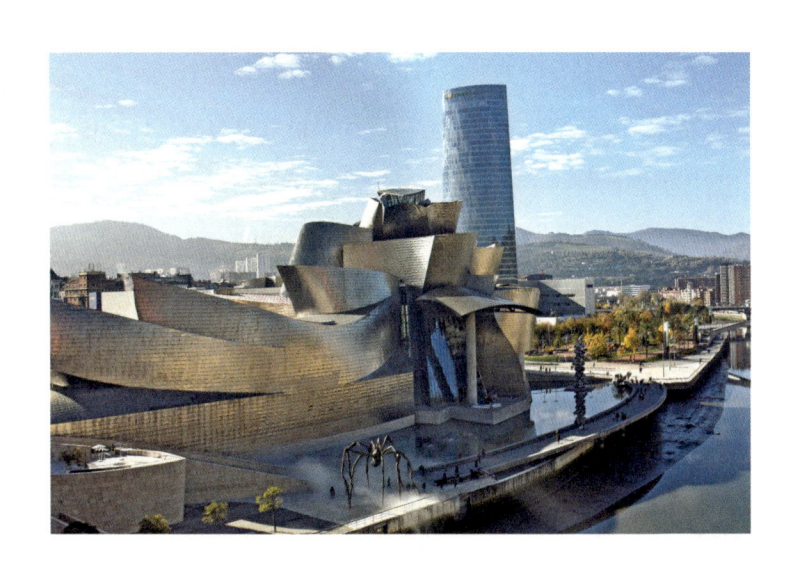

于很难从任何实际效用层面去批评其存在的缺点。许多建筑师和评论家称赞这座博物馆是"20世纪最伟大的建筑,甚至没有之一"。这种由艺术和建筑共同构成的奇迹被称为"古根海姆效应"(或"毕尔巴鄂效应")。[1] 本章将从"古根海姆效应"出发,通过探讨不同视角对这一"博物馆奇迹"的看法,来审视新旧世纪相交之际人们对博物馆形态的期待。

古根海姆效应

20世纪90年代,当有消息称西班牙巴斯克地区衰败的工业小城毕尔巴鄂决定建造古根海姆博物馆的时候,几乎没有当地人对这个决议表示支持,人们无法理解这座失业率高达25%的小城,为什么要耗费230万美元巨资去建造一家博物馆,而不是用于实际的民生项目。[2] 然而后续发生的一切都在不断证明这项决策的正确性。新博物馆一经开放就展现出强大的吸引力,第一年吸引了约130万游客参观,大约是预期人数的3倍,为当地带来了超过2亿美元的收入。毕尔巴鄂古根海姆博物馆仅用六年时间就收回了成本,并在未来的20年时间里每年都为毕尔巴鄂吸引约80万巴斯克区以外的游客(此前仅为10万),每年为当地政府增加约3000万欧元的税收,在养活了当地的酒店、餐饮、咖啡等服务行业的同时,还为当地创造了数千个工作岗位。毕尔巴鄂古根海姆博物馆的巨大成功使得建筑师盖里声名大噪,来自世界各地的数十个城市尝试与盖里接洽,希望可以复制毕尔巴鄂的奇迹;同时古根海姆基金会也收到了大量城市

1.Plaza, B. (2006). "The Return on Investment of the Guggenheim Museum Bilbao." *International Journal of Urban and Regional Research*, 30(2): 452–467.

2.Plaza, B. (2007). "The Bilbao Effect (Guggenheim Museum Bilbao)." University of Munich.

的邀请，希望将这个博物馆品牌引进当地。

尽管如此，但并非所有人都对"古根海姆效应"持乐观的态度。一些评论家警告称新建筑只会带来短期的收益，没有强大馆藏的博物馆并不能对观众产生长久的吸引力；同时随着收入的下降，博物馆只能被迫选择更激进的向外拓展策略。事实证明，这一警告并非危言耸听，后来很多"古根海姆效应"模仿者的处境，甚至比学者们预料的还要糟糕。

英国中部城市谢菲尔德曾于1999年建造并开放了国家流行艺术中心，这是一家主要展示流行、摇滚音乐等当代流行文化的博物馆，也是英国千禧年委员会针对城市复苏发起的项目。按照组委会的预期，博物馆开放后每年将吸引40万游客前来参观，可实际年参观人次仅有15万。该馆最终仅开放了15个月就因为财务问题被迫关闭，后出售给当地的学校作为学生中心使用。[3]

即便是在有毕尔巴鄂这一成功先例的西班牙，也有类似的失败案例发生。巴伦西亚于1991年开始建设一个包括博物馆、歌剧院在内的"艺术科学城"，但是由于方案一直更改，整体计划建造规模越来越大，同时设计师的构想在实际建造中也遇到了不少难以实现的技术难题，整个项目于2009年才全部完工；总支出由最初预算的3亿欧元涨到了最终的12亿欧元，当地政府因此背负了数亿欧元的债务，建筑师圣地亚哥·卡拉特拉瓦也因这一项目备受争议。[4] 好在巴伦西亚艺术科学城开放后展现出了不俗的游客吸引力，其于2018年为巴伦西亚创造的生产总值高达1.13亿欧元，并创造了3500余个就业岗位。尽管如此，受限于其庞大规模产生的运营和维护费用，项目要收回成本仍

3.BBC(2001). "£2m Relaunch for National Pop Centre." *BBC News*, 19 July. Available at: http://news.bbc.co.uk/2/hi/entertainment/1447524.stm (Accessed: 18 August 2023).

4.Green European Journal (n.d.) "The 'Guggenheim Effect': Pride and Prejudices." Available at: https://www.greeneuropeanjournal.eu/the-guggenheim-effect-pride-and-prejudices/ (Accessed: 18 August 2023).

显得遥遥无期。

除此之外，还有不少案例都表明"古根海姆效应"在实际应用层面的不可控性和难以复制性。

在文化艺术领域，不少学者或者博物馆专业人士也对此提出了他们的另一层顾虑，他们表示这种媒体炒作的博物馆"奇观建筑"的疯狂流行，实际上伤害了博物馆对艺术、美学沉思和学术的承诺。正如学者罗伯塔·史密斯（1948— ）提出的观点："建筑不是博物馆，只有艺术才是。"[5]当博物馆本身成为一个"参观物件"时，基于建筑本身产生的动机会导致参观时的情绪、氛围和场景发生变化，而这种变化显然无法与常规欣赏艺术的场景相融，最终艺术可能会在这种矛盾的语境中消失，而这显然是与博物馆最初的使命相悖的。[6]

为了遏制"古根海姆效应"影响力的持续扩大，反对者们和不少建筑师组成了"同盟"，抵制壮观的建筑，推崇利用精巧的照明、有质感的材料和间接的建筑语言塑造精致的艺术观看环境。伦佐·皮亚诺就是其中的典型代表。作为蓬皮杜艺术中心的设计者，皮亚诺后来的设计风格与之前形成了鲜明的反差，不同于蓬皮杜艺术中心的繁复精致，他为位于休斯敦的梅尼尔收藏博物馆和巴塞尔的贝耶勒基金会博物馆设计的建筑，都以克制的外表和静谧的内部空间著称。[7]梅尼尔收藏博物馆几乎放弃了所有张扬的建筑语言，唯一的装饰物是为了遮挡得克萨斯州刺眼的阳光而保留的智能百叶窗；同时为了强化艺术欣赏的体验，皮亚诺在设计中将艺术空间和咖啡馆、出版物商店进行了明显的风格区分。

当然，皮亚诺如此设计，可能部分是因为梅尼尔收藏博物

5. Smith, R. (2000). "ART/ARCHITECTURE; Memo to Art Museums: Don`t Give Up on Art." *The New York Times*, 3 December. Available at: https://www.nytimes.com/2000/12/03/arts/art-architecture-memo-to-art-museums-don-t-give-up-on-art.html (Accessed: 19 August 2023).

6. Knight, C. (2000). "When the Museum Becomes an Event." *Los Angeles Times*, 28 May. Available at: https://www.latimes.com/archives/la-xpm-2000-may-28-ca-34852-story.html (Accessed: 21 August 2023).

7. Davis, D. (1990). *The Museum Rransformed: Design and Culture in the Post-Pompidou Age*. Abbeville Press.

馆和贝耶勒基金会博物馆都是规模较小而财力雄厚的私人美术馆，两个机构都没有迎合公众喜好的需求。但客观上来说，这样的设计确实为它们保留了强烈的私人收藏色彩，无疑也保留了博物馆拥有者的精英文化属性。

类似的静谧艺术空间还有安藤忠雄（1941— ）设计的圣路易斯的普利策艺术基金会博物馆（2001 年对外开放）和安藤忠雄博物馆（2013 年对外开放），两个建筑都使用了安藤忠雄最具代表性的清水混凝土风格，通过几何构造的空间和独特的光学设计，使整个博物馆的室内空间显得超凡脱俗。同时，两个博物馆朴素的外观、相对狭窄的受众群体和对商业保持距离的态度，也都使之与"古根海姆效应"毫不沾边。

上述这些建筑设计师以简洁的建筑语言著称，但并不代表他们的设计就无法对观众展现美学上的吸引力——这显然又与"古根海姆效应"反对者们最初的意愿背道而驰了。其中最著名的例子莫过于谷口吉生（1937— ）设计的 MoMA 新馆。谷口吉生是一位以简约的后现代主义风格而闻名的建筑师，他此前的代表作是东京国立美术馆法隆寺宝物馆，完美展现了他对空间和比例的精妙处理和对高质量材料的准确运用。尽管他设计的建筑充满了现代语言，却为其中 8 世纪的馆藏作品营造了一种宁静的氛围。正是这种注重质感而非外观表现力的设计理念，使谷口吉生获得了 MoMA 场馆改造的委托，组委会希望他能够在这个预计投入 8.5 亿美元的改建项目中为其馆藏的杰作找到合适的新时代宁静感。谷口吉安自信地回应他的雇主："如果你给我足够的钱，我会为你设计一栋漂亮的建筑。如果你给我更多，我会让它消失。"[8] 博物馆建筑最终确实成功地"消失"了——

8.Eakin, H. (2004). "MoMA's Funding: A Very Modern Art, Indeed." *The New York Times*, 7 November. Available at: https://www.nytimes.com/2004/11/07/arts/design/momas-funding-a-very-modern-art-indeed.html (Accessed: 21 August 2023).

图 16-2
谷口吉生为纽约现代艺术博物馆设计的新建筑
© 现代艺术博物馆，纽约

但并不是以 MoMA 期望的方式：谷口吉安营造的那份宁静感似乎只属于建筑师、策展人和工作人员；意料之外的参观规模，反而使参观者无法欣赏到其通过空间和细节所营造的那种宁静感。是的，博物馆建筑成功地在艺术品面前消失了，却在人群面前暴露无遗。只能说，新建筑确实提供了令观众和艺术更加亲密的体验，却也使博物馆最初的美学崇拜理念难以为继。

20 世纪末，一种新形态博物馆的出现无意间做到了对"古根海姆效应"的实际反对——阁楼博物馆。这种类型的博物馆不依靠建筑设计师，通常选择的空间是废弃的工厂或仓库，这些空间简单、灵活，同时已经从最初的建造意图中解放出来。然而最精彩的是，阁楼博物馆试图通过模仿艺术品的创作场景，

9.Kimmelman, M. (2003). "The Dia Generation." *The New York Times*, 6 April. Available at: https://www.nytimes.com/2003/04/06/magazine/the-dia-generation.html (Accessed: 21 August 2023).

即"艺术家的阁楼",使得展品回到其最初的语境中,从而隔绝了其他博物馆惯有的政治、商业、美学层面的联想空间,实现了一种原始的纯粹。这种类型的博物馆通常会选择避开人群,像私人基金会一样不依赖注释来讲解作品,同时致力于严肃的艺术交流。[9] 其中最著名的例子就是匹兹堡安迪·沃霍尔博物馆(1994年对外开放)、马萨诸塞州当代艺术博物馆(1999年对外开放)和纽约迪亚比肯博物馆(2003年对外开放)。与法国奥赛

图 16-3
马萨诸塞州当代艺术博物的建筑空间原为纺织制造厂,后改建为博物馆并于1999年对外开放
摄影:道格拉斯·梅森

16 博物馆"奇迹" 221

博物馆极其相似的是，这些阁楼博物馆通过对废弃建筑的改建和再利用，使其空间语言和展品形成了呼应；与此同时，它们与蓬皮杜艺术中心和毕尔巴鄂古根海姆博物馆拥有相似的帮助其周围社区成长的能力，但不同的是，它们并不依靠吸引人的建筑外观作为先决条件，甚至可以说阁楼博物馆本身其实是非建筑性的。

当然，在现实世界中，任何建筑都不可能实现完全的"中性"，也没有任何一位建筑设计师可以真正做到使其设计的建筑"消失"——出于对建筑师的尊重，我们当然也不应该希望建筑本身消失。是的，古根海姆的奇迹并不能轻易地被复制，但我们无法从根本上否定它的效用——充满美学设计的博物馆建筑本身就足以对游客产生吸引力。

建筑空间的效用

对于不少成熟的博物馆而言，它们对建筑空间的思考已经脱离了单纯依靠风格进行的判断，而是通过关注战略性的部署改建或扩建计划，以平衡（活跃或缓和）现有的建筑风格；它们试图通过一种较为综合的方式解决艺术鉴赏、民众参与和空间之间的紧张关系，并对城市共享空间和艺术空间进行较为平衡的处理。就像卢浮宫邀请贝聿铭改建博物馆的入口，或者美国国家美术馆和波士顿美术馆通过拓建更具时代性的展厅，使传统博物馆焕发新的活力。

同时尽管不太常见，但也有博物馆尝试利用新建筑去抵消现有建筑的强势表现力，试图呼吁人们关注点的回归。例如位于美国亚特兰大的高等艺术博物馆，为平衡原有建筑的强大张力，于 2005 年委托皮亚诺负责新馆的设计。新的场馆试图为策展人提供更适合艺术呈现的空间，并且借此宣布博物馆进入了一个关注艺术严肃性的新时期。

　　高等艺术博物馆在过去 20 年的时间里收藏体量翻了一倍，展览的质量也有了显著的提升，如果说理查德·梅尔 1983 年为其设计的个性建筑成为博物馆吸引外界注意的主要景观，那么下一阶段博物馆需要思考的便是如何更好地在艺术世界确定自身的地位，这也是新馆设计最终委托给皮亚诺而非梅尔的原因。高等艺术博物馆馆长这样解释这一决定："梅尔更倾向于建造壮

图 16-4
位于美国亚特兰大的高等艺术博物馆两座建筑，左上为理查德·梅尔所设计，右下为伦佐·皮亚诺所设计
©蒂莫西·赫斯利

16 博物馆"奇迹"　　223

观的建筑，而我们已经有了一座地标性的建筑，且他做得很好；梅尔的建筑现在会与一个新的建筑共存，而策展人希望这个新建筑能重新强调艺术。"[10] 显然博物馆试图借助这个决定向外界传达一个信息，即高等艺术博物馆希望被认为是一个进行严肃艺术交流的空间。

如果尝试脱离博物馆的实际效用来探讨围绕"古根海姆效应"的争论，我们不难发现，这种奉行精英文化的策展人、艺术评论家和博物馆组成的联盟在历史中并非首次出现。新的"奇观建筑"博物馆的出现往往受到大众的欢迎，但是这显然有损部分艺术界专业人士的利益。如果人们仅仅因为建筑外观的吸引就会踏进博物馆，那么还需要艺术评论家这样的"品位仲裁者"吗？同理，这也与精心呈现学术展览的策展人和精英私人收藏机构的理念相违背。如果只考虑立场的差异，那么这种冲突似乎是不可避免也无法解决的。

但不可否认的是，博物馆在 20 世纪末扮演的社会角色更像一个城市文化中心、市民的共享空间，是城市文化经济的一部分，是政治和公众期待以及不断变化的社会文化期待的复杂组合。就像曾担任英国国家肖像馆和国家美术馆馆长的查尔斯·索马里兹·史密斯（1954— ）对博物馆的描述：博物馆已经成为最后一个开放和民主的城市体验场所，在这里，人们可以寻求并了解他们的历史、环境、文化，同时也可以更了解自己。[11]

这种变化与其说是博物馆使命的与时俱进，不如说是一种价值观的历史性回归。20 世纪享有盛名的博物馆建筑师路易斯·卡恩（1901—1974），曾在 1944 年的一篇文章中提到他对当时试验性和新形态博物馆建筑的态度，并向同时代的建筑师

10. Iovine, J. V. (2002). "A New Broom Sweeps a Meier Design Clean." *The New York Times*, 23 May. Available at: https://www.nytimes.com/2002/05/23/arts/a-new-broom-sweeps-a-meier-design-clean.html (Accessed: 18 August 2023).

11. Smith, C. S. (1995). "Architecture and the Museum: The Seventh Reyner Banham Memorial Lecture." *Journal of Design History*, 8(4): 243–256.

们提出了要求，希望他们可以思考如何利用新材料和新科技设计"多用途建筑"，但同时保持整体建筑形式与过去神庙式建筑的一致。他说："我们不敢放弃过去学习的建筑课程，因为它们具有未来建筑所依赖的所有伟大共性特征。"他希望在未来可以凭借先进的工程技术将传统神庙式博物馆的圆顶、拱形和拱门塑造成新型的"巨大建筑骨架"，实现以前被认为是乌托邦的设想；但不论建筑形态怎么变化，民用公共建筑都必须提供"愉悦和服务"。[12] 这个观点无疑和半个世纪后的人们不谋而合。

许多针对强势表现力建筑的负面评论往往忽略（或许刻意忽略）博物馆诞生之时的初衷。人们去博物馆是为了放松娱乐或启发灵感，是为了暂时摆脱外界的干扰和传统的束缚；而这种功能是可以通过建筑和空间的参与共同实现的。就像大约两百年前，卡尔·弗里德里希·辛克尔设计的拥有宏伟内部空间和公共外部景观的阿尔茨博物馆，其在当时也是一座引人注目的建筑；而卢浮宫在首次对外开放时也是一个令人眼花缭乱的"旅游景点"，不同人群怀着或猎奇或朝圣的心情走进博物馆里一探究竟，其受欢迎程度丝毫不逊于今天的蓬皮杜艺术中心和玻璃金字塔。诚然一些新博物馆所呈现出的空间形态或许与传统艺术理念并不相符，但这并不意味着一定会削弱博物馆的参观体验，甚至反而会让我们暂时摆脱旧有观念的束缚。同时代也有不少评论家赞叹，毕尔巴鄂古根海姆博物馆这种由外观引发的博物馆热潮展现了"博物馆作为公共场所的崇高潜力"，称其为"复兴人类精神的最伟大的例子之一"，并提到前往参观毕尔巴鄂古根海姆博物馆的游客身上传递出了一种朝圣者的极度乐观情绪。

12.Davis, D. (1990). *The Museum Rransformed: Design and Culture in the Post-Pompidou Age*. Abbeville Press.

在这里就必须提及另外一位 20 世纪后期非常重要的博物馆建筑师——詹姆斯·斯特灵（1926—1992），斯特灵设计的斯图加特国家美术馆（1983 年对外开放）和哈佛亚瑟·萨克勒美术馆（1985 年对外开放），与同时期贝聿铭和梅尔设计的建筑一起引领了那个时代的博物馆设计潮流。但显然，斯特灵的设计理念就现在看来已经"过时"了，他的建筑透着强烈的后现代主义对现代主义的批判和嘲讽色彩，而后现代主义的批判立场与

图 16-5
詹姆斯·斯特灵设计的斯图加特国家美术馆
摄影：理查德·布莱恩特

作为公共文化机构的博物馆立场在本质上其实是不相容的。

这种围绕后现代主义展开的博物馆思考被称为"新博物馆学",后现代主义学者悲观地"预测"了所有现代事物的最终结局。如道格拉斯·克里普（1944—2019）在《博物馆的废墟》一书对博物馆展开的充满后现代主义的批判中,就以詹姆斯·斯特林（1926—1992）设计的斯图加特国家美术馆为例,通过描绘其模拟布满藤蔓的废墟、破碎的陵墓组成的博物馆主体,对他预言的博物馆终结论进行了论证。[13] 后现代主义理论在博物馆行业并不受欢迎,这是因为其思考中强调自我意识、反省、自嘲和对权力机构的否定,挑战了博物馆所依赖的历史连续性、制度权威和对艺术的颂扬态度。就像斯特林设计的美术馆,尽管不论是质感还是照明都非常精巧和细致,但他营造的废墟感建筑主体给游客带来的参观体验并不一定是正面的,甚至可能是令人不适的,这与游客参观博物馆的动机往往是相悖的。

在20世纪的大部分时间里,受精英文化主导的观看习惯影响,博物馆内的艺术品始终凌驾于建筑之上。这种精英文化对话语权的垄断于20世纪70—80年代引发了艺术世界对博物馆的后现代主义批判,而这种批判尝试从根本上质疑博物馆存在的理由。尽管大众化同样被奉行精英文化的博物馆工作人员和策展人视为敌人,但最后真正帮助博物馆克服后现代主义带来的悲观情绪的,正是"古根海姆效应"所代表的博物馆建造和民众参与热潮。可以说,通过这种形式,博物馆与公众之间达成了某种程度的和解。

13.Crimp, D. (1993). *On the Museum's Ruins*. MIT press.

17　今天的策展人是谁？

"策展人"这个词，对于今天的我们来说并不陌生，但或许很多人对策展人的具体工作职责、目的和作用并不了解。从最早的博物馆看守者到展览执行者，再到实现"不可能"创意的创新者，策展人的职责也随着时间的不断推移发生着改变。如今"策展"一词早已脱离了博物馆空间的制约，进入我们的日常生活，被引申为"策划一次行动"之意，它可以是指选择去哪里、吃什么、穿什么以及做些什么。我们或许越来越难以去界定策展的作用，但当我们沉浸在一场从未见过的展览中，内心被某种大胆创新的实践击中，一万次觉得这就是我的心声但只是无法准确表达时，这或许就不得不提到我们本节要讨论的问题：今天的策展人是谁？

当代策展简史

"策展人"一词最早源于古罗马，特指某些公共项目的监管员，后来也被用于指代某些珍藏的看守者。事实上，"策展"这个词来自拉丁语 curare（意为"治愈""照顾"），这也暗示了"策展人"是"对某事某物负有照顾和监督责任的人"。后来策展人代指受雇于博物馆或画廊，管理艺术品或手工艺品收藏的人。随着博物馆的产业化，策展人同时也负责选择和解读艺术作品，并逐渐成为现代博物馆艺术展览的主要负责人。[1]这决定了策展人在工作中需要肩负的任务往往很多，除了展览，他们还负责学术研究、启发、娱乐、教育公众和调解公共关系等相关工作。在作品展示方面，策展人必须分析和思考展览的各种观看视角，意识到作品的选择和放置对为观众传递信息和创造展览主题价值所可能带来的影响。除此之外，策展人还需要扮演"翻译"的角色，把展品中丰富的内涵以更加日常的方式呈现出来，并与观众互动，帮助博物馆履行寓教于乐的使命。

尽管策展人的概念出现已久，但其扮演的角色、肩负的使命在不同的历史时空中却截然不同。18 世纪末的卢浮宫布景师是广义上的第一批博物馆职业策展人，他们自身往往也是艺术家或者艺术学者，会参与悬挂和调整卢浮宫内的展品；后来伴随着法国沙龙展览的兴盛，他们同时也负责制定艺术品的进入标准，以及沙龙的筹备工作。[2]到了 19 世纪，策展人除了布展，也被要求通过借鉴自然科学研究方法，将分类法运用于艺术品陈列中，并开始探索用艺术品展现艺术史进程的多种方法。随着 20 世纪的到来，博物馆的策展理念再度发生了变化，以 MoMA 为代表的当代艺术博物馆开始推崇"白色立方体"的美学体验，以简单的白色立方体空间极力消除外部影响，使观众在参观展览时与"外界的现实世界"发生脱离，进入一个仅依靠艺术语言表达的情景中。[3]这一时期的策展人多数都由专业艺

---

1. Tate (n.d.). "Curator." Available at: http://www.tate.org.uk/art/art-terms/c/curator (Accessed: 23 August 2023).

2. Obrist, H. U., Bovier, L. and Theiler, B. (2008). *A Brief History of Curating*. Zurique: JRP/Ringier.

3. O'doherty, B. (1999). *Inside the White Cube: The Ideology of the Gallery Space*. University of California Press.

17 今天的策展人是谁？ | 229

术院校毕业的学者担任，他们虽然在博物馆中享有极高的话语权，但似乎总是"缺席"的，因为从作品的陈列中几乎看不到人为处理的痕迹。

大约在20世纪50年代末，战后的诸多新兴思想开始挑战各种传统习惯，艺术观念日新月异，同时也因为诸多挑战传统的新博物馆的出现，策展人在其中所扮演的角色也发生了根本性的转变。事实上，当时美国博物馆大多数策展人所履行的职责和20世纪初并没有什么本质的差别，他们的工作成果通常统一以机构名义对外呈现，其个人也甚少公开与观众见面。而且相比半个世纪前的同行，这些策展人已经失去了在机构内的绝对话语权。除此之外，很多学者和评论家指出，传统策展人在日新月异的艺术语境下无法履行其职责。

与之形成鲜明对比的是，在类似于古根海姆博物馆这样的机构里，策展人已经成为博物馆代言人、明星一样的存在。他们被赋予了对展品进行解释的权力，在组织展览时享有充分的自由。比如他们可以在保障各方基础诉求的前提下，自由安排作品之间的关系，决定给参观者提供多少信息，起到什么程度的引导作用。这也使他们在实践中更多地展现出创造性。此时的策展观念开始逐步摆脱此前现代主义的影响，而展览扮演的角色更像是利用博物馆等空间进行思想交流的促进者或者媒介，而不是从前使艺术品进入博物馆并转化为展品的一种技术手段。

与此同时，部分博物馆对策展人资质的评判也不再局限于其学术能力，重新开始邀请艺术家参与展览项目的筹划（如马歇尔·杜尚于1942年参与展览"超现实主义的最初文本"）或是担任策展人。在这些博物馆和艺术家的合作中，影响最深远的应该是安迪·沃霍尔（1928—1987）为罗德岛艺术博物馆策划的展览"与安迪·沃霍尔一起突袭冰室"。1968年，休斯敦收藏家夫妇约翰·德·梅尼尔（1904—1973）和多米尼克·德·梅尼尔（1908—1997）参观了罗德岛艺术博物馆后，与馆长丹尼尔·罗宾斯（1932—1995）一起发起了"突袭冰室"项目——为了对自身收藏有一个更全面的认识，他们决定邀请一位艺术家为他们的藏品寻找到一个新的梳理和展出视角。最终安迪·沃霍尔受邀成为这个项目的策展人，他对展品的选择不论是在当时还是现在看来都极具挑衅意味：他将某些特定门类下的全部

图 17-1
"与安迪·沃霍尔一起突袭冰室"展览现场
摄影：罗伯特·欧·桑顿
© 罗德岛设计学院

17 今天的策展人是谁？　　231

藏品都搬进展厅，并还原了他们在库房内挨个堆码在一起的景象，给观众呈现出一种毫无章法的观感；藏品门类包括绘画、雕塑、雨伞、帽盒等。沃霍尔试图通过这种参观体验引发观众对艺术史的思考，即文化机构为什么以及如何界定藏品的历史意义、美学价值和其背后的等级制度。[4]

这个展览最终取得了不俗的反响，并受邀于多地巡展；同时也被普遍认为是现代第一个、也有可能是最重要的一个由艺术家策划的展览。这个展览促使许多艺术家开始探索各种独特的策展风格，并进行类似的尝试。由此可以看出，艺术家和专业策展人的策展思路是截然不同的，"经验丰富"的策展人往往会按照一些惯常的规则组织展览，主要围绕展览实际的可操作性；而艺术家则普遍会将重点放在视觉部分，即"美学呈现"上，因而其创造性思维无疑会发挥巨大作用，这也有助于引导展览走向"个人视角"，塑造独特、多元的"展览艺术作品"。当然，职业策展人也可以做到这一点，但是在"艺术家策展人"的主导下，这一特征显得尤为突出。

这种策展思路在后来 MoMA 的展览策划中得到了很好的运用。1989 年，MoMA 启动了一个名为"艺术家的选择"的展览项目，计划每年邀请一名艺术家担任策展人，策划一次馆藏展，艺术家斯科特·伯顿（1939—1989）成为第一位受邀艺术家。时任 MoMA 的绘画和雕塑系策展人的柯克·瓦尼多（1946—2003）这样解释该项目的设立原因："我们必须认识到，审视现代艺术的一个关键是观看艺术家对待同行以及前人作品的创造性反应。"[5]

随着后现代主义在 20 世纪 80 年代占据各个文化领域的主

4.RISD Museum (1970). "Raid the Icebox 1 with Andy Warhol." Available at: https://risdmuseum.org/exhibitions-events/exhibitions/raid-icebox-1-andy-warhol (Accessed: 24 August 2023).

5.The Museum of Modern Art (n.d.). "Artist's Choice." Available at: https://www.moma.org/calendar/groups/19 (Accessed: 26 August 2023).

体地位，"策展"概念的具体应用变得更像一种独立的批判性机制；策展人不仅从幕后走到了台前，还往往被定位为展览的"作者"，处于思想碰撞的中心。到了 80 年代末，"策展"开始被表述为一种积极参与艺术生产的过程，以此提供给博物馆或艺术家一种独特的表达自我风格的方案。

通过策展人之手，展览构建了关于艺术的"新语言"，而这种表达方式通常以普遍叙事的形式呈现。这种策展趋势被研究者们称为"策展人时刻"，直到今天依然被广泛应用于各种艺术展览中。[6] 在这种策展思路的引领下，策展人在安排展览架构的过程中实现了"超可视性"，通过自己的观看视角挑选作品，制作出版物并且引导观众欣赏作品。也正是基于后现代思想的影响，当代策展人的关注点开始从展品本身转向艺术家的愿望和如何为观众创造独特的体验，旨在使观众与其对体验、艺术、博物馆空间等多方面的诉求达成平衡。同时，当代策展人被要求必须同时吸引学者和公众——许多博物馆与艺术机构并不希望失去学术诚信，同时又希望被公众接受和理解。为了拉近博物馆与公众的距离，策展人需要考虑到大众的审美走向，尽量使展览方案接地气；而为了让那些研究艺术话语和策展实践的人对展览感兴趣，策展人还要确保展览有一定的深度和亮点。总体来看，当代策展人被期待在呈现展览中必须表达的信息和想法之余，还要具有创造性，探索新的展览技术，寻找新的边界，并随着新艺术作品的出现不断重新定义自己。也正是这些期待最终催生了许多"明星策展人"，许多展览都以策展人的名字命名，仿佛他们就是策展的艺术家。也因此，策展人往往肩负着学者和艺术家的多重身份。

6. O' doherty, B. (1999). *Inside the White Cube: The Ideology of the Gallery Space*. University of California Press.

自由文化的代理人

自 20 世纪 90 年代以来，双年展等大型国际展览已成为全球艺术文化交流的一个重要平台，且因为其相较传统展览更注重文化叙述的独立性以及跨语境交流，而逐渐成为策展人活跃的另一个舞台。[7] 与此同时，越来越多的展览从基于展品本身的"内容叙述"开始向"观念叙事"转变，这也极大地改变了策展人的社会角色。对此，爱尔兰策展人兼艺术家保罗·奥尼尔（1970— ）称现代策展人扮演的角色更像是"在艺术生产过程中发挥积极作用"的"自由文化代理人"。[8]

意大利策展人马西米利亚诺·乔尼（1973— ）就是一位以对艺术独特的观看视角和善于发现作品之间的隐秘关联性而闻名的"自由文化代理人"，其于 2013 年组织策划的第 55 届威尼斯双年展因策展理念的独创性而吸引了大量的目光。展览的名称为"百科全书宫"，其灵感来自意大利自学成才的艺术家（其创作通常被称为 naive art，代指没有受过艺术史、技法、观点和观看方式等专业训练的艺术家）玛里诺·欧力堤（1891—1980）的作品《百科全书宫》。这是一件高达 3 米的博物馆模型，是欧力堤心目中完美博物馆和知识圣殿的理想投射。这件作品在被美国民间艺术博物馆收藏前，仅在 20 世纪 60 年代被展出过两次，此前一直都被保存在欧力堤家的仓库里。乔尼以欧力堤的生平和创作理念为观看视角，邀请了约 160 名职业和自学艺术家共同参展。他将这些艺术家的作品围绕欧力堤的巨大建模模型组合在一起，以展示人们对知识的渴望；同时试图以这样一种形式弥合"职业"与"业余"之间的分歧，呼吁观众重新思

7.Filipovic, E. (2006). "The Global White Cube." *The Manifesta Decade: Debates on Contemporary Art Exhibitions and Biennials in Post-Wall Europe*, pp. 63–84. MIT press.

8.O'Neill, P. (2007). "The curatorial turn: from practice to discourse." *Issues in Curating Contemporary Art and Performance*, p. 25.

9.Thorne, S. (2013). "The Encyclopedic Palace." *Frieze*, 14 September. Available at: https://www.frieze.com/article/encyclopedic-palace (Accessed: 24 August 2023).

图 17-2
"百科全书宫"于第 55 届威尼斯双年展现场，马西米利亚诺·乔尼担任策展人
摄影：R. 马罗西

考艺术家的定义和边界。在这次双年展中，作为策展人的乔尼所吸引的关注超过了所有参展的艺术家，《弗里兹》杂志称他的策展理念"争议而伟大"。[9] 在这次展览中，乔尼通过作品附带的各种文本引导观众对作品进行解读，确保他的理念可以被正确理解。在这种情况下，展览本身就可以被称为一件艺术品——策展人的意图和想法被萃取出来，作品围绕着这种想法发生了不同寻常的化学反应，且和谐统一地呈现在观众面前。这也印证了法国观念艺术家丹尼尔·布伦（1938— ）于 20 世纪 70 年代提出的观点：越来越多的展览不再是艺术品的展览，而是把

17 今天的策展人是谁？ | 235

展览作为艺术品来展出。[10]

那么在这样的时代背景下，策展的重要性是否已经超越了艺术品本身？在一次采访中，英国蛇形画廊策展人和联合总监汉斯·乌尔里希·奥布里斯特（1968— ）提到了他对策展的理解，他说策展人应该避免在当代艺术策展的趣味性的驱使下令展览成为策展人个人的"整体艺术作品"。同时奥布里斯特还指出"展览策划往往与游戏规则有关"，也就是说，展览不仅和艺术家与策展人、艺术与公众之间的关系有关，还受到制度力量，及其与所处环境和灵感来源的关系的影响。[11] 其观点受到了瑞典策展人玛丽亚·林德（1966— ）的支持，她在此基础上更进一步，强调展览策划应该尝试摆脱常规的以策展思想为核心的叙事方式——"很明显，策展远不只是举办展览，它还涉及新作品、新理念的呈现，并通过其超越机构的围墙、既定的规则和文化的藩篱。"这种策展理念的影响力不断扩大，并逐渐成为许多专注于当代艺术的策展人的共识，即展览的力量不应该局限于艺术性的叙述，而应该将其触手延展得更远，引发更为广泛的思考。[12]

1997 年 11 月至 2000 年 1 月，侯瀚如（1963— ）与汉斯·乌尔里希·奥布里斯特共同策划了"运动中的城市"全球当代艺术展。在此之前，即展览理念飞速变化的 20 世纪 90 年代，侯瀚如、奥布里斯特等新一代策展人一直在思考如何从西方传统的展览模式中走出来，尝试新的策展实践。在奥布里斯特邀请朋友们在自家厨房举办展览的同时，侯瀚如与妻子埃薇莉娜·乔安诺（法国策展人）也一直在他们巴黎公寓的小走廊里举办展览。1997 年 2 月，维也纳分离派会馆为了庆祝分离派成立 100 周年，举办了两

10. Fox, D. (2013). "Being Curated." *Frieze*, 13 April. Available at: https://www.frieze.com/article/being-curated#:~:text=In%201972%2C%20Daniel%20Buren%20published (Accessed: 24 August 2023).

11. De Menezes, C. (2018). *Curatorship and Post-Duchampian Art in Transnational Contexts*. University of the Arts.

12. Lind, M. (2021). "Situating the Curatorial." *E-flux Journal*, p. 116.

个展览：一个是由奥地利策展人罗伯特·弗莱克（1957— ）策划的维也纳分离派百年回顾展，另一个则是亚洲当代艺术展览。奥布里斯特和侯瀚如受邀成为亚洲当代艺术展览的策展人。[13]

在当时的西方语境下，介绍亚洲艺术的展览往往带有"东方凝视"的意味，即认为其是静止的、传统的、不动的、没有当代艺术的实体。然而对于侯瀚如与奥布里斯特而言，他们并不满足于通过原有角度来探讨亚洲，即不想延续西方人眼中对东方的刻板印象——《马可·波罗游记》或是《一千零一夜》中那种带着浓浓的异国情调和神秘色彩的诠释。为此，侯瀚如这么描述他的策展概念："我们反对将亚洲作为一个固化的、仅供西方凝视的地理单元，而是把它想象为可以对未来施加影响的变体。"他们决定不再向西方观众简单地"表征"（represent，如用瓷器来象征中国）亚洲，而是直接"表现"（present）亚洲正在发生的变化。基于这些思考，侯瀚如与奥布里斯特舍弃了以一些已知的典型亚洲艺术家作品来代表亚洲身份的传统思路，而是尝试创造一种新的让艺术持续发声的展示机制。[14]

在长达半年的展览筹备期里，侯瀚如与奥布里斯特进行了一场堪称疯狂的旅行研究，他们穿梭于亚洲的不同城市，拜访了几百位艺术家与建筑师。在20世纪90年代的亚洲各国，因为缺乏足够支持当代艺术的空间，最有活力的作品往往可能并不出现在美术馆和画廊内，而更多隐藏在普通人的生活空间中，其中来自民间的"草根艺术家"更是极富想象、创造力和不容忽视的力量。基于这种现状，侯瀚如和奥布里斯特将展览视角聚焦于正在快速城市化和现代化的亚洲城市中的现代艺术，并将展览命名为"运动中的城市"。

13. 维也纳分离派是奥地利新艺术运动中最著名的艺术家组织，1897年包括古斯塔夫·克林姆特（1862—1918）在内的一些维也纳艺术家、建筑师和设计师发表宣言与传统美学观决裂，并创立了分离派。该组织于1898年设计建造了维也纳分离派会馆，建筑的三角楣上刻着分离派的主张："每个时期都有它自己的艺术，艺术有它的自由。"

14. 侯瀚如（2021）:《我与"运动中的城市"（1997—2000）》，载《画刊》2021年第3期。

17 今天的策展人是谁？　|　237

1997年11月26日"运动中的城市"第一站在维也纳分离派会馆开幕，展览还有一个副标题："21世纪转折点的亚洲当代艺术"。参加展览的艺术家总共有80余人，其中不完全都是亚洲艺术家，也有像蕾姆·库哈斯（1944— ）这样在亚洲工作并把亚洲城市作为灵感来源的西方建筑师和艺术家。展览试图向观众呈现正在发生快速变化的亚洲城市的"全貌"，作品主题涵盖现代艺术、建筑艺术、表演艺术、电影、音乐、城市设计，甚至社会运动等"正在发生的事情"。而在参展名单中，对所有艺术家的介绍都只注明了他们所在的城市而不是他们的国籍。侯瀚如和奥布里斯特希望借此表达现代化和艺术创作的紧密互动，以及在此过程中艺术家们所传达的超越国界、人类共性的

图17-3
弗朗索瓦·布歇（1703—1770），《中国帝王宴》，布面油画[15]，现藏于贝桑松艺术和考古博物馆

15. 法式中国风指17、18世纪在欧洲盛行的类中国装饰风格，其基于欧洲对"东方"风格的独特诠释，元素取自包括中国、韩国和日本在内的东亚各国。这种风格一定程度上反映了欧洲人对东方的刻板印象。

图 17-4
"运动中的城市"，1997 年，维也纳分离宫展览现场
ⓒ 伊纽馨收藏馆

思考。更为重要的是，两位策展人期待展览可以引发观众对所处环境边界的思考，而对这个边界的定义也必然是一个不断变化的过程。

首展的主展馆被两位策展人打造成了一个模仿城市结构的空间，提取了亚洲城市风貌的高密度形态，展出方式则是将作品与作品叠加起来，将这种混杂和彼此嵌入的关系推向极致。展览空间内部由建筑师张永和（1956— ）设计，他用金属脚手架搭建了一个大院式的环绕空间，用可以透光的工地用纤维布将上下两层金属脚手架包裹起来，观众可以通过布上的孔洞进行不同角度的"窥视"；而这个脚手架既是对空间的设计，同时也是张永和的展出作品。

17 今天的策展人是谁？ | 239

图 17-5
1997 年"运动中的城市"展览中,黄海昌的作品《种子的改变》悬在张永和利用脚手架搭建的展览空间里
© 黄海昌

"运动中的城市"在结束维也纳的展出后，又先后在波尔多当代艺术博物馆、纽约现代艺术博物馆 PS1 现代艺术中心、路易斯安那现代艺术博物馆、伦敦海沃美术馆、赫尔辛基基亚斯玛当代艺术博物馆和曼谷（因为没有合适的博物馆场地而拆分在数个小空间内展览）进行了巡展。这一展览通过策展人和艺术家的共同努力，表达了对不同种族身份的多元叙述，引发了全球化背景下围绕"不同、相似、平行历史中的不同文明"的无数讨论。[16]

亚洲当代艺术学者米歇尔·安托瓦内特（1965— ）提出，尽管国际展览在世界各地的当代艺术中心蓬勃发展，但其中肤浅的对"多元文化"的表现恰巧暴露了非西方艺术家长久以来与欧洲文化视角的格格不入。[17] 西方社会习惯将其他文化和艺术身份进行同质化和奇观化，并强调非西方文化发展的差异化，这有利于西方的经济扩张及其文化输出。[18] 在这种环境下，侯瀚如作为一位活跃于国际艺术舞台的亚洲策展人，更像一位自由的东方文化代理人，他也因此被认为是将中国当代艺术引介到西方世界中的重要人物之一。2021 年，《艺术新闻》杂志评选出了 25 位塑造今日艺术世界的策展人，其中一个非常重要的评判标准就是如何帮助艺术世界更具包容性，侯瀚如与奥布里斯特成功入选。[19]

如今的策展人在展览中发挥了至关重要的作用，尽管离开了艺术品，展览也就不成其为展览，然而如果没有策展人，或许艺术品也很难获得应有的认可。策展人关于策展的一切尝试，都是为了在其创新思维与艺术家的艺术呈现之间找到平衡，而合作、沟通以及开放的态度是其中的关键。艺术的本质不应该

---

16. Greenberg, R., Ferguson, B. W., and Nairne, S. (eds.) (1996). *Thinking about Exhibitions*, p. 2. Psychology Press.

17. Antoinette, M. (2015). "Reworlding Art History: Encounters with Contemporary Southeast Asian Art after 1990." *Reworlding Art History*, p. 167. Brill.

18. Ibid., p. 162.

19. Selvin, A. G. (2021). "25 Curators Shaping the Art World Today." *ART news*. Available at: https://www.artnews.com/list/art-news/artists/top-curators-shaping-art-world-today-1234593112/ (Accessed: 13 January 2024).

因为展览而改变，但它肯定可以在特殊的情境下更加"凸显"；策展人也可以通过特别的呈现方式重新演绎一件伟大的艺术品，从中挖掘不同于艺术家心中所想的新诠释。在这两者的合力下，才能将人类灵魂深处的共鸣和宇宙间共性的思考，通过展览的形式传递给更多人——这或许就是策展人出现和持续存在的理由。就像亚里士多德曾经说过的："艺术的核心目的不是描绘事物的表现，而是表达事物的内在意义。"[20] 在后现代语境中，这个问题似乎也适用于任何人，但凡我们有了表达自我的欲望，都免不了想要尝试让外界感知到这个小我的存在。

回到今天，"策展人"一词已经在社交媒体中被频繁地使用，它好像成为某种符号式的存在，观展也似乎成为所有人的一场艺术狂欢，就像在忙碌的快节奏下吃一顿快餐，口味刺激却无法预料它所带来的后果，只是我们都沉浸在短暂的快乐中。当"策展人"一词的出现配合着华丽的图片与提前设置好的摆拍，我们或许会怀疑人们是否真的在意策展人的工作内容，还是更多为这一极具光环的称谓所迷惑？这不禁邀请我们共同思考：作为策展人，真正需要为观众传递的是什么？今天的策展人又是谁？

20. Durant, W. J. (1958). *The Story of Philosophy: The Lives and Opinions of the World's Greatest Philosophers, from Plato to John Dewey*. Pocket Books.

18　博物馆的明天

至少在 20 世纪中期，接受教育仍然被视为一个必要且正式的过程，然而事实上，普通人的绝大多数时间都是在正规教育之外度过的。同时在后现代主义思想的启发下，人们开始尝试通过独立的视角来判断自身所需，这也决定了自主选择学习方式似乎越来越值得被关注和研究，而参观博物馆无疑是其中最常见的方式之一。因此，确定参观者学习的深度和广度，以及哪些因素对不同类型参观者的学习效果影响最大，成为 20 世纪末博物馆研究者面临的一个巨大挑战。在这个过程中，似乎所有的个体都需要被理解和尊重，个体以前的知识、经验和兴趣，以及他们在体验过程中实际可能看到、接触到、谈论和思考的内容都成为需要研究的因素，且比博物馆历史中任何其他阶段认为的都重要。[1]

在这样的背景下，尽管博物馆长久以来都在公共教育领域发挥着重要作用，也不得不重新思考——博物馆应该如何去促进这种自主学习更自然地发生。人类学习的意愿、求知的欲望没有发生改变，改变的是人们学习的内容和方式，以及对学习目的的理解。[2] 本节将关注千禧年之后悄然变化的教育理念和外

---

[1] Falk, J., Storksdieck, M. (2005). "Using the Contextual Model of Learning to Understand Visitor Learning from a Science Center Exhibition." *Science Education*, 89(5): 744–778.

[2] Falk, J. H., & Dierking, L. D. (2002). *Lessons without Limit: How Free-Choice Learning is Transforming Education*. AltaMira Press.

部世界给博物馆带来的挑战，以及博物馆采取的应对策略。时至今日，这些变化仍在继续，我们也无法预测未来还会变化到何种程度，但我们依然可以透过这些现象及对其背后成因的思考，尝试找到博物馆与这个时代沟通的新方式，拨开迷雾继续前行。

科技与交互

常规意义上，我们对学习的理解大多基于行动主义的概念框架，这一框架基于特定理想化的假设，即学习者在进入学习环境前是一无所知的，在接受了适当的教育干预后才脱离这种状态，而这种教育干预的过程是老师/设计者可以刻意安排的。在这种概念框架的指导下，教育者往往会主观忽略受教育对象以前的经历、兴趣和行为动机，主要关注新知识输出和保留的效率。[3] 因此，基于行为主义的教育策略往往更具有说教性，并且以教育者为中心，博物馆教育也不例外。

然而我们不难发现，博物馆中传统的"刺激—反应"教育方式逐渐显得无法满足参观者的需求。正如英国博物馆学家莎伦·麦克唐纳（1961— ）在其2002年的研究中指出的：博物馆不应将互动理解为提供特定内容（即便这是游客在现代博物馆中所寻求的东西），而应将其理解为允许游客"活跃"并行使选择权。因此乔治·麦克唐纳（1938—2020，加拿大文明博物馆的创始馆长，文明博物馆现名加拿大历史博物馆）研究中的博物馆策展人认为，参观者选择发生交互的过程，其实也是博

3.Sylwester, R. (1995). *A Celebration of Neurons: An Educator's Guide to the Human Brain*. Assn for Supervision & Curriculum.

4.Macdonald, S. (2020). *Behind the Scenes at the Science Museum*. Routledge.

物馆践行其民主化的过程，同时也是满足相关文化产品市场需求的一个过程。[4]

如果说20世纪中期以来传统的基于行为主义框架的教育模式已经显露出颓势，那么到了20世纪末，快速变化的社会—经济形态无疑使博物馆的公共教育职能受到前所未有的挑战。在现代科技的加持下，这个世界变化越来越快，在飞速变化的外部环境衬托下，博物馆似乎显得尤为老旧，已经无法适应这个时代的需求。为此，许多博物馆人开始选择依靠科技的力量来使博物馆重新焕发生机。有博物馆研究者将现代信息科技视为当代"大众传媒语言"的一部分，并认为这是想要和年轻人交流的博物馆必须掌握的一门语言。例如洛杉矶宽容博物馆创始人拉比·马文·希尔（1939— ）在陈述其博物馆对多媒体使用

图 18-1
洛杉矶宽容博物馆利用多媒体呈现的展览"我们是改变的面孔"
摄影：本尼·陈

18 博物馆的明天 | 245

的态度时表示："你的孩子现在在哪里？他们在电脑、电视前。这就是这一代美国孩子的特性，如果博物馆想与这一代人对话，我们必须使用新时代的媒介。"⁵ 与希尔持有相似观点的还有麦克唐纳，他认为博物馆必须成为信息社会的一部分，同时也指出这并不意味着博物馆需要大量改造建筑空间已有的必要硬件，但必须参与并成为当代媒体领域文化语言的一部分。⁶

这种"时代语言"无疑给博物馆提供了一种全新的表达方式。例如位于英国雷丁的城市博物馆，其建筑的前身是建造于维多利亚时代的城市市政厅，作为博物馆对外开放后，展示了一系列古罗马时代遗存的西尔切斯特遗迹，以及19世纪的公民肖像和亨特利 & 帕默饼干（创立于1822年，曾是世界上最大的饼干制造商）的历史。博物馆于20世纪80年代开始在遗产彩票基金会的资助下进行数字化升级，安装了一系列计算机终端和索引系统，参观者可以通过电子屏幕进行检索，并在灯光和声音的指引下探索这座古老建筑内的各个角落。博物馆的新系统在对外开放后收获了非常多的赞誉，很多社会评论家都表示这座古老的建筑在科技的帮助下重新获得了生命，且终端和指引系统发出的闪光和声响，比博物馆中的任何一件展品都更能令参观者看到希望。⁷

雷丁城市博物馆的这一改变一定程度上也揭示了参观者学习方式的改变，即传统的或按照年表进行的叙述方式，已无法满足所有参观者的观看需求；不少参观者更愿意按照自己的需求和意愿自主参观。无疑，在数字科技的帮助下，此类个体的需求得到了尊重和满足。在这样的情境下，博物馆在行使其公共教育职能的同时，也作为一个学习资源中心发挥着信息交流

5.Lisus, N. A. , and Ericson, R. V. (1995). "Misplacing Memory: The Effect of Television Format on Holocaust Remembrance." *The British Journal of Sociology*, 46(1): 1–19.

6.MacDonald, G. F., Karp, I., Kreamer, C. M., and Lavine, S. (1992). *Change and Challenge: Museums in the Information Society*. Smithsonian Institution Press.

7.Smith, C. S. (2006). "The Future of the Museum." *A Companion to Museum Studies*, pp. 543–554. Wiley-Blackwell.

的作用。[8]

　　这一理念也同样为维多利亚和阿尔伯特博物馆所借鉴，博物馆源于1996年委托建筑师丹尼尔·里伯斯金设计并建造一个更加现代的新博物馆建筑，以适应种类日渐繁杂的藏品的展出需求，但最终这个计划在2004年被叫停。导致项目停止的原因除了昂贵的建造费用，还有人们看待博物馆物理形态的观念发生了巨大改变：在高速发展的信息技术助力下，博物馆是否还需要像亚特兰大高等艺术博物馆一样依赖更多的建筑空间与观众发生关联？这似乎成为一个有待商榷的问题。

　　同时区别于学院教育的强目的性和针对性，博物馆学习过程不仅能使参观者对先前已有的知识结构进行确认和丰富，其通过博物馆学习到的内容也可能会在参观者之后的经历中持续发酵。例如，如果某些展览所探讨的问题离观众的日常生活较远，或者涉及一些非物质性的讨论，那么参观者在离开展览时或许无法立即吸收所获取的信息或领会展览试图传达的意义，但是这个过程所引发的思考和提供的视角可能会在几天、几个月甚至几年后产生作用，届时博物馆学习的意义才显现出来。[9]从这个角度出发，我们可以发现，理解博物馆教育的一个关键在于：人们在博物馆中的发现和收获，需要抛开行动主义的框架和对可预测结果的期待。换言之，经过精心安排和设计的展览和项目，固然可以促使游客沿着设定的路径学习，但学习者也有自主选择学习习惯和方式的权利。

　　基于这种思考，许多博物馆都开始尝试采用数据化的方式将自身打造成为一个线上的共享学习资源中心，并将其视为履行公共教育职能的新途径。例如芝加哥美术馆、大都会艺术博

8.Macdonald, S. (2000) "Designs from the Inside." *Museums Journal* (May).

9.Falk, J. , and Dierking, L. (2000). *Learning from Museums: Visitor Experiences and the Making of Meaning*. Rowman & Littlefield Publishers.

物馆都创建了非常完整的线上典藏共享系统，同时放弃了数万件作品的专属版权，以供公众免费学习和使用。上海博物馆、南京博物院也是非常典型的案例，二者在建立数字文物库之余，还利用空间采集技术于线上开设了虚拟展厅，提供给使用者一种身临其境、不受时空限制的参与式体验。

娱乐与体验

除此之外，判断学习效果的标准也发生了颠覆性的变化。尽管在博物馆的社会效用层面，曾经流行于 19 世纪的功利主义已经退去，但其仍然一度影响着博物馆的公共教育领域。这种理念在 20 世纪末得到了修正，不少专攻公共教育的研究者指出：学习的过程本质上是"体验和真正理解之间存在的延迟"。不过这个理论也使大量教育工作者大为不满，因为其强烈暗示着结果的不可判定性，他们认为相比将这种延迟视为学习过程的未完成，将其理解为一次失败的学习经历似乎更简单明了。[10]

就博物馆而言，由于其环境的独特性，在其中发生的学习场景势必会与其他环境中的有所差异。博物馆学习一方面受到参观者成长经历和文化的影响，也受到文化机构在所在地区和文化中所扮演角色的影响。从行为层面，游客的参观动机，以及与博物馆物理空间发生交互的方式，如博物馆讲解员、文本或图册、与展品的互动等都会影响游客的学习体验。[11]

事实上，21 世纪前后许多学者的研究都强调了博物馆在文化消费市场内的弱势，超过一半的消费者认为博物馆并不受欢

10.Oakes, J. , and Lipton, M. (1991). *Making the Best of Schools: A Handbook for Parents, Teachers, and Policymakers*. Yale University Press.

11.Macdonald, S. (2020). *Behind the Scenes at the Science Museum*. Routledge.

12.Mencarelli, R., and Pulh, M. (2012). "Web 2.0 et Musées les Nouveaux Visages du Visiteur." *Décisions Marketing*, (65): 75–79. De Barnier, V., and Lagier, J. (2012). "La Résistance À l'Art Contemporain." *Des attitudes et représentations des publics aux implications marketing*, p. 68. Décisions marketing.

13.Wolf, M. (2010). *The Entertainment Economy: How Mega-Media Forces are Transforming Our Lives*. Crown Currency.

14.Rheingold, H. (1991). *Virtual Reality: Exploring the Brave New Technologies*. Simon and Schuster Adult Publishing Group.

迎。为了建立顾客忠诚度和吸引新游客，博物馆不得不与文化市场中的其他娱乐产品或服务竞争。[12] 尽管从历史的角度来看，博物馆曾一度以精英文化机构自居，即使在商业化过程中所提供的文化产品也与流行文化、大众文化泾渭分明；但这种文化边界在20世纪末已经日渐趋于模糊，传统意义上文化和娱乐产品之间的界线也在逐渐消失。

根据对用户的分析和研究发现，当代博物馆游客更多寻求的是一种空间共享、自主和互动体验，以及感官和情感的刺激。因此，游客们期待的是一种共同参与的体验，这将使他们能够在一个结合了娱乐和教育元素的展览中自主接收信息。[13] 为此，越来越多的博物馆开始提供包含娱乐元素的内容和更生动的环境，以平衡原有的被认为过于严肃的展出内容。与之形成呼应的是，以往主打娱乐的游乐园正试图通过提供包含更丰富文化内容的项目，来改善游客的娱乐体验。[14] 研究者们因此将博物馆的这种

图 18-2
1955年，第一家迪士尼乐园在加州阿纳海姆市开放
©《生活》杂志图片收藏协会 / 盖蒂图片社

18 博物馆的明天 | 249

转变称为博物馆的"迪士尼化",意指博物馆变得越来越像一座主题乐园。

不可否认,无论是在博物馆领域还是其他行业,这种基于体验的新型商业形态都是20世纪末一个非常明显的趋势,"娱乐化"也已经成为千禧年之后全球经济的驱动力。在这种"娱乐化"的市场趋势下,为了吸引公众的注意力,提供娱乐化内容和刺激性体验已成为博物馆行业的当务之急。当人们购买体验时,他们是在为一种能与其个人层面建立联结的难忘事件付费。而这种联结在吸引所有感官层面越有效,就越有可能令人难忘。这无疑意味着博物馆不再仅仅只需要提供沉思的空间和知识的传递,还需要创造难忘的体验。[15] 1997年,澳大利亚国家首都景点协会发放的一本介绍堪培拉景点的小册子这样介绍澳大利亚国家科技中心:"6个展厅里的200多件互动展品,使所有年龄段的游客都可以在其中享受一整天的冒险和探索。"此外,位于惠灵顿的新西兰蒂帕帕国家博物馆和加州拉哈布拉的儿童博物馆也以其有趣的参观体验而享有盛名,参观和探索博物馆所带来的乐趣已成为这些博物馆宣传的卖点。[16]

这种营销方式一方面强调博物馆的新关注点,同时承诺观众以"冒险""有趣"和"娱乐"的参观体验。尤其是对许多着眼于现当代艺术的博物馆来说,如何利用贴近时代精神的语境来呈现艺术品,已成为其规划者从一开始就需要去考量的问题。作为一种新型的文化信息娱乐中心,博物馆提供临时互动装置和重磅展览,在强调作品吸引力的同时也将灵活性视为一个重要的标准,而环境优美的书店、咖啡馆等零售空间的加持使得其与商业文化和娱乐性之间的联系越来越紧密。[17] 因此,博物馆

15. Brunel, S. (2006). *La Planète disneylandisée: Chroniques d'un tour du monde*. Auxerre: Sciences humaines.

16. Witcomb, A. (2006). "Interactivity: Thinking Beyond." *A Companion to Museum Studies*, pp. 353-361. Wiley-Blackwell.

17. Huppatz, D. J. (2008). "Cultural Globalization and the Post-Bilbao Museum." *Art and Australia*, 46(2): 200-205.

正在将审美体验重塑为动态、娱乐、互动、沉浸和参与式的活动，而不再仅仅是作为专门致力于保护和展示珍贵艺术品的场所而存在。

例如，伦敦泰特现代美术馆提供私人参观和团队游览等不同程度的个性化服务，同时通过视频、互动游戏和音乐、导览等多媒体形式来提升艺术体验。其开发了可以通过手机下载的与其馆藏艺术品相关的介绍程序和小游戏，拓展了可以阅读艺术书籍、玩互动游戏并观看艺术电影的互动区，以及摆放着可互动的立体主义风格装置的游乐场。此外，泰特美术馆还有一个大型旋涡式大厅展览空间，许多著名的可互动艺术作品，如卡斯滕·霍勒（1961— ）的《试验场》（2006年）和奥拉维尔·埃利亚松（1967— ）的《天气计划》（2003年）等都曾在此展出。这些作品都是吸引广大观众参与的新型艺术典范，他们鼓励参观者与作品进行身体互动，并且不对参观者做任何预设，参观者不需要任何专业知识的辅助就可以参与到互动中。

事实上，20世纪中期以来，大量先锋艺术家一直致力于创作参与型艺术作品，并基于包容性的原则吸引公众的创造性参与，试图推动社会价值观的渐进转变。但是随着全球文化产业的转型，这种社会性的参与也在日渐减少，娱乐目标逐步强化。[18] 如1995年对外开放的旧金山现代艺术博物馆新馆便是一个典型的案例。该博物馆由马里奥·博塔（1943— ）设计，其巨大而具有纪念性意义的入口和中庭设计使得其展览空间显得极为局促，似乎在暗示人们可以尽管在博物馆商店、咖啡馆及临时展览空间中随意消遣时光，而不必去在意隐藏在二楼某个特定房间的博物馆馆藏——虽然这些曾经是博物馆存在的核心。同样的格局也

18.Pennings, M. (2015). "Art Museums and the Global Tourist: Experience Centers in Experiencescapes." *Athens Journal of Tourism*, 2(4): 209–221.

图 18-3
卡斯滕·霍勒,《试验场》, 2006, 铝合金, 拍摄于泰特美术馆
© 卡斯滕·霍勒

图 18-4
奥拉维尔·埃利亚松,《天气计划》,2003,单频灯、投影箔、雾度仪、镜面箔、铝合金,
26.7m×22.3 m×155.4m
摄影:泰特美术馆/安德鲁·邓克利与马库斯·利斯
© 奥拉维尔·埃利亚松

见于泰特圣艾夫斯美术馆，馆中装修考究的精品商店和咖啡馆使得观看展品显然成为物质消费之余的一种附赠体验。[19]

同样体现出这种过度"体验化"趋势的博物馆案例也出现在中国。为了增强游客的参观体验，国内不少博物馆都尝试结合自身方向开发特色活动。2023 年 10 月，天津博物馆在馆内上演以北宋范宽的水墨画作品《雪景寒林图》为创作蓝本的实验戏剧《进入雪景寒林之境》。更有博物馆结合国内年轻人中热门的"剧本杀"游戏，推出"剧本游"，如金沙遗址博物馆开发的《金沙之夜·回望长安》剧本游、云南省博物馆的《古滇寻迹》实景剧本杀、广州博物馆的《决战观音山》沉浸式游戏。

也因为这种转变，不少博物馆被外界指责过度商业化，称其正在像其他旅游景点一样，急于提升上座率而陷入娱乐化的陷阱；或者认为其过度迎合观众期待的倾向可能会造成某种妥协。[20] 例如关于展览"娱乐化"的批评之一就是：基于这种期待策划的展览往往不会提出问题，也不会对主题提出批判性的视角。这种审美门槛不高、以吸引观众为目的的呈现方式也被描述为"迪士尼乐园机制"，即博物馆和主题公园越来越像，参观人数似乎成为衡量其成败的唯一标准。[21] 然而似乎也没有任何证据表明，这类"博物馆—主题乐园式"的展览对非博物馆参观人群有显著的吸引力。

19.Axten, J. (1995). *Gasworks to Gallery: the Story of Tate St Ives*. J. Axten and C. Orchard.

20.Drouguet, N. (2005). "Succès et revers des expositions-spectacles." *Culture et Musées*, p. 5.

21.Drouguet, N. (2005). "Succès et revers des expositions-spectacles." *Culture et Musées*, p. 5.

博物馆的未来？

1998 年的某一天，盖蒂信托基金会和史密森学会在罗马北部海边的一座别墅举办了一个小型却精心设计的会议,邀请了包括时任英国国家肖像馆馆长的查尔斯·索马里兹·史密斯、艺术作品《创意城市》(2000)的作者查尔斯·兰德里(1948—)和后来担任美国国家肖像画廊馆长的马克·帕切特(1942—)在内的16名文化学者前来参加。众人在酒店里度过了一个漫长的周末,思考20世纪末文化和文化机构的现状,并期待最终可以帮助各机构的决策者决定未来。[22]

会议结束后,众机构决策者似乎达成了一个共识,即文化舞台上的每个人似乎都对未来抱有一套半成型的想法和期待,假设和信念,这有助于为他们的决策提供信息。但这些想法很少经过系统性的分析,更不用说受过批判性、跨语境的交叉询问。换言之,面对快速变化的外部环境,参与机构政策制定的人,即使是主要机构的管理者,都有被视为没有指南针的旅行者的危险,有可能在没有明确方向感的风险中走向未来。

诚然,在现代科技和娱乐化的帮助下,博物馆似乎找到了与新时代对话的专属方式,这种对话可以成为博物馆新公共关系的基础。这样的理解将打破对互动的刻板印象,意味着博物馆民主化的一种新尝试。但与此同时,这种新尝试背后也暗藏着不少令人不安的声音,例如不加批判地依赖技术,将其作为前进的动力。英国国家肖像馆前馆长查尔斯·索马里兹·史密斯曾记录了一次他在纽芬兰的参观体验。那是一个关于维京人的大型回顾展览"完整的循环:拉布拉多和维京人的首次接触"(2000),该展览使用了当时最先进的多媒体显示技术,似乎让维京人活了起来。但是由于藏品的规模有限且多数都是复制品,在精度如此之高的现代科技衬托下反而相形见绌,甚至显得可

22.Landry, C. , and Pachter, M. (2001). *Culture at the Crossroads: Culture and Cultural Institutions at the Beginning of the 21st Century*. Comedia.

有可无。查尔斯称，这种体验令人不寒而栗，与其说是参观了一个展览不如说是观看了一场数字电影；且因为藏品的隐形，展览似乎失去了它的叙事核心。

"互动"和"互动性"看起来只有一字之差，但两者之间可能存在天差地别。这种差别不仅指传播方式的不同，对博物馆社会功能的理解也可能完全不同。如果我们尝试将新时代的博物馆看作跨越经验差异的一个对话空间，那么极其重要的是对"互动性"概念中固有可能性的一个清晰认知。在它的应用过程中可能存在互动行为，也可能没有；而其中核心考量的标准是在承认价值观和主观知识差异的前提下，考虑是否可以更好地拉近与观众之间的距离。

在思考和面对未来时，人们通常会面临两种可能的立场。

第一种是文化悲观主义，持有者倾向于对文化领域正在发生的事情表示担忧，并怀念虚构的过去或彼岸。就像伍迪·艾伦（1935—）在电影《午夜巴黎》中描绘的那样，男主角吉尔对巴黎充满了浪漫和艺术的幻想，但到了巴黎后却发现似乎和想象中不一样。在某天的午夜他发现自己穿越到了20世纪20年代的巴黎，遇见了一系列著名的文艺界人士，包括斯科特·菲茨杰拉德（1896—1940）、欧内斯特·海明威（1899—1961）、巴勃罗·毕加索、萨尔瓦多·达利（1904—1989）等，这令他对现实生活越来越不满，渐渐陷入对过去的迷恋。然而最终他发现自己心中处在黄金时代的人们却无限憧憬着文艺复兴与提香和米开朗基罗共同创作的景象，而文艺复兴时代的人们又憧憬着遥远又神秘的东方。

事实上，自20世纪中期以来，文化行业获得了前所未有的蓬勃发展，甚至很多特定的文化形式总是在似乎奄奄一息或濒临灭绝时又会被重新评估和重塑。正如自20世纪初照相、电影技术问世以来，人们就从未间断过预测绘画作为一种艺术形式的终结，似乎绘画已经失去了所有的探索空间；但时至今日仍然有画家，仍然有人痴迷于通过传统图像方式进行的创作。

与文化悲观主义相对的是文化乐观主义。文化乐观主义者坚持认为所有的变化都必然是为了变得更好，我们应该把每一次变化视作不可避免的文化进化，不论途中发生了什么损失，都不值得惋惜和回忆。然而历史也已不断证明，欧洲殖民时代的不少文化乃至文明的消失，都是文化乐观主义结出的恶果。

回到博物馆行业，我们与其展望未来，不加批判地试图沿着世界的发展方向前进，不如尝试向自己提出问题：博物馆期待收获的是什么？我们展示艺术作品、古代文物的目的究竟是什么？尽管拥有不同体系结构和组织形式的不同机构，面对这些问题时可能会给出不同的答案，社会期待的文化形式也会不断发生变化，但博物馆践行意义的方式并不一定仅仅是通过努力遵循当前环境的方向来实现的，而更多是基于核心目的，通过谨慎思考和想象试探得出解决方案。而这个核心目的自始至终从未发生过改变，即当观众站在过去保留下来的物件或艺术品面前并与之交流时，博物馆应该如何增强观众在视觉、美学和智力方面的体验，使得这些物件能为观众探索人类发展提供线索，并为他们回归到对当下生活的理解，提供一些启发与想象。

续篇：千禧之后

博物馆到底是什么？不论是国际意义上对博物馆的诠释，还是观众自发的感受，博物馆的定义一直随着外部世界的变迁不断发生着变化。国际博物馆协会作为博物馆界的权威机构，在过去的几十年里也在不断更新这个答案。1946 年，国际博物馆协会将博物馆定义为"将藏品对公众开放的文化机构"；1961年，协会首次强调了博物馆"研究、教育、欣赏"的公共职能及其作为永久性（固定性）机构的特性。在此之后，国际博物馆协会仅对博物馆所涵盖的范围（如图书馆、植物园等是否属于博物馆）和特性进行了小幅调整。2018 年国际博物馆协会京都大会召开前，国际上较为认可的博物馆定义是 2007 年维也纳大会上通过的版本：

> 博物馆是一个为社会及其发展服务的、向公众开放的非营利性常设机构，为教育、研究、欣赏的目的征集、保护、研究、传播并展出人类及人类环境的物质及非物质遗产。[1]

即使以现在的眼光来看，这个定义也并不过时。其强调了

[1] 中国国家博物馆（2018）：《从博物馆的定位看其类型研究与实践》，详见：https://www.chnmuseum.cn/yj/xscg/xslw/201812/t20181224_36365_wap.shtml（查证于 2024 年 1 月 28 日）

博物馆的"公共性",以及"保护、研究的职能",而这两点正好符合现代博物馆起源的两个古老传统:一个是以缪斯的名义出现的对智慧和文明的冥思,一个是以"珍奇屋""收藏柜"为雏形的对器物收藏的热爱。此两者的结合一直都是博物馆发展的重要动力来源。基于这种动力,博物馆的研究重点也长期聚焦于如何帮助人们的目光透过收藏品精美的外壳,将关注点转向物质深处的精神内涵,并试图以指示和信息的形式将其提炼与揭示出来。研究者们相信只有借助这种方式,藏品和思想之间的通路才能被真正打开,博物馆才能更好地履行其使命。依照这样的愿景,当观众进入一座优秀的博物馆时,他不仅能感受到人类制造物的外在艺术魅力,满足欣赏与自我提升的愿景,也应该能在阐释的帮助下深入理解物品内部的知识、思想和情感内涵,并在智慧方面有所受益。

但是博物馆所能做的是否仅限于此?2022年,在经历了数年的讨论后,国际博物馆协会给博物馆注入了新的时代内涵,即"可及性""包容性"以及"社区参与下的知识共享"。[2] 人们似乎从来不吝啬将各种美好的愿景寄托在博物馆中,然而要实现这些愿景,似乎还需要一段时间来实践和探索。就像尽管"文化包容"和"知识共享"之类的描述在博物馆中早已不是什么新鲜词,但只要内容筛选机制依然依附于博物馆的特定标准下,此类目标就很难真正得到实现。

在今天的亚洲,我们正处于一个"博物馆爆炸"的时代,不论是中国、阿拉伯半岛,还是东南亚新兴城市的发展中,都伴随着博物馆的身影。以中国为例,在过去的几年里,不论是老城区的改造、历史遗迹的挖掘、高端地产项目的崛起,还是

2. 北京文博(2022):《快讯!博物馆新定义公布 全球博物馆翻新篇》,8月25日。详见:https://baijiahao.baidu.com/s?id=1742123190386139771&wfr=spider&for=pc(查证于2024年1月28日)。

续 1
坐落于黄河西岸的银川当代艺术博物馆
© 银川当代美术馆

新地标的规划，几乎都绕不开博物馆这一公共机构。但是当下的博物馆到底应该以什么样的方式践行自身的使命呢？

要回答这个问题，那么势必先回答另一个问题——目前博物馆发展遇到的瓶颈是什么？对此，国际上不少学者都尝试过展开讨论，其中经常提及的一个问题就是在 21 世纪高速发展的今天，博物馆应该如何找到自己的定位。[3] 而对于这一问题，国际影响力日益增强、几乎每天都有新馆拔地而起的中国博物馆行业似乎也有着独特的解读方式，即"如何定义中国文化"。牛津大学艺术史教授柯律格·克鲁纳斯（1954— ）曾在他的著作《谁在看中国画》中以"旁观者"（英国人）的身份阐述了他对现当代中国文化发展的理解，即中国的学者们在 18、19 世纪相

3.Fleming, D.(2003). "Positioning the Museum for Social Inclusion." *Museums, Society, Inequality*, pp. 233–244. Routledge.

260 ｜ 博物馆简史

交之际快速涌入以西方世界为主导的工业文明体系中,这种文化交流方式尽管粗暴、被动,却非常高效;与此同时,无可避免地将中华民族(1902年梁启超首次提出"中华民族"概念)的文化一分为二,即"传统"和"现代",以及"自我"和"他者",这一分化随着1912年清王朝的灭亡而进一步深入。[4]

与之类似的还有"中华"和"西方"之间的冲突。这种冲突在多重社会语境下同时出现,例如"国画"与"洋画/西画","国货"与"洋货",除此之外还有不胜枚举的结构相似的对立描述。卡尔·格斯(1966—)曾如此解释这种现象:"这种社会化的特殊形式,或者说文化构造视角,是一种民族国家的形象化,这种形象化的中心内容是训练眼睛来识别视觉线索,并且通过社会生活去分辨外国与本国之间的区别。"[5]然而实际上,我们依然无法武断地将"中国现代文化"的出现视为某段过去的终结或是历史上某个割裂的节点。这种看似对抗的讨论其实是围绕着一定语境产生的,即没有任何事物生来就是传统,它在成为传统之前势必也经历过长时间的迭代。而从研究的角度出发,对过去的完全重复或彻底否定的观点在本质上是同一时间节点下的两个对称产物(例如一枚硬币势必拥有两面)。

然而在19世纪初的中国,植根于民族历史中的强大文化认同感与改变国家现状的迫切危机感杂糅在一起,使得"中""西"两者的界限变得模糊(例如如何去界定中国油画和西方油画之间的关系),而关于两者之间边界的争论也相应地变得持续和激烈。即便到了21世纪的今天,关于何为"中国文化"的漫长讨论仍在继续。而这种基于中西模糊边界产生的对比逐渐形成了中国文化研究领域"二元对立"观念的基础。虽然这种

4. 柯律格·克鲁纳斯(2020):《谁在看中国画》,广西师范大学出版社,第218—222页。

5. Gerth, K. (2003). *China Made*, p. 10. Harvard University Asia Center.

"中""西"二元对立观念出现的原因可以被理解，但是我们也不得不提防其带来的负面影响，即在文化交流中落入"自证"的误区以及对"他者"的排斥。正如东北师范大学马克思主义学部部长庞立生在其研究中指出的，主客二元对立的知性思维追求的是普适价值的绝对统一性，体现为追求自我利益最大化和（边界）扩张的逻辑，这种思维逻辑最终容易造成自我和他者之间的紧张和冲突。[6]

尽管如此，今天的我们也无法粗暴地将这种确认自身定位的方式视为不合时宜或是落后的。尤其是在看似已经高度全球化的今天，诞生于20世纪70年代并成为西方文化半个世纪以来主导思想的后现代思潮似乎也在向我们逼近。随着后现代观念在各个领域生根发芽，人们一方面以此来表达对上一个时代以理性为根基的思维方式的质疑和对宏大历史意识形态叙事的不完全信任，另一方面以此表示我们社会逐渐趋于个体化和多元化的强大动因。人们往往认为，我们当前所面对的是一个更加多元的社会，一个相对自由同时又对未来持有更保守态度的社会。过去热衷的历史进步宏大愿景被更为细分、专注的视域取代，这一蜕变加速了全球各地文化枝叶的繁茂，以及传统西方中心论的崩坏。

在这股思想浪潮中，博物馆自然无法独善其身。以美国博物馆行业为例，其发展曾在很大程度上影响了20世纪末全球的博物馆形态，但其自身于21世纪的发展似乎也遇到了某些问题。美国《纽约时报》曾就此问题展开讨论，称我们早已进入新千年，但我们的博物馆似乎没有意识到这一点——"我们陷入了20世纪末的傲慢时代，这个时代热衷建筑和艺术结合的庞然大

6. 庞立生（2024）：《中国式现代化创新了现代化发展的新图景》，中国社会科学网，1月31日。详见：https://www.cssn.cn/skrmt/skrmt_lxzg/202401/t20240131_5731587.shtml（查证于2024年2月3日）。

物"[7]。其中最具代表性的莫过于2014年，美国建筑设计师弗兰克·盖里在成功设计建造毕尔巴鄂古根海姆博物馆（1997）近20年之后，再次延续他的传奇，设计建成的路易·威登基金会博物馆——它就像一艘装满了奇珍异宝的巨大玻璃帆船，伫立在巴黎的西侧。路易·威登基金会博物馆一经问世，就凭借其建筑奇观和精美的艺术珍藏吸引了大量游客，但我们不难发现其实际上依然是对过去博物馆形态的某种延续。

不少西方学者对这种现象秉持着一种较为悲观的态度。他们普遍认为欧美现有的博物馆技术在某些关键方面呈现出了停滞状态。在针对美国博物馆受众的研究中表明，博物馆的核心受众在20世纪末，尤其是冷战结束后，发生了翻天覆地的变化。这些变化在大都会艺术博物馆等所谓"百科全书式"的文化机构中表现得尤为明显：除了非西方艺术因为母文化的隔阂而一直无法很好地和观众发生联结，就连以往可靠的西方传统艺术也变得越来越不受观众欢迎。大都会艺术博物馆的欧洲绘画画廊于2010年前后重新装修开放，但并没有吸引更多的人流。部分原因是，许多作品中的"文化属性"正在逐渐不再受到关注，进而失去流通性。例如在一两代人之前，美国公立学校还有针对古典美学的艺术课程，这也使以神话和宗教主题为基础的文艺复兴时期的绘画作品获得了被公众熟悉的机会。但随着后现代时期教育体系的日渐世俗化，人们离古典时期艺术作品中描绘的语境越来越远，直至今日，观众通常并不知道他们在看什么，而对于印象派之前的艺术作品更是如此。

同时，美国各大城市的博物馆虽然正在吸引越来越多的人群，但是在展览展品抑或讨论主题的多样性探索上并没有及时

7.Cotter, H. (2015). "Toward a Museum of the 21st Century." *The New York Times*, 28 Oct. Available: https://www.nytimes.com/2015/11/01/arts/design/toward-a-museum-of-the-21st-century.html (Accessed: 3 February 2024).

续 2
路易·威登基金会博物馆
© 克里斯托弗·艾纳 / 美联社

跟进。在过去的半个世纪里，美国少数族裔人口急剧增加，并且出现了一股多元文化意识的浪潮，但是美国主流的当代艺术博物馆呈现的仍然是富裕白人"自留地"的形态。而当代艺术和艺术市场的联结却又前所未有的紧密，这也在无形之中加剧了普通观众对博物馆的不信任：那些日新月异的艺术展览到底是在"塑造生态"还是仅在"追随市场"，究竟是一种"解读方式"还是仅仅只是一个"投资组合"？[8]

我们也不难发现，"后现代"一词本身便杂糅着粗糙和不确定性。后现代是一种脱胎于过去的新"现代性"，而不是对现代性的超越。可以进一步地说，半个世纪前，"后现代"概念就像一缕新鲜的空气，表达了一种向往个人意志解放的美好憧憬，但现在它似乎有点无拘无束了。尤其是自20世纪90年代以来，以新自由主义全球化和信息技术革命为基础的"当下主义"产生了。在电子信息技术和计算机助力下的大众传媒使信息在"真实世界"里能够实现输送和交换，创造了一种及时性和共时性，使人们越来越难以接受各种形式的等待和缓慢。消费主义和大众传媒所描绘的世界就像一个醒着的梦，充满诱惑，变幻莫测。我们不再像在传统社会中那样看到过去模式的不断重复；相反，我们发现了模式化生成的新奇和诱惑对当下进行的调节和组织。无处不在的"风尚"已传播到更广泛的生活层面，把"当下"确立为社会流行的时间模式。而文化机构在这股时代浪潮中自然也无法独善其身，从前以"文化倡导者"自居的博物馆开始不断让渡自身的文化解释权；其公共性也被贴上了"视觉权力"的标签，"教育"为"文化消费"和"产品"所取代。

反观国内，我们不难发现这股"后现代空气"也已经逐渐

8.Cotter, H. (2015). "Toward a Museum of the 21st Century." *The New York Times*, 28 Oct. Available: https://www.nytimes.com/2015/11/01/arts/design/toward-a-museum-of-the-21st-century.html (Accessed: 3 February 2024).

开始影响我们的生活，各种层出不穷的"文化体验"在满足我们日常文化需求的同时，似乎也在为我们制造焦虑。与此同时，各种由基金会、文化公司或者商业集团主导的博物馆/文化中心的加入，在满足人们多样性文化需求的同时，也为整个产业制造了不小的混乱——并非所有机构都能契合人们对博物馆的期待。

以上海为例，作为中国文化产业发展的前沿城市，自 2010 年左右起，每年都会有各种不同背景、不同类型的博物馆和艺术中心问世，但同样每年也都有不少机构悄无声息地离开大家的视线。如上海喜玛拉雅中心，这座由日本建筑师矶崎新设计的综合文化中心建筑，一度彰显了上海证大集团进军文化产业的雄心，然而对外开放仅 8 年后便折戟沉沙。又或者像一些名为"博物馆"、实际上可能是商业性质的文化公司，其往往只是借助展览吸引关注，难免出现名不副实或过度宣传的情况，因此在社交媒体上引发的争议也早已屡见不鲜。之所以出现这种现象，一方面源于人们对文化市场过分乐观的期待，另一方面也折射出博物馆行业的隐形门槛——博物馆产业并非常规的可直观计算回报率的投资项目（如酒店、旅游景点、主题公园等）。建造一座庞大的博物馆固然耗资巨大，然而这还仅仅只是一个开始；在建成后，除了基础服务、灯光及控温控湿设备等的硬件养护所需的人力物力投入，更为重要的是展览及相应文化活动的策划和呈现，这才是能够吸引观众一遍又一遍走进博物馆，并真正可以推动博物馆持续发展的关键。

在这个背景下，秉持"中华文化"的诸多相对"保守"（在商业化程度以及展览筛选标准上）的博物馆似乎成为我们强而

9. 澎湃新闻（2024）：《上博东馆将启：首展三星堆，两日预约5分钟抢空》，1月28日。详见：https://baijiahao.baidu.com/s?id=1789304574216200398&wfr=spider&for=pc（查证于2024年2月3日）。

续3
"星耀中国：三星堆·金沙古蜀文明展"展览海报
© 上海博物馆

有力的后盾。以位于四川广汉的三星堆博物馆为例，其自1997年对外开放以后便致力于持续不断地对外输出其植根于古老巴蜀文明的独特魅力，毋庸置疑地成为广汉市的城市名片，而当地的文旅产业极大部分也都是围绕以"三星堆遗址"为核心的古蜀文化展开的。2023年三星堆博物馆新馆正式对外开放后，更是成为当地的地标式建筑。2024年2月，由上海博物馆和四川广汉三星堆博物馆联合举办的展览"星耀中国：三星堆·金沙古蜀文明展"作为上海博物馆东馆的开馆展对外开放，其呈现出的强大吸引力着实令人惊叹：线上预约通道一经开放，展览前两日共16 000张门票在5分钟内即被一扫而空，此后一周的门票也悉数被预订。[9]尽管上海几乎每个月都有他国文化或当代艺术展览与观众见面，然而植根于中国传统文化的展览依然展现出了强大的号召力，这无疑显示出传统文化及作为其重

续篇：千禧之后 | 267

要载体的公共博物馆在塑造群体认知及荣誉感方面发挥的效用。也正是因为这些文化机构的存在，当我们在困惑于后现代主义带来的消费主义或是当下主义时，依然可以寻找到精神文化的栖息地，而不至于进退失据。

回顾历史，博物馆的诞生以及每一次变革都与人类思想变迁息息相关。今天的我们似乎正处于一个加速驶向未来的关键阶段，人们给它贴上了诸多标签——"最好的""最坏的""时代变革的十字路口"。也正是因为我们似乎处于一个时代的紧要关头，在此尝试探讨博物馆在新时代中的形象及其承载的文化所能发挥的效用，就显得尤为重要。诚然，要定义未来博物馆的模样并不容易，这个承载着历史、精神风貌，集文化传播与教育功能于一体的大容器背负的社会期待太多，但我们依然可以从历史中寻找到一些佐证——这也正是我们创作本书的原因。当我们憧憬博物馆的宏大社会效用时，或许可以尝试从亨利·柯尔的南肯辛顿博物馆中汲取经验，从约翰·达纳和本杰明·吉尔曼的观点碰撞中寻找线索；当我们困惑于如何对博物馆进行定位时，也可以从20世纪中后期西方博物馆的认同／生存危机中寻找灵感。在另一个历史时空中所发生的故事尽管无法为我们直接提供答案，但至少可以为我们提供一些实证支持。与此同时，我们也必须明白，在未来的道路上，我们并没有"榜样"，我们可以做的或许就是勇敢地去尝试，以开放的态度、博大的胸襟来迎接未来的挑战与机遇。

后记

学生时代的我（李翔）有很长一段时间是在大英博物馆度过的，它就在我的大学旁边，几乎每周上课，老师都会带着我们一起去参观学习。课后我也总会走进博物馆，即便是顺路穿过博物馆，在展厅里待一会儿，或者在咖啡馆小憩一下，都会使我放松下来。或许正是博物馆里的咖啡和迷人的周边，让我对离我遥远的历史有了更多探寻的兴趣。毕业后我回国从事美术馆的国际展览工作，这个工作总是让人感到神秘而又具有吸引力，但美丽的事物往往更需要强大的外壳作为支撑。展览工作的强度很大，无时无刻不需要做好准备迎接那些突如其来的挑战。而它又像是我情绪释放的载体，使我有机会暂时逃离现实世界，同时又与这个世界产生了另一种方式的联结，这样的工作体验同样令我心醉神迷。

然而在工作的喜悦之外，总还有另外一些情绪使我久久无法平复，它不单单来自面对跨域理论和实践鸿沟的手足无措，还源于面对博物馆描绘的美好愿景和社会期待之间差异的茫然。这些情绪的累积一度令我开始质疑艺术，也不再对观展抱有冲动和期待。然而我却一次又一次猝不及防地被艺术的力量打动，为艺术家永不停歇突破过去的努力感到动容。这不禁也令我重新开始思考：作为一位美术馆工作者，我是否可以做些什么，来将这份力量、这种感动传递出去呢？

基于这种冲动，我与一森于2023年4月28日在社交媒体平台上发布了第一篇关于博物馆的文章，之后边写边更新。一方面可以边写边检验，与读者互动；另一方面，上传的日期和信息让每一次写作有了痕迹，他们被数据化了，我们可以通过时间、日期和每一次的更新来查询自己的足迹。就好像一本公开的电子日记。直到2023年11月，我们完成了这本书的初稿，这场关于时间的旅行也结束了。这本书或许不能完全涵盖博物馆发展的每一时刻，但我们试图通过一些不容忽视的主题和时刻来勾勒和梳理博物馆功能和形态的演变过程。希望可以借此为读者——学生、学者、博物馆爱好者以及现在和未来的博物馆从业者提供一些研究的语境和观点，对博物馆的发展有一个相对全面的认识，并能提供一些启示。作为从事博物馆工作的人员之一，我们也想通过自己的微薄力量，来邀请更多朋友加入这场讨论，让所有喜爱博物馆的朋友们都参与其中，共同助推博物馆行业的发展。

博物馆对我们来说到底是什么？我们邀请了一些朋友来共同探讨这个话题（以下按照姓氏拼音首字母排序），也欢迎感兴趣的读者朋友参与到我们的讨论中。

1. 巩洛孚 / 初三学生：

对于小时候的我，博物馆是一个无聊的地方，我在里面看不到乐趣。但对于现在的我，那是历史尘埃的凝结，是古今灵魂的相遇，是时代车辙的痕迹，是跨越千百年，无数灵魂的相会。

2. 郭春晨 / 盐田千春工作室：

学生时在东京看展，每逢大展，展厅里总是摩肩接踵的；排在长长的观展队伍中，偶尔会慌神发梦，想着自己有一天会住在展厅中间，晚上起来上厕所会和路过的作品打打招呼聊上两句……回到问题，美术馆对我来说是工作的地方，是能真正为人民服务的地方，也是盛放梦想的地方。

3. Katherine_sjy/ 复旦大学新闻学院传播学硕士在读：

美术馆作为一个公共空间，承载了许多所谓的"公共性职能"。于我而言，它是一个杂合的空间，有公共的部分，也不乏私人的意涵。每个进入美术馆的人都能获得个体化的、异质性的体验，以形构自我的日常生活实践。这种"此时此地"的在场感与展品所蕴含的"彼时彼地"的时空感交织互嵌，所以，美术馆空间中的时空是独具一格的，流动且多维。

4. 刘昊星 / 京都艺术大学上海事务所：

以前我觉得美术馆像是电视，我透过电视这台"盒子"看到大千世界的五彩斑斓，二者的不同只在于休息日，一个是在周二休的"黑盒子"，一个是在周一休的"白盒子"。而现在觉得博物馆更像是"任意门"，是连接时间的空间，经由它可以穿越至任何时刻，从过去的经典至未来的前卫，当下的新视角虚拟现实都可无一疏漏地尽展眼前，甚至超越视觉，让五感全身沉浸其中。新时代的博物馆更是对"盒子"概念的全新诠释，尤其是疫情中推出的线上观展，让美术馆与展览的时间空间得以延伸。

世界上存在着众多的美术馆，它们的作用各有千秋，比如专门展示古代文化的"古代美术馆"（博物馆），也有反其道而行之，以现代艺术为中心的"当代美术馆"（艺术馆）等，但无论如何，万变不离其宗，收集优秀的艺术品，妥善保存这些作品，向大众展示和公开这些作品是其重要的职责，参观者也因此得以尽情穿越。

而如今的美术馆更是肩负起艺术家发掘、公众艺术普及教育等职责，个人工作也因此与美术馆有了千丝万缕的关联，从单纯的鉴赏者至成为参与者的转变也是以前未曾想过的事情。

如今"黑盒子"没有了周二的休息，全天24小时持续播出；而"白盒子"也希望有一天可以成为随时随地穿越的空间，线上观展固然便捷，但线下的体验才是我对美术馆的钟情之处。

5.Lou/ 艺术从业者：

通过馆藏、展览甚至是建筑本身，可以直接窥视一个美术馆或基金会的态度和品位。好的馆和展览不仅可以让人受到启迪，有时候也会带给我们继续坚守的勇气。

6.鲁珊 / 深圳关山月美术馆：

作为一个有27年美术馆工作经历的美术馆人，美术馆于我而言，是一段重要的人生，也是最美好的时光。在此间，我见证了中国美术馆事业的蓬勃发展，也见证了一个又一个城市因美术馆的滋养而日渐美丽。

7. 马啸鸿（Professor Shane McCausland）/ 伦敦大学亚非学院艺术史教授、策展人、作家：

当我加入都柏林切斯特贝蒂图书馆时（2004年），我第一次遇到了一位对博物馆使命——如何帮助定义民族文化——持如此开放态度的博物馆馆长（也是我的老板）。这种"民族文化"当然不是政客应对选举提出的符号化的"文化目标"，而是对爱尔兰在世界文化中的地位的呼喊——作为欧盟的一个较小成员国，作为一个与英国有着长达几百年历史纠葛的国家，作为一个拥有"与世隔绝的传统"、艺术成就令人难以置信的国家，一个因小泉八云而在东亚广为人知的国家。作为那里的东亚文化策展人，我很荣幸能和上海博物馆的凌利中合作，将展览"讲述中国的图像"带到爱尔兰，这也是我们首次和中国合作。这个展览在爱尔兰媒体上引发了许多关于人文交流的讨论，也使很多人摆脱以往对中国的刻板印象，重新引发了对中国及其人民形象的思考，以及我们如何在数字时代建立新的、更合适的联系的思考。

这一切都发生在2020年前，现在这种国际化跨文化交流的思考更加重要。

8. 彭译萱/《中国日报》记者：

美术馆收藏了我在世界各地的记忆，有时在不同的美术馆看到相同的展品，就感觉像完成了一次时光旅行。和我眼前的参照物相比，那些变化的理解，就是我成长的过程。

美术馆及博物馆还是我的一个个精神的避难所，所有被束缚的触角都会在这里完全张开，甚至在没有朋友、没有家人的地方，它都一次次接纳我，让我在这里重新找回自己。

百年后我们将离开这个世界，但美术馆还会永远为流浪的灵魂提供归宿。

9. 片冈真实（Kataoka Mami）/ 东京森美术馆馆长、日本国家艺术研究中心馆长：

当代艺术博物馆是展现当代世界的鲜活有机体。博物馆具有研究、展览、保存和传播文化的基本功能，但近年来，除了这些功能，博物馆还被期望发挥社会作用，提高人们对多样性、公平性和福祉的认识。为了完成这一使命，在那里工作的每个人都必须敏锐地去感受、观察、分析和解释现代世界的复杂性，思考他们可以从这些角度向社会提供什么样的建设性信息，并基于自我批评和全球视野采取行动。

10. 黄琪 / 高中老师：

美术馆对我来说是一个让灵魂慢下来的地方，在这里我可以和作者对话，能和多个维度的思想进行交流；在这里我可以灵魂出窍，能设想我和作品的关系；在这里我能获得灵感，找寻内心深处的平静和世界上的另一个我。

11. 秦思源（Colin Chinnery）/ 北京声音艺术博物馆创始人：

博物馆作为文化行业的一环，考虑到社会需求和时代特征也是它应该做的事情，至于做得好不好，说到底是水平问题，而不是原则问题；这其实是时代对博物馆提出的一个新要求。

12. 施文雨 / 展览灯光设计顾问：

美术馆是快乐的能量盒。在美术馆里与艺术品、策展人、艺术家、设计师以及各类艺术从业人员对话，让我充满活力，乐此不疲。享受着艺术品跨时空的语言，感受着不同的文化历史，使我备感满足。

13. 谭波 / 佳士得 20 及 21 世纪艺术国际总监：

去一个新的国家或者城市旅行，我会以当地的历史博物馆或者美术馆为首站，开启对它的认知之旅。如同有的游客到了一个陌生的城市，喜欢坐上环城的巴士，大致了解城市的地标建筑及其方位，在大脑里建立地图；而参观博物馆就像坐上时空穿梭机，拓展了自己对该地区的文化艺术和民族精神的了解。

我的工作虽然和艺术朝夕相处，但度假的时候也还是喜欢去博物馆，有时能温故知新，拓展自己的专业知识，更多的时候则会特意跨出自己专业的舒适圈，看不同的历史阶段或者陌生的地域文化，常常会有似曾相识乃至恍然大悟和融会贯通的时刻。

相信好奇的博物馆迷们，也会喜欢这本讲述博物馆之前世今生的图书。那么我们下一次逛博物馆的时候，可能在流连陈列的藏品之余，会注意该博物馆的由来和历史、建筑风格、展陈方式等等，甚至留意其如何体现国家 / 城市的文化形象和应对 21 世纪新时代的变化。

14. 夏维涓 / 高二学生：

我觉得博物馆和书籍的性质很像，我们通过"观看"从中收获想法和知识。博物馆将我与一些好像与我的生活不相关的事物联系在了一起，我也期待这种联系的产生。

15. 徐贝妮 / 古典音乐经纪人：

美术馆——承载了美与文化的传递，不但给予参观者感官上的享受，还可以给人聆听、体验和思考等多层次的文化体验，于文化间还原艺术之美，于艺术中迸发心之思考。

16. 徐斌彬 / 上海智龙创始人：

美术馆是文化艺术交流的节点，我的最大荣幸在于能让来自五湖四海的作品汇聚在一起，用智慧和努力呈现它们最佳的状态，为美术馆展览增光添彩。

17. 盐田千春 / 艺术家：

我期待中国美术馆未来的发展，也期待这本书的出版。

18. 燕窝 / 图书编辑

职业决定了我们需要博览群书、见多识广，因此也爱上读书、旅行。必须承认，每到一个城市，逛博物馆都是必不可少的一环。逛过的博物馆越多，越发现原本对博物馆的认知过于狭隘。现在的博物馆展出的展品，已远远不再局限于绘画、雕塑等艺术品，而涉及方方面面，比如自然博物馆（还有专门的昆虫博物馆，真是绝了）、历史博物馆、军事博物馆、科技博物馆等等。不得不说，博物馆确实是每个人博闻强识的好去处。而随着博物馆与人工智能的结合，带给我们的体验更是丰富多样，"沉浸式"逛展绝不仅仅只是说说而已！期待未来博物馆发展得越来越好！我也会一如既往地追随着它。

19. 杨桂花 / 高中老师：

美术馆让我看到了这个世界更多的可能性。通过艺术品，看到另外一个我从未接触却又有联系的世界。依旧记得有一次在宋庄那边的美术馆里看到了一幅画，画里是三个云贵那边的少数民族女孩，里面有个女孩穿着少数民族的服装，样貌跟我本人几乎一模一样，我震惊了，原来世界上也许真的有一个和你一样的人在某一个角落生活着。我感觉美术馆就像是能纵横历史和时间的甬道，它打破了时间和空间的界限，让我们能了解和感受不同时期不同地方的人的生活或者思维。

20. 叶跃凡 / 小红书社区境内旅游负责人：

美术馆对城市而言就像三明治的中间夹层，是味美的也是精华的，尤其适合每一个人早起尝试。

21. 尤洋 /×美术馆馆长：

艺术博物馆本是现代性的神话之一，通过收集与展示藏品，体现对物的关切，以及弘扬文化纲领和现代民族身份构建。后现代以来，艺术博物馆努力将自身从一种技术工具转换为以人为本的社会公共空间——人们在此相逢、交谈，带着对未来的期许离开。这就要求我们用更为积极与切实的视角重读艺术博物馆的历史，展望未来。同时，这种意义的构建需要更多人参与。期待本书可以唤起这样的声音。

22. 于江 / 高中老师：

对我来说，博物馆 / 美术馆是脑子里向往的一个"桃花源"，因为每一次都会有主动选择之外的惊喜。徜徉在博物馆 / 美术馆，不经意间一个意外的偶遇，总是能够启发思考、引发"洞见"。眼前一亮的"Wow"和看完介绍之后的"Aha"，总给人一种智识上"豁然开朗"的感觉。在快节奏充斥的焦虑内卷社会中，能让人豁然开朗——博物馆真可谓脑子里向往的"桃花源"了。

23. 袁隆（Alex Long Yuan）/ 多学科视觉艺术家、生态艺术家：

博物馆，那是时光的港湾，沉淀着历史的灵魂。每每踏入其间，我仿佛能听到古老文明的低语，感受到时代的脉搏。它们不仅是艺术与文化的集合体，更像是一面镜子，映照出人类自身的渺小与伟大。在博物馆的每一个角落，我都能感受到时间的深度和生命的广阔，这让我陷入了对存在本质的沉思。博物馆不仅仅是对历史的回顾，更是对未来的启迪。

24. 圆圆小朋友与妈妈钱珺：

在圆圆的眼中，美术馆是不同于现实的另一方自由世界，让她看到人类在无限创造力和想象力中去建立美，甚至是破坏美，这一切都赋予了她表达和展现自我的勇气。

于我而言，和孩子一起去美术馆，最有趣的莫过于，两个有血缘的生命体对同一件作品的觉察却往往不同，在这些"不同"中，我们寻找到了更多探索对方心灵的线索。

25. 赵韵 / 金融从业者：

我记得第一次去美术馆是在小学三年级，是一个爱画画的小朋友拉着我去的。在一个巨大的空间里，看到了好多巨幅的国画，浓墨重彩且大气磅礴，当时馆内参观的人很少，我们待到很晚才回家。

我至今记得那个感受，很震撼！

如今美术馆越来越多，艺术的形式日益多样化，我们不仅能在美术馆内参观到各式风格的展品，也可以通过美术馆认识世界，了解不一样的生活和理念。空闲的时光，去美术馆转一转，给忙碌的生活增添一丝乐趣，为繁重的工作褪去些许疲惫，已然是我的一种新的生活方式。

译名表

"20世纪的莫奈"	"Monet in the 20th Century"
阿布扎比卢浮宫	Louvre Abu Dhabi
阿布扎比文化和旅游部	Department of Culture and Tourism-Abu Dhabi
阿狄尼亚式	Arcadian
阿尔伯特·埃尔森	Albert Elsen
阿尔伯特·巴恩斯	Albert Barnes
阿尔伯特亲王	Prince Albert
阿尔茨博物馆	Altes Museum
阿尔弗雷德·巴尔	Alfred H. Barr
阿尔弗雷德·斯蒂格利茨	Alfred Stieglitz
阿尔弗雷德·西斯莱	Alfred Sisley
阿尔塞纳·亚历山大	Arsène Alexandre
阿尔瓦·阿尔托	Alvar Aalto
阿兰达·考马拉斯瓦米	Ananda Coomaraswamy
阿姆斯特丹市立博物馆	Stedelijk Museum Amsterdam
阿奇博尔德·麦克利什	Archibald MacLeish
白色立方体	white cube
埃德加·德加	Edgar Degas
《朗尚赛马场》	*Racehorses at Longchamp*

埃尔·格列柯	El Greco
《净化圣殿》	Christ Driving the Money Changers from the Temple
埃尔·利西茨基	El Lissitzky
埃里克·麦克拉根	Eric Maclagen
埃里希·莱辛	Erich Lessing
埃里希·玛利亚·雷马克	Erich Maria Remarque
《西线无战事》	*All Quiet on the Western Front*
埃薇莉娜·乔安诺	Evelyne Jouanno
艾尔莎·夏帕雷利	Elsa Schiaparelli
艾哈迈达巴德博物馆	Lalbhai Dalpatbhai Museum
艾隆·斯库纳	Allon Schoener
艾莎·冯·费塔格·洛林霍温	Elsa Baroness von Freytag-Loringhoven
爱德华·奥尔登·朱厄尔	Edward Alden Jewell
爱德华·杜瑞尔·斯通	Edward Durell Stone
爱德华·马奈	Édouard Manet
爱德华·史泰钦	Edward Jean Steichen
爱奥尼式	Ionic
安布罗斯·沃拉德	Ambroise Vollard
安德烈·布雷顿	André Breton
安德烈·马尔罗	André Malraux
《无墙博物馆》	*Museum without Walls*
安德鲁·邓克利	Andrew Dunkley
安德鲁·怀思	Andrew Wyeth
安迪·沃霍尔	Andy Warhol
安迪·沃霍尔博物馆	The Andy Warhol Museum
安东·约瑟夫·冯·普伦纳	Anton Joseph von Prenner
《艺术画廊》	*Theatrum Artis Pictoriae*
安那考斯蒂亚社区博物馆	Anacostia Community Museum
安藤广重	Ando Hiroshige
安藤忠雄	Tadao Ando

安藤忠雄博物馆	Ando Museum
奥尔布赖特美术馆	Albright Art Gallery
奥克塔夫·米尔博	Octave Mirbeau
奥拉维尔·埃利亚松	Olafur Eliasson
《天气计划》	*The Weather Project*
奥赛博物馆	Musée d'Orsay
澳大利亚国家科技中心	Questacon-National Science and Technology Centre
澳大利亚国家首都景点协会	National Capital Attractions Association
巴比松画派	Barbizon School
巴勃罗·毕加索	Pablo Picasso
《格尔尼卡》	*Guernica*
《亚威农少女》	*Les Demoiselles d'Avignon*
巴勃罗·毕加索基金会	Estate of Pablo Picasso
巴恩斯基金会	Barnes Foundation
巴黎现代艺术博物馆	Musée d'Art Moderne de Paris
巴黎国立高等美术学院	École nationale supérieure des Beaux-Arts
巴伦西亚艺术科学城	City of Arts and Sciences, Valencia
巴塞罗那当代艺术博物馆	Barcelona Museum of Contemporary Art
白教堂画廊	Whitechapel Gallery
"百科全书宫"	"The Encyclopedic Palace"
柏拉图	Plato
柏林国际渔业展览会	The International Fisheries Exhibition
保罗·奥尼尔	Paul O'Neill
保罗·杜朗-卢埃尔	Paul Durand-Ruel
保罗·戈登伯格	Paul Goldberger
保罗·克利	Paul Klee
保罗·克瑞特	Paul Cret

保罗·马歇尔·雷	Paul Marshall Rea
《博物馆与社区》	*The Museum and the Community*
保罗·欧特雷	Paul Otlet
保罗·萨赫斯	Paul Sachs
保罗·塞尚	Paul Cézanne
悲观主义	pessimism
贝尔特·莫里索	Berthe Morisot
贝尔维德宫	Belvedere Palace
贝耶勒基金会博物馆	Beyeler Foundation
贝聿铭	Ieoh Ming Pei
贝聿铭基金会	I. M. Pei Foundation
本杰明·艾维斯·吉尔曼	Benjamin Ives Gilman
《博物馆的宗旨和方法》	*Museum Ideals of Purpose and Method*
本杰明·奥特曼	Benjamin Altman
本尼·陈	Benny Chan
本尼迪克特·安德森	Benedict Anderson
本质主义	essentialism
彼得·保罗·鲁本斯	Peter Paul Rubens
彼得罗·佩鲁吉诺	Pietro Perugino
彼得兔	Peter Rabbit
毕尔巴鄂古根海姆博物馆	Guggenheim Museum Bilbao
毕加索博物馆	Picasso Museum
表现主义	Expressionists
波尔多当代艺术博物馆	CAPC Musée d'Art Contemporain de Bordeaux
波罗的海当代艺术中心	Baltic Centre for Contemporary Art
波普艺术	Pop Art
波士顿美术馆	Museum of Fine Arts, Boston
《伯灵顿杂志》	*Burlington Magazine*
伯纳德·加农	Bernard Gagnon

《博物馆学与古物学杂志》	Zeitschrift für Museologie und Antiquitätenkunde
《博物馆月刊》	Museums Journal
布达佩斯美术馆	Museum of Fine Arts, Budapest
布法罗科学博物馆	Buffalo Museum of Science
布雷拉美术馆	Brera's Picture Gallery
布鲁克林博物馆	Brooklyn Museum
布鲁明戴尔百货	Bloomingdale's
布鲁塞尔古典艺术博物馆	Oldmasters Museum, Brussels
查尔斯·哈钦森	Charles Hutchinson
查尔斯·兰德里	Charles Landry
《创意城市》	The Creative City
查尔斯·索马里兹·史密斯	Charles Saumarez Smith
超现代主义	Hypermodernism
超现实主义	Surrealism
"超现实主义的最初文本"	"First Papers of Surrealism"
抽象表现主义	Abstract Expressionists
纯艺术	fine art
村山直刚	Naotake Murayama
存在主义	Existentialism
达·芬奇	Leonardo Da Vinci
《蒙娜丽莎》	Mona Lisa
达达主义	Dada
大都会艺术博物馆	Metropolitan Museum of Art
大卫·哈维	David Harvey
《后现代性的状况》	The Condition of Post Modernity
大卫·霍克尼	David Hockney
大卫·希尔德	David Heald
《大西洋月刊》	Atlantic Monthly
大英博物馆	The British Museum
《大英博物馆法》	The British Museum Act
大英图书馆	British Library

"大约在 1492"	"Circa 1492"
丹尼尔·布伦	Daniel Buren
丹尼尔·里伯斯金	Daniel Libeskind
丹尼尔·罗宾斯	Daniel Robbins
丹尼尔–亨利·卡恩维勒	Daniel-Henry Kahnweiler
当下主义	Presentism
道格拉斯·克里普	Douglas Crimp
《博物馆的废墟》	On the Museum's Ruins
道格拉斯·梅森	Douglas Mason
德累斯顿美术馆	Staatliche Kunstsammlungen Dresden
德累斯顿瓷器收藏馆	Porzellansammlung
德威学院美术馆	Dulwich College Picture Gallery
"地球魔术师"	"Magicians of the Earth"
邓肯·卡梅伦	Duncan Cameron
《博物馆：神庙还是论坛》	The Museum, a Temple or the Forum
狄金森兄弟	Dickinson Brothers
迪士尼乐园机制	Disneylandian mechanism
迪亚比肯博物馆	Dia Beacon
底特律美术馆	Detroit Institute of Arts
蒂莫西·赫斯利	Timothy Hursley
蒂帕帕国家博物馆	Te Papa
迭戈·里维拉	Diego Rivera
《底特律的工业》	Detroit Industry
迭戈·委拉斯开兹	Diego Rodrignez de Silrag Valazquez
《镜前的维纳斯》	Rokeby Venus
东京国立美术馆法隆寺宝物馆	Tokyo National Museum Gallery of Horyuji Treasures
冬宫博物馆	The State Hermitage Museum
独立沙龙	Independent Salon
独立艺术家展览	Society of Independent Artists
杜朗-卢埃尔父子画廊	Durand-Ruel & Sons
杜乔·迪·博尼塞尼亚	Duccio di Buoninsegna

《圣母与圣婴》	*Madonna and Child*
杜塞尔多夫选举美术馆	Electoral Gallery, Dusseldorf
多米尼克·德·梅尼尔	Dominique de Menil
多立克式	Doric
儿童博物馆	Children's Museum
法国国家图书馆	Bibliothèque nationale de France
法国海外博物馆	Musée de la France d'Outre-mer
法国纪念碑博物馆	Musée des Monuments Français
法式中国风	Chinoiserie
梵蒂冈博物馆	The Vatican Museums
梵蒂冈画廊	The Vatican Pinacoteca
反艺术	anti-art
非客观绘画博物馆	The Museum of Non-Objective Painting
非洲和大洋洲艺术博物馆	National Museum of Arts of Africa and Oceania
菲尔德自然史博物馆	Field Museum of Natural History
菲利普·德·蒙特贝罗	Philippe de Montebello
菲利普·古德温	Philip Goodwin
菲利普·纽维尔·尤茨	Philip Newell Youtz
菲利普·约翰逊	Philip Johnson
菲利普收藏馆	The Phillips Collection
菲利普维尔博物馆	Philippeville Museum
费城百年国际展	Centennial International Exhibition
费城艺术博物馆	Philadelphia Museum of Art
非艺术	non-art
弗兰克·盖里	Frank Gehry
弗兰克·杰威特·马瑟	rank Jewett Mather
弗兰克·劳埃德·赖特	Frank Lloyd Wright
弗朗索瓦·多比尼	Charles Francois Daubigny
弗朗索瓦·密特朗	Francois Mitterrand
弗朗索瓦·布歇	François Boucher
《中国帝王宴》	*Le Repas de L'empereur de Chine*

弗朗索瓦斯·卡钦	Francoise Cachin
弗朗西斯·亨利·泰勒	Francis Henry Taylor
弗朗西斯·皮卡比亚	Francis Picabia
弗雷德里克·约翰·基斯勒	Frederick John Kiesler
弗里德里希·诺曼	Friedrich Naumann
弗里德里希三世	Friedrich III of Germany
弗里克艺术资料图书馆	Frick Art Reference Library
《弗里兹》	*Frieze*
福格艺术博物馆	Fogg Art Museum
福瑞德瑞克·霍夫曼	Frederick Hoffman
盖·奥伦蒂	Gae Aulenti
盖蒂博物馆	The Getty Center
盖蒂图片社	Getty Images
高等艺术博物馆	High Museum of Art
戈登·邦夏	Gordon Bunshaft
戈勒姆公司	The Gorham Manufacturing Company
哥伦比亚艺术与科学促进研究所	Columbian Institute for the Promotion of Arts and Sciences
革命中的女艺术家	Women Artists in Revolution
格奥尔格·冯·迪利斯	Georg von Dillis
格拉斯哥博物馆	Glasgow Museums
格拉斯哥现代艺术博物馆	Gallery of Modern Art, Glasgow
格兰芬多	Gryffindor
格伦·罗瑞	Glenn David Lowry
工业主义	industrialism
功利主义	utilitarianism
功能主义	functionalism
古根海姆博物馆	Solomon R. Guggenheim Museum
古斯塔夫·格夫罗伊	Gustave Geffroy
古斯塔夫·瓦根	Gustav Waagen
谷口吉生	Yoshio Taniguchi

"光的印象：从科罗特到莫奈的法国风景"	"Impression of Light : The French Landscape from Corot to Monet"
国际博物馆协会	International Council of Museums
国际联盟	League of Nations
《国际艺术与评论》	*Revue internationale de l'art et de la curiosité*
国家流行艺术中心	National Centre for Popular Music
国立网球场现代美术馆	Jeu de Paume
哈利·弗兰克·古根海姆	Harry Frank Guggenheim
哈罗德·罗伯特·艾萨克斯	Harold Robert Isaacs
《我们的心灵划痕》	*Scratches on our Minds*
海德公园	Hyde Park
海沃美术馆	Hayward Gallery
《海牙公约》	*Convention de La Haye*
海因里希·沃格勒	Heinrich Vogeler
韩伯禄	Pierre Heude
汉丽艾塔·巴奈特	Henrietta Barnett
汉斯·哈克	Hans Haacke
汉斯·斯隆	Hans Sloane
汉斯·乌尔里希·奥布里斯特	Hans Ulrich Obrist
"好设计"	"Good Design"
荷兰国立博物馆	The Rijksmuseum
赫伯特·玛斯尚	Herbert Muschamp
赫夫顿和克劳摄影工作室	Hufton+Crow
赫施霍恩博物馆	Hirshhorn Museum
亨利·埃德蒙·克罗斯	Henri-Edmond Cross
《粉色云》	*The Pink Cloud*
亨利·福克兰	Henri Focillon
亨利·柯尔	Henry Cole
亨利·马蒂斯	Henri Matisse
《生之喜悦》	*The Joy of Life*
亨利·马蒂斯遗产基金会	Succession H. Matisse

亨利·沃特森·肯特	Henry Watson Kent
亨特利 & 帕默饼干	Huntley and Palmer's biscuit
后现代主义	postmodernism
后印象派	post-Impressionism
胡安·格里斯	Juan Gris
胡安·米罗	Joan Miró
华莱士收藏馆	The Wallace Collection
《华盛顿邮报》	*The Washington Post*
华特·迪士尼	Walt Disney
皇家古典艺术博物馆	Royal Museum of Ancient Art
惠特尼美国艺术博物馆	Whitney Museum of American Art
霍华德·约翰逊	Howard Johnson
霍威与理察兹建筑事务所	Howe & Lescaze
"机械艺术展"	"Machine Art Exhibition"
矶崎新	Arata Isozaki
基亚斯玛当代艺术博物馆	Museum of Contemporary Art Kiasma
激进主义	radicalism
激浪派	fluxus
《记住！1914》	*Souvenez-vous! 1914*
加拿大历史博物馆	Canadian Museum of History
加拿大文明博物馆	Canadian Museum of Civilization
加斯瑞·本·诺伊曼	Jsrael Ben Neumann
"家具有机设计"	"Organic Design in Home Furnishings"
"建筑师和工业艺术"	"The Architect and the Industrial Arts"
"揭开莫奈的面纱"	"Monet Unveiled"
杰西·施特劳斯	Jesse Isidor Strauss
杰伊·罗德尼·盖茨	Jay Rodney Gates
结构主义	structuralism
紧急黑人文化联盟	The Black Emergency Cultural Coalition
精英主义	elitism
居斯塔夫·库尔贝	Jean Desire Gustave Courbet
《赶集归来的弗拉热农民》	*Peasants from Flagey back from the Fair*

《奥尔南的葬礼》	*A Burial At Ornans*
《石工》	*The Stonebreakers*
军械库展览	Armory Show
卡尔·弗里德里希·辛克尔	Karl Friedrich Schinkel
卡尔·格斯	Karl Gerth
卡尔斯·卡滕	Charles Karten
卡雷尔·泰格	Karel Teige
卡罗尔·邓肯	Carol Duncan
卡洛斯·卡明斯	Carlos Emmons Cummings
《东方是东方，西方是西方》	*East is East and West is West*
卡米耶·毕沙罗	Camille Pissarro
卡米耶·柯罗	Jean-Baptiste-Camille Corot
卡内基研究所	Carnegie Institute
卡斯滕·霍勒	Carsten Höller
《试验场》	*Test Site*
凯瑟琳·库赫	Katharine W. Kuh
《美术馆是为了什么？》	"What's an Art Museum For?"
凯瑟琳·罗瑞拉德·沃尔夫收藏基金会	Catherine Lorillad Wolf Collection
凯瑟琳·索菲·德雷尔	Katherine Sophie Dreier
凯文·罗宾斯	Kevin Robins
康斯坦丁·布朗库西	Constantin Brâncuși
柯克·瓦尼多	Kirk Varnedoe
柯律格·克鲁纳斯	Craig Clunas
《谁在看中国画》	*Chinese Painting and Its Audiences*
科特·伯顿	Scott Burton
克拉克艺术研究所	The Clark Art Institute
克莱尔·亨德伦	Claire Hendren
克莱沃城堡	Clervaux Castle
克劳德·莫奈	Oscar-Claude Monet
《干草堆·日落》	*Haystacks, Sunset*
克里斯蒂安·杰沃斯	Christian Zervos

译名表 | 291

克利夫兰美术馆	Cleveland Art Museum
肯尼斯·克拉克	Kenneth Clark
空镜	installation view
拉比·马文·希尔	Rabbi Marvin Hier
拉尔夫·亚当斯·克拉姆	Ralph Adams Cram
拉芳德斯广场	Esplanade de La Défense
拉斐尔·圣齐奥	Raffaello Sanzio
《卡斯蒂廖内的肖像》	*Portrait of Castiglione*
《圣母子与施洗约翰》	*The Virgin and Child with Saint John the Baptist*
《雅典学院》	*The School of Athens*
《耶稣显圣》	*Transfiguration*
拉斐尔·斯特恩	Raffaelo Stern
兰伯特·克拉赫	Lambert Krahe
劳伦斯·比尼恩	Laurence Binyon
《亚洲艺术中人的精神》	*The Spirit of Man in Asian Art*
乐观主义	optimism
勒·柯布西耶	Le Corbusier
《今日装饰艺术》	*The Decorative Art of Today*
《无限生长博物馆》	*Unlimited Growth Museum*
《形式和技术：勒·柯布西耶，螺旋式平面和图解建筑》	*Forms and techniques:Le Corbusier, the spiral* plan and diagram architecture
雷蒙德·胡德	Raymond Hood
雷蒙德·罗维	Raymond Fernand Loewy
李·西蒙森	Lee Simonson
"李禹焕：标记无限"	"Lee Ufan: Marking Infinity"
里克·马瑟	Rick Mather
理查德·布雷特尔	Richard Brettell
理查德·弗兰兹·巴赫	Richard Franz Bach
理查德·罗杰斯	Richard Rogers
理查德·梅尔	Richard Meier
理想主义	idealism

历史主义	historicism
立体主义	cubism
利物浦泰特美术馆	Tate Liverpool
刘易斯·芒福德	Lewis Mumford
卢浮宫	The Louvre
卢森堡宫	The Luxembourg Palace
卢森堡国家视听中心	Centre National de l'Audiovisuel
卢斯特花园	Lustgarten
卢锡安·毕沙罗	Lucien Pissarro
鲁道夫·阿克曼	Rudolph Ackermann
《阿克曼的知识库》	*Ackermann's Repository*
《大英博物馆外的街景》	*View of the British Museum, Holborn with a Street Scene*
《艺术、文学、商业、制造、时尚和政治知识库》	*Repository of Arts, Literature, Commerce, Manufactures, Fashions, and Politics*
路德维希·米斯·范德罗	Ludwig Mies van der Rohe
路易·威登基金会博物馆	Fondation Louis Vuitton
路易斯·班伯格	Louis Bamberger
路易斯·布雷	Etienne Louis Boullee
《博物馆内景》	*Interior View of a Museum*
路易斯·迪朗	Jean-Nicolas-Louis Durand
路易斯·卡恩	Louis Kahn
路易斯安那现代艺术博物馆	The Louisiana Museum of Modern Art
伦巴赫美术馆	Lenbachhaus
伦勃朗·哈尔曼松·凡·莱因	Rembrandt Harmenszoon van Rijn
《布商行会的理事们》	*Sundics of the Prapers' Guild*
《夜巡》	*The Night Watch*
伦敦自然史博物馆	Natural History Museum, London
伦佐·皮亚诺	Renzo Piano
罗伯塔·史密斯	Roberta Smith

译名表 | 293

罗伯特·弗莱克	Robert Fleck
罗伯特·欧·桑顿	Robert O. Thornton
罗伯特·皮尔	Robert Peel
罗德岛设计学院	Rhode Island School of Design
罗德岛艺术博物馆	Rhode Island School of Design Museum
罗杰·弗莱	Roger Fry
罗兰·巴特	Roland Barthes
罗曼·吉尔根	Romain Girtgen
洛伦斯·艾斯科	Florence Ayscough
洛杉矶宽容博物馆	Museum of Tolerance
马克·帕切特	Marc Pachter
马克思主义	Marxism
马库斯·利斯	Marcus Leith
马里奥·博塔	Mario Botta
马萨诸塞州当代艺术博物馆	Massachusetts Museum of Contemporary Art
马塞尔·布鲁尔	Marcel Breuer
马西米利亚诺·乔尼	Massimiliano Gioni
马歇尔·杜尚	Marcel Duchamp
《断臂之先》	*In Advance of the Broken Arm*
《泉》	*Fountain*
《下楼梯的裸女》	*Nude Descending a Staircase, No. 2*
《新娘被单身汉们剥光了衣服》	*The Bride Stripped Bare by Her Bachelors, Even*
《郁金香和歇斯底里症的协调》	*Tulip Hysteria Co-ordinating*
《他的线绳》	*His Twine*
马歇尔·菲尔德百货公司	Marshall Field
马歇尔杜尚协会	Association Marcel Duchamp
马修·阿诺德	Matthew Arnold
《文化与自由》	*Culture and Anarchy*
马修·普里查德	Matthew Prichard
玛里诺·欧力堤	Marino Auriti

玛丽·道格拉斯	Mary Douglas
玛丽·卡萨特	Mary Cassatt
"玛丽·卡萨特：现代女性"	"Mary Cassatt: Modern Woman"
玛丽安娜·范·伦斯勒	Mariana van Rensselaer
玛丽亚·科思维	Maria Cosway
玛丽亚·林德	Maria Lind
迈克尔·维特韦尔	Michael Wittwer
曼·雷	Man Ray
《礼物》	*The Gift*
曼·雷利信托委员会	Man Ray Trust
曼达纳姆	Mundaneum
《盲人》	*The Blind Man*
"贸易中的艺术"	"Art-in-Trade"
梅尼尔收藏博物馆	The Menil Collection
梅西百货	Macy's
美国博物馆协会	American Association of Museum
美国国会图书馆	Library of Congress, Washington
美国国家美术馆	National Gallery of Art, Washington
美国国家肖像画廊	National Portrait Gallery, Washington
美国民间艺术博物馆	American Folk Art Museum
"美国西部：重新解读边境图像"	"The West as America: Reinterpreting Images of the Frontier, 1820–1920"
美国哲学学会	American Philosophical Society
蒙塔古大楼	Montagu House
米开朗基罗·博那罗蒂	Michelangelo Buonarroti
米拉·赫斯	Myra Hess
米兰布雷拉画廊	Brera Art Gallery
《米洛斯的维纳斯》	*Vénus de Milos*
米夏拉·吉贝尔豪森	Michaela Giebelhausen
《建筑即博物馆》	*The Architecture is the Museum*
米歇尔·安托瓦内特	Michelle Antoinette
米歇尔·福柯	Michel Foucault

密尔沃基艺术学生联盟	Milwaukee Art Students League
民粹主义	populism
明尼阿波利斯美术馆	Minneapolis Institute of Art
明尼阿波利斯美术学会	Minneapolis Society of Fine Arts
明尼苏达州美国艺术博物馆	Minnesota Museum of American Art
莫顿·利文斯顿·舒伯格	Morton Livingston Schamberg
《上帝》	*God*
莫尔顿·尚伯格	Morton Schamberg
木田克久	Katsuhisa Kida
慕尼黑老绘画馆	Alte Pinakothek
南肯辛顿博物馆	South Kensington Museum
尼古拉斯·普桑	Nicolas Poussin
《日耳曼库斯之死》	*The Death of Germanicus*
纽波特艺术博物馆	Newport Art Museum
纽瓦克博物馆	Newark Museum
《纽约客》	*The New Yorker*
《纽约时报》	*The New York Times*
纽约现代艺术博物馆	Museum of Modern Art（MoMA），New York
女权主义	feminism
诺曼·贝尔·格德斯	Norman Bel Geddes
欧内斯特·费诺罗萨	Ernest Fenollosa
欧内斯特·海明威	Ernest Hemingway
帕特里克·亨利·布鲁斯	Patrick Henry Bruce
帕维尔·帕尼兹科	Pawel Paniczko
"庞贝古城，公元前79年"	"Pompeii, A. D. 79"
佩姬·古根海姆	Peggy Guggenheim
佩里·拉斯伯恩	Perry Rathbone
蓬皮杜艺术中心	Le Centre national d'art et de culture Georges-Pompidou
皮埃尔·奥古斯特·雷诺阿	Pierre-Auguste Renoir
《乔治·沙尔庞捷夫人和	*Madame Georges Charpentier and*

她的孩子》	Her Children
《保罗·杜朗-卢埃尔》	Portrait of Paul Durand-Ruel
皮埃尔·布尔迪厄	Pierre Bourdieu
《艺术之爱》	The Love of Art
皮格马利翁·卡拉察斯	Pygmalion Karatzas
皮特·蒙德里安	Piet Cornelies Mondrian
《造型艺术和纯造型艺术》	"Plastic Art and Pure Plastic Art"
匹兹堡卡内基博物馆	Carnegie Museums of Pittsburgh
珀西瓦尔·戴维	Percival David
普拉多博物馆	Museo del Prado
普利策艺术基金会博物馆	Pulitzer Arts Foundation
启蒙运动	The Enlightenment
千禧年委员会	Millennium Commission
乔尔乔·瓦萨里	Giorgio Vasari
《最伟大的画家、雕塑家、建筑师的生平》	Lives of the Most Excellent Painters, Sculptors, and Architects
乔纳森·拉班	Jonathan Raban
乔治·布朗·古德	George Brown Goode
《博物馆与良好公民身份》	Museums and good citizenship
《博物馆的未来》	"The Museums of The Future"
乔治·哈罗德·埃德格尔	George Harold Edgell
乔治·豪	George Howe
乔治·赫恩	George A. Hearn
乔治·莱孔特	Georges Lecomte
乔治·里贝蒙·德赛涅	Georges Ribemont-Dessaignes
乔治·麦克唐纳	George F. MacDonald
乔治·让·雷蒙·蓬皮杜	Georges Jean Raymond Pompidou
乔治·伍德拉夫	George S. Woodruff
乔治·希尔德·汉密尔顿	George Heard Hamilton
乔治二世	George II of Great Britain
乔治亚·欧姬芙	Georgia O'Keeffe
圈地运动	Enclosure

让－弗朗索瓦·米勒	Jean-Francois Millet
让－保罗·萨特	Jean-Paul Sartre
让－休伯特·马丁	Jean-Hubert Martin
人道主义	humanitarianism
"人类之家"	"The Family of Man"
人文主义	humanism
日本国立西洋美术馆	The National Museum of Western Art, Tokyo
《日内瓦公约》	*Les quatre Conventions de Genève*
软城市	Soft City
萨尔瓦多·达利	Salvador Dalí
《萨莫色雷斯的胜利女神》	*the Winged Victory of Samothrace*
萨姆·福尔克	Sam Falk
塞缪尔·巴奈特	Samuel Barnett
塞姆尔·亨利·卡瑞斯	Samuel Henry Kress
赛珍珠	Pearl S. Buck
《大地》	*The Good Earth*
桑德罗·波提切利	Sandro Botticelli
《神秘的基督降生》	*Mystic Nativity*
色域绘画	Color-field Painting
森宝利	Sainsbury's
沙隆·祖金	Sharon Zukin
莎伦·麦克唐纳	Sharon Macdonald
社会主义	socialism
神学主义	christianity
《生活》杂志图片收藏协会	*The LIFE* Picture Collection
圣艾夫斯美术馆	Tate St Ives
圣保罗艺术工会	St. Paul Arts Worker's Guild
圣地亚哥·卡拉特拉瓦	Santiago Calatrava
圣路易斯美术馆	Saint Louis Art Museum
圣路易斯美术学院及博物馆	Saint Louis School and Museum of Fine Arts

圣乔治博物馆	St George's Museum
《时代》	Times
《实物与阴影》	Substance and Shadow
史蒂芬·格林布拉特	Stephen Greenblatt
斯科特·弗朗西斯摄影	Scott Frances esto
史密森国家自然历史博物馆	Smithsonian National Museum of Natural History
史密森学会	Smithsonian Institution
史密森美国艺术博物馆	Smithsonian American Art Museum
《世纪艺术》	Art of the Century
世界哥伦布博览会	World's Columbian Exposition
水晶宫	Crystal Palace
水牛城奥尔布赖特-诺克斯美术馆	Buffalo Albright-Knox Art Museum
斯宾塞·富勒顿·贝尔德	Spencer Fullerton Baird
斯蒂芬·布里杰	Stephen Bridger
斯科特·伯顿	Scott Burton
斯科特·菲茨杰拉德	Francis Scott Key Fitzgerald
斯图加特国家美术馆	The Staatsgalerie Stuttgart
苏格拉底	Socrates
苏珊·沃格尔	Susan Vogel
所罗门·R. 古根海姆	Solomon R. Guggenheim
所罗门·R. 古根海姆基金会	Solomon R. Guggenheim Foundation
索菲亚王后国家艺术中心博物馆	Museo Nacional Centro de Arte Reina Sofía
泰特美术馆	Tate Gallery
《泰晤士报》	The Times
特拉法尔加广场	Trafalgar Square
提香·韦切利奥	Tiziano Vecellio
《基督与玛利亚抹大拉》	Christ and Mary Magdalene
透纳奖	Turner Prize
图像及造型艺术著作人协会	ADAGP/Society of Authors in the

	Graphic and Plastic Arts
托尔斯坦·凡勃仑	Thorstein Veblen
《有闲阶级论》	*Theory of The Leisure Class*
托莱多美术馆	Toledo Museum of Art
托马斯·格林伍德	Thomas Greenwood
托马斯·霍温	Thomas Hoving
托尼·贝内特	Tony Bennett
瓦西里·康定斯基	Wassily Kandinsky
《颜色研究：同心圆的正方形》	*Color Study: Squares with Concentric Circles*
"完整的循环：拉布拉多和维京人的首次接触"	"Full Circle: First Contact Vikings And Labrador"
万国博览会	Great Exhibition
《网球场宣言》	*Tennis Court Oath*
威廉·埃德蒙·莱斯卡泽	William Edmond Lescaze
威廉·莫里斯	William Morris
威尼斯双年展	La Biennale di Venezia
威尼斯学院美术馆	Gallerie dell' Accademia, Venice
威斯康星艺术博物馆	Museum of Wisconsin Art
韦尔科姆收藏馆	Welcome Collection
唯美主义	aestheticism
维多利亚和阿尔伯特博物馆	Victoria and Albert Museum
维克多·阿米克	Victor d' Amico
维克多·拉鲁	Victor Laloux
维也纳分离派	Vienna secession
维也纳艺术史博物馆	Kunsthistorisches Museum, Vienna
未来主义	futurism
温斯洛·霍默	Winslow Homer
文森特·梵高	Vincent van Gogh
翁贝托·博乔尼	Umberto Boccioni
"我们时代的艺术"	"Art in Our Time"
"我们是改变的面孔"	"We are the Faces of Change"

"我心中的哈莱姆：1900—1968 非裔美国人的文化中心"	"Harlem on My Mind: Cultural Capital of Black America, 1900–1968"
沃尔特·本雅明	Walter Benjamin
沃尔特斯艺术博物馆	The Walters Art Museum
乌菲兹美术馆	The Uffizi Gallery
"五环：世界艺术的五种激情"	"Rings: Five Passions in World Art"
伍迪·艾伦	Woody Allen
《午夜巴黎》	*Midnight in Paris*
物质主义	materialism
西奥多·刘易斯·洛	Theodore Lewis Low
西德尼·贾尼斯	Sidney Janis
西蒙·威尔逊	Simon Wilson
希拉·雷贝	Hilla Rebay
先锋派	avant-garde
"现代艺术博物馆收藏的20世纪设计导论"	"Introduction to Twentieth Century Design from the Collection of The Museum of Modern Art"
现代主义	modernism
现实主义	realism
消费主义	consumerism
小埃德加·考夫曼	Edgar Kaufmann Jr.
辛辛那提博物馆协会	Cincinnati Museum Association
辛辛那提美术馆	Cincinnati Art Museum
《辛辛那提问询报》	*Cincinnati Enquirer*
新古典主义	neoclassicism
新现实主义	neorealism
新艺术圈画廊	New Art Circle Gallery
新翼陈列室	Braccio Nuovo
新自由主义	neoliberalism
休伯特·冯·赫科默	Hubert von Herkomer
休伯特·罗伯特	Hubert Robert
《卢浮宫大画廊的改造》	*Projet d'aménagement de la*

学院派建筑	Grande Galerie du Louvre en beaux-art architecture
雅克·维永	Jacques Villon
亚里士多德	Aristotle
亚历山大·阿尔奇彭科	Alexander Arkhipenko
亚瑟·昂兹洛	Arthur Onslow
亚瑟·德雷克斯勒	Arthur Drexler
亚瑟·梅尔顿	Arthur Melton
亚瑟·瓦利	Arthur Waley
亚特兰蒂斯	Atlantis
扬·凡·雷	Jan van Raay
野兽派	fauvism
伊夫·圣·罗兰	Yves Saint Laurent
伊利尔·沙里宁	Eliel Saarinen
《伊希斯和她的孩子荷鲁斯》	Isis with Horus the Child
遗产彩票基金会	Heritage Lottery Fund
《艺术的二重奏》	*L'Art dans les Deux Mondes*
艺术工作者联盟	Art Workers' Coalition
"艺术家的选择"	"The Artist's Choice"
艺术家权益协会	Artists Rights Society
《艺术手册》	*Cahiers D'Art*
《艺术新闻》	*Art News*
印象派	impressionism
英国博物馆协会	Museums Association, London
英国国家美术馆	The National Gallery, London
英国国家肖像馆	The National Portrait Gallery, London
英国皇家艺术学院	The Royal Academy of Arts, London
有机建筑	organic architecture
犹太人博物馆	Jewish Museum
"与安迪·沃霍尔一起突袭冰室"	"Raid the Icebox I with Andy Warhol"
语境主义	epistemology
《圆环》	*Circle*

约翰·德·梅尼尔	ohn de Menil
约翰·格奥尔格·西奥多·格雷斯	Johann Georg Theodor Grässe
约翰·卡尔科特·霍斯利	John Callcott Horsley
约翰·卡特·布朗	John Carter Brown
约翰·康斯特布尔	John Constable
《干草车》	*The Hay Wain*
约翰·柯立芝	John Coolidge
约翰·科顿·达纳	John Cotton Dana
约翰·拉斯金	John Ruskin
约翰·麦克安德鲁	John McAndrew
约翰·索恩	John Soane
约翰·韦尔伯恩·鲁特	John Wellborn Root
约翰·沃克	John Walker
约翰·希夫	John D. Schiff
约翰·辛格·萨金特	John Singer Sargent
约瑟夫·斯特拉	Joseph Stella
寓教于乐型产品	edutainment
"运动中的城市"	"Cities on the Move"
展览复合体	exhibitionary complex
詹姆斯·玻利瓦尔·曼森	James Bolivar Manson
詹姆斯·多尔蒂	James Daugherty
詹姆斯·亨特	James Hunter
詹姆斯·克利福德	James Clifford
詹姆斯·萨顿	James F. Sutton
詹姆斯·斯特林	James Stirling
詹姆斯·约翰逊·斯威尼	James Johnson Sweeney
《真实生活冒险》	*True-Life Adventures*
整体艺术作品	gesamtkunstwerk
芝加哥科学与工业博物馆	Museum of Science and Industry, Chicago
芝加哥美术馆	Art Institute of Chicago
芝加哥商品市场	Merchandise Mart, Chicago

芝加哥艺术宫	Palace of Fine Art, Chicago
中国博物馆学会	Chinese Museums Association
《重拳》	*Punch*
朱尔斯·德斯特雷	Jules Destrée
朱利奥·曼奇尼	Giulio Mancini
朱利叶斯·格里菲斯	Julius Griffiths
《卢浮宫大画廊》	*Galerie du Louvre*
自由主义	liberalism

研究目的

研究背景 11